# Sur l'Irrawaddy

Une histoire de la première guerre birmane

GA Henty

**Writat**

Cette édition parue en 2023

ISBN : 9789359256221

Publié par
Writat
email : info@writat.com

# Contenu

# Préface.

À l'exception de la terrible retraite d'Afghanistan, aucune des nombreuses petites guerres de l'Angleterre n'a été aussi meurtrière – proportionnellement au nombre de ceux qui y étaient engagés – que notre première expédition en Birmanie. Elle a été entreprise sans aucune compréhension des difficultés à rencontrer, dues aux effets du climat et à l'insuffisance des transports ; le pouvoir, et plus encore l'obstination et l'arrogance de la cour d'Ava, étaient totalement sous-estimés ; et on considérait que notre possession de ses ports amènerait assurément à la soumission l'ennemi, qui nous avait imposé la lutte sans raison. Mais les événements prouvèrent l'intégralité de l'erreur. La politique birmane consistant à emporter tous les bateaux sur le fleuve, à dévaster tout le pays et à chasser les habitants et les troupeaux, maintint notre armée prisonnière à Rangoon pendant la première saison des pluies ; et causa la perte de la moitié des officiers et hommes blancs envoyés là-bas. La campagne qui suivit ne fut pas moins meurtrière et, bien que d'importants renforts eussent été envoyés, cinquante pour cent de l'ensemble moururent ; de sorte qu'il restait moins de deux mille combattants dans les rangs, lorsque l'expédition arriva à une courte distance d'Ava. Ce n'est que lorsque la dernière armée birmane fut dispersée que la cour d'Ava se soumit aux conditions peu onéreuses que nous lui imposâmes.

En effet, le contraste était grand entre cette première invasion du pays et la dernière guerre de 1885, qui aboutit à l'annexion définitive de la Birmanie. Puis une flotte de bateaux à vapeur transporta les troupes sur le noble fleuve ; tandis qu'en 1824, l'Inde ne pouvait fournir qu'un seul bateau à vapeur pour aider la flottille de chaloupes. Il n'y a jamais eu de gouvernement pire que celui de la Birmanie lorsque, se vantant de son intention de chasser les Britanniques de l'Inde, elle a déclenché la guerre. Aucun peuple n'a jamais été maîtrisé par une tyrannie plus cruelle, et l'occupation du pays par les Britanniques a été une bénédiction encore plus grande pour la population que celle de l'Inde.

Plusieurs ouvrages, certains rédigés par des témoins oculaires, d'autres compilés à partir de documents officiels, parurent après la guerre. Ils diffèrent remarquablement dans la relation des détails, et plus encore dans l'orthographe des noms de personnes et de lieux. J'ai principalement suivi ceux donnés dans les récits de MHH Wilson et du major Snodgrass, secrétaire militaire du commandant de l'expédition.

# Chapitre 1
# Une nouvelle carrière.

Une fête fut rassemblée dans une chambre d'un hôtel de Calcutta, à la fin de l'année 1822. Elle se composait d'un gentleman, d'une dame en profond deuil, d'un garçon de quatorze à quinze ans et de deux filles de treize et douze ans.

"Je pense que tu ferais mieux d'accepter mon offre, Nellie", disait le monsieur. " Vous aurez assez de travail pour joindre les deux bouts, avec ces deux filles ; et Stanley serait une lourde charge pour vous. Les filles ne coûtent rien d'autre que leurs vêtements ; mais il doit aller dans une école décente, et alors il y aurait Ce serait la peine de réfléchir à ce que je ferai de lui, plus tard. Si j'avais pu vous en accorder quelques centaines par an, cela aurait été tout à fait différent ; mais vous voyez, je mène moi-même un combat difficile et j'ai besoin de chaque centime que je me procure. Je peux rassembler mes forces. J'avance, et je vois assez bien que, à moins que quelque chose ne vienne bouleverser tout cela, je ferai un gros commerce, un de ces jours; mais chaque demi-centime de profit doit être investi dans Ainsi, comme vous le savez, je ne peux pas vous aider pour le moment, mais lorsque les filles seront grandes, j'espère pouvoir le faire, et cela dans une large mesure.

"Je suis sûr que ce ne serait pas une mauvaise chose pour Stanley. Il me sera bientôt utile et, dans trois ou quatre ans, il sera un assistant précieux. Parlant aussi bien l'hindoustani que lui, il ne sera pas Il faudra beaucoup de temps pour maîtriser suffisamment les différents dialectes du Kathee et du Chittagong pour notre objectif et, à vingt ans, il aura une part des affaires et sera sur la bonne voie pour faire fortune. Ce sera infiniment mieux que tout ce qu'il est. probablement en Angleterre, et il fera un travail d'homme à l'âge où il serait encore écolier en Angleterre.

"Je lui en ai parlé. Bien sûr, il n'aime pas vous quitter, mais il dit qu'il préférerait cela mille fois mieux que, peut-être, de devoir aller dans un bureau banal en Angleterre."

"Merci, Tom," dit Mme Brooke avec un soupir. " Ce sera très dur de se séparer de lui, terriblement dur, mais je vois que c'est de loin la meilleure chose pour lui et, comme vous le dites, d'un point de vue monétaire, ce sera un soulagement pour moi. Je pense que je Je peux me débrouiller très confortablement avec ma pension, dans un endroit tranquille de la maison, avec les deux filles ; mais la scolarité de Stanley serait une lourde tâche. Je pourrais même y arriver, car je pourrais gagner un peu d'argent en peignant ; mais il y aurait le On se demande quoi faire de lui une fois qu'il aura quitté l'école et, sans amis ni influence, il sera inutile de le mettre dans une bonne situation.

« Vous voyez, les parents d'Herbert sont tous deux morts depuis qu'il est arrivé ici et, bien qu'il ait un lien de parenté éloigné avec le comte de Netherly, il n'était qu'un cousin germain, ou quelque chose de ce genre, et ne savait rien de la famille ; et bien sûr Je ne pouvais pas postuler chez eux. »

"Certainement pas, Nellie," approuva son frère. « Il n'y a rien de plus odieux que de se faire passer pour un parent pauvre – et c'est une connexion plutôt qu'une relation. Alors tu laisseras le garçon entre mes mains ?

"Je suis sûre que ce sera mieux", dit-elle avec un tremblement dans la voix, "et en tout cas, j'aurai le réconfort de savoir qu'on s'occupera bien de lui."

Mme Brooke était la veuve d'un capitaine dans l'un des régiments indigènes de la Compagnie des Indes orientales. Il avait été, six semaines auparavant, emporté subitement par une épidémie de choléra ; et elle avait attendu à Calcutta pour voir son frère, avant de s'embarquer pour l'Angleterre. Elle était la fille d'un pasteur anglais décédé dix-sept ans auparavant. Nellie, qui avait alors dix-huit ans, étant à la fois orpheline de mère et orpheline de père, avait décidé de s'embarquer pour l'Inde. Un de ses grands amis s'était marié et était sorti un an auparavant. Le père de Nellie était alors en mauvaise santé ; et son amie lui avait dit, en se séparant :

"Maintenant, attention, Nellie, j'ai ta promesse que, si tu te retrouves seule ici, tu viendras vers moi en Inde. Je serai très heureuse de t'avoir avec moi, et je ne pense pas que tu seras en voyage. mes mains sont très longues ; les jolies filles ne restent pas célibataires plusieurs mois, en Inde.

Alors, ne voyant rien de mieux à faire, Nellie avait, peu après la mort de son père, mis le cap sur Calcutta.

Le lieutenant Brooke était également passager à bord de l'Ava et, au cours du long voyage, lui et Nellie Pearson se fiancèrent ; et se marièrent, chez son amie, quinze jours après leur arrivée. On a dit à Nellie qu'elle était une fille stupide et qu'elle aurait dû faire mieux ; mais elle était parfaitement heureuse. Le salaire et les allocations de son mari étaient suffisants pour qu'ils puissent vivre confortablement ; et bien que, lorsque les enfants arrivèrent, il y avait peu de choses à revendre, la solde supplémentaire lorsqu'il accéda au grade de capitaine était suffisante pour leurs besoins. En fait, ils formaient un couple parfaitement heureux : tous deux avaient des dispositions brillantes et ensoleillées et tiraient le meilleur parti de tout ; et elle n'avait jamais eu de soins sérieux, jusqu'à ce qu'il lui soit soudainement enlevé.

Stanley avait hérité du caractère de ses parents et, comme ses sœurs, venues si peu de temps après lui, occupaient la plus grande partie des soins de sa mère, il était en grande partie livré à lui-même ; et devint un animal de compagnie général dans le régiment, et était également à l'aise dans les lignes d'hommes et dans les bungalows des officiers. La langue indigène lui était venue aussi facilement que l'anglais et, à l'âge de dix ans, il pouvait parler dans leur propre langue avec les hommes des trois ou quatre districts différents dans lesquels le régiment avait été recruté. Son père consacrait quelques heures par jour à ses études. Il n'essaya pas de lui apprendre le latin - ce qui, pensait-il, lui serait tout à fait inutile - mais lui donna des bases approfondies en histoire anglaise et indienne, ainsi qu'en arithmétique, et insista pour qu'il consacre un certain temps chaque jour à lire. auteurs anglais standards.

Tom Pearson, qui avait cinq ans de moins que sa sœur, était parti en Inde quatre ans après elle. C'était un garçon plein de vie et d'énergie. Dès sa sortie de l'école, se trouvant maître de cent livres, dernier reste de la petite somme que son père avait laissée derrière lui, il prit un passage en seconde classe pour Calcutta. Dès son débarquement, il fit le tour des différents commerçants et bureaux et, constatant qu'il ne pouvait, faute de références, obtenir un poste de commis, il prit place dans le magasin d'un marchand parsi qui faisait du commerce en anglais. marchandises. Il y resta cinq ans, après quoi il maîtrisait deux ou trois langues indigènes et avait acquis une bonne connaissance des affaires.

Il est désormais déterminé à démarrer à son propre compte. Il avait vécu à peine, épargnant toutes les roupies inutiles pour le strict nécessaire et, au bout de cinq ans, il possédait en tout cent cinquante livres. Il avait déterminé, bien avant cela, que la meilleure ouverture pour le commerce se trouvait parmi les tribus situées aux frontières orientales du territoire britannique ; et s'était spécialement consacré à l'étude des langues du Kathee et du Chittagong.

Investissant la plus grande partie de son argent dans des marchandises propres au commerce, il s'embarqua à Calcutta sur un navire à destination de Chittagong. Là, il prit passage dans une embarcation indigène remontant le grand fleuve jusqu'à Sylhet, où il établit son quartier général ; et de là, laissant la plus grande partie de ses biens aux soins d'un marchand indigène avec lequel son défunt employeur avait eu des relations, il partit avec un indigène et quatre ânes sur lesquels ses marchandises étaient emballées, pour faire du commerce avec les tribus sauvages. .

Son succès fut à la hauteur de ses espérances et, peu à peu, il étendit ses opérations ; allant aussi loin à l'est que Manipur et au sud presque jusqu'à Chittagong. La maison de Calcutta auprès de laquelle il avait d'abord acheté ses marchandises, lui envoya de nouveaux magasins selon ses besoins ; et bientôt, voyant l'énergie avec laquelle il poussait son entreprise, lui accorda un crédit considérable, et il put poursuivre ses opérations sur une échelle de plus en plus grande. Sylhet restait son quartier général ; mais il avait une succursale à Chittagong, où les marchandises pouvaient être expédiées directement de Calcutta, et de là il tirait ses approvisionnements pour son commerce dans cette province.

Une grande partie de ses affaires se faisait au moyen des voies navigables et des très nombreux cours d'eau qui couvraient tout le pays, et lui permettaient de transporter ses marchandises à un tarif bien meilleur marché que s'il pouvait les transporter par terre ; et il disposait à cet effet d'un bateau spécialement aménagé avec une cabine confortable. Il résolut dès le début de ne vendre que les meilleures marchandises du marché ; et ainsi il gagna rapidement la confiance des indigènes, et l'arrivée de ses bateaux fut saluée avec impatience par les villageois sur les rives des rivières.

Il s'aperçut bientôt que l'argent était rare ; et que, pour faire de bonnes affaires, il doit échanger des produits indigènes contre ses marchandises ; et que de cette manière, non seulement il faisait un commerce beaucoup plus important, mais qu'il obtenait un bien meilleur prix pour ses marchandises que s'il les avait vendues uniquement pour de l'argent ; et il en envoya bientôt des quantités considérables à l'entreprise de Calcutta et, ce faisant, obtint un bénéfice dans les deux sens. Il se rendait lui-même à Calcutta, tous les six mois environ, pour choisir de nouvelles modes de marchandises ; et visiter la maison, avec laquelle ses relations, chaque année, devenaient plus étendues. Mais, bien qu'il ait posé les bases d'une vaste entreprise, il n'était pas, comme il le dit à sa sœur, actuellement en mesure de l'aider ; car son commerce croissant exigeait continuellement de plus en plus de capitaux, et la totalité de ses bénéfices était engloutie par les stocks plus importants qui devaient être détenus dans ses dépôts à Sylhet, Chittagong et à l'embouchure des plus grands fleuves.

Deux fois depuis qu'il était parti, il avait rencontré sa sœur à Calcutta, et lorsqu'elle y revint après la mort de son mari et qu'elle apprit par les agents de Tom qu'il y arriverait probablement dans une quinzaine de jours, elle décida d'attendre là-bas et de le rencontrer. . Il était profondément affligé de sa perte, d'autant plus qu'il ne pouvait lui offrir un foyer ; car comme tout son temps était consacré aux voyages, il lui était impossible de le faire ; et d'ailleurs, elle ne l'aurait pas accepté. Maintenant que son mari était parti, elle avait envie de retourner en Angleterre. Il valait aussi bien mieux pour les filles qu'elle les ramène à la maison. Mais quand il lui proposa maintenant de prendre le garçon, elle sentit que, aussi difficile que cela puisse être de laisser Stanley derrière elle, l'offre était des plus avantageuses pour lui.

La connaissance des langues indiennes du garçon, qui lui serait d'un immense avantage dans une telle vie, serait absolument inutile en Angleterre et, d'après ce que Tom lui racontait de ses affaires, il ne faisait guère de doute que les perspectives étaient excellentes. Stanley lui-même, qui voyait alors son oncle pour la première fois, était attiré vers lui par l'énergie et la gaieté de ses manières qui l'avaient rendu si prospère en affaires ; et il était ému par l'entreprise et l'aventure de la vie qu'il lui proposait. Plus d'une fois, dans les rivières peu fréquentées qui s'étendaient jusqu'à Kathee, ses bateaux avaient été attaqués par des membres de tribus sauvages ; et il a dû se battre dur pour les tenir à distance. Les petits chefs avaient parfois tenté de faire obstacle à ses échanges commerciaux et, à Manipur, il avait été témoin à deux reprises de combats désespérés entre prétendants rivaux au trône. Tout cela était irrésistiblement fascinant pour un garçon élevé parmi les soldats ; d'autant plus que l'alternative semblait être un siège dans une maison de comptage ennuyeuse en Angleterre.

Il fut donc ravi lorsque sa mère consentit à ce qu'il reste avec son oncle ; il était affligé d'être séparé d'elle et de ses sœurs. L'idée qu'il pourrait, avec le temps, lui être utile était agréable ; et l'aida à supporter la douleur de la séparation lorsque, une semaine plus tard, elle s'embarqua avec les filles pour l'Angleterre.

"Je suppose que tu n'as pas tiré, Stanley ?" » demanda son oncle.

"Pas avec une arme à feu, mais je me suis parfois entraîné avec des pistolets. Père pensait que ce serait utile."

" Très utile ; et vous devez apprendre à bien tirer avec eux, ainsi qu'avec une pièce de chasse et un fusil. Qu'en est-il des voleurs de rivières, des dacoits et des tribus sauvages, sans parler des bêtes sauvages, un homme qui voyage, comme Oui, je veux être capable de tirer droit. Plus vous tirez droit, moins vous risquez de devoir le faire. Je suis moi-même devenu un bon tireur et, chaque fois que nous remontons une rivière à la rame, je m'entraîne constamment... soit contre des objets flottants dans l'eau, soit contre des oiseaux ou d'autres marques dans les arbres. J'ai les meilleures armes que l'argent puisse acheter. C'est ma seule extravagance, et le résultat est que, pour mes bateliers et les hommes qui m'entourent, mon le tir semble être merveilleux ; ils en parlent aux autres, et le résultat est que je suis considéré avec beaucoup de respect. Je ne doute pas du tout que cela m'a épargné bien des ennuis ; car les indigènes en sont presque arrivés à croire que je il suffit de pointer mon arme, et l'homme que je souhaite tuer tombe mort, aussi loin soit-il.

Deux jours après le départ de Mme Brooke, son frère et Stanley ont commencé à descendre le Hoogly à bord d'un commerçant indigène.

"C'est un engin curieux, mon oncle."

"Oui ; on ne le qualifierait pas de beau dans les eaux territoriales, mais il est exceptionnellement rapide ; et je le trouve beaucoup plus pratique, à bien des égards, qu'un navire marchand britannique."

"Est-elle à toi, mon oncle ?"

"Non, ce n'est pas à moi, et je ne l'affrète pas exactement, mais il travaille principalement pour moi. Vous voyez, les salaires sont si bas qu'ils peuvent exploiter un bateau comme celui-ci pour presque rien. Eh bien, le capitaine et son huit hommes, ensemble, ne reçoivent pas un salaire plus élevé que le maître d'équipage d'un commerçant anglais.

"Le capitaine est propriétaire du navire. Il est tout à fait content s'il gagne quelques roupies par mois, en plus de ce qu'il considère comme son propre salaire. Sa femme et ses deux enfants vivent à bord. Si le bateau peut gagner vingt roupies par mois, semaine, il considère qu'il se porte à merveille. A l'extérieur, il ne paierait pas ses hommes plus de quatre roupies par mois chacun, et je suppose qu'il mettrait ses services à huit ; ce qui lui laisserait quarante roupies par mois. mois comme bénéfice réalisé par le navire.

« En fait, je le fais avancer assez régulièrement. Il fait des allers-retours entre les différents dépôts, me transporte sur les rivières sur une distance considérable, fait un peu de commerce pour son propre compte, et non pas de marchandises comme celles que j'ai. vend, vous savez, mais des magasins purement indigènes, prend un peu de fret quand il peut l'obtenir, et généralement quelques passagers indigènes. Je lui paie quinze roupies par semaine, et je suppose qu'il gagne de cinq à dix roupies en plus ; de sorte que l'arrangement nous convient à tous les deux, admirablement.

"Je garde la cabine arrière pour moi. Comme vous le voyez, elle a quatre petits canons en cuivre, que j'ai ramassés pour une chanson à Calcutta ; et il y a vingt-quatre mousquets à l'arrière. Il est convenu que l'équipage doit s'entraîner au tir. une fois par semaine, ils sont donc tous devenus des tireurs assez bons, et le capitaine lui-même peut envoyer un coup de deux livres avec ces petits canons, d'une précision inhabituelle.

"Vous serez amusés lorsque vous nous verrez s'entraîner pour l'action. La femme du capitaine et les deux garçons chargent les armes, et le font également très rapidement. Il court d'une pièce à l'autre, vise et tire. L'équipage crie : et crient, et frappent avec leurs mousquets. Je prends le commandement, et je donne quelques pièces à eux, si le tir a été précis.

« Nous avons été attaqués une ou deux fois dans les eaux supérieures ; mais nous avons toujours réussi à repousser les voleurs, sans grande difficulté. Le capitaine tire jusqu'à ce qu'ils soient assez près ; J'en ai trois. Lorsqu'ils arrivent à moins de cinquante mètres, l'équipage ouvre le feu et, comme ils ont trois mousquets chacun, ils peuvent faire très chaud aux pirates. J'ai un stock de grenades à main et, s'ils continuent, je jetez-en deux ou trois à bord quand ils arrivent à dix mètres, et cela a toujours réglé le problème. Ils ne comprennent pas les choses qui éclatent au milieu d'eux. Je ne veux pas dire que mon armement serait d'une grande utilité. , si nous faisions du commerce le long de la côte de la péninsule malaise ou entre les îles, mais cela suffit amplement pour s'occuper des petits voleurs de ces rivières.

"Mais je pensais que tu avais un bateau avec lequel tu remontais les rivières, mon oncle ?"

"Oui; nous remorquons une chaloupe et un bateau-magasin derrière cette embarcation, aussi loin qu'elle peut aller; c'est-à-dire tant qu'elle a assez de vent pour résister au courant lent. Quand elle ne peut aller plus loin, je prends à la barque. Elle a huit rameurs, porte un canon (c'est un obusier de douze livres) que j'ai fait couper court, de sorte qu'il n'a qu'un pied de long environ. Bien sûr, il ne portera pas loin, mais ce n'est pas nécessaire. Sa charge est d'une livre de poudre et d'un sac de dix livres de balles et, à quelques centaines de mètres, les balles se dispersent suffisamment pour balayer deux ou trois canots se rapprochant et, comme nous pouvons charger et tirer avec petite chose trois fois par minute, c'est tout ce dont nous avons besoin, pour des raisons pratiques.

"Ce n'est que sur quelques-unes des rivières que nous remontons qu'on craint des troubles. Sur la rivière allant de Sylhet à l'est et ses bras à Kathee ou, comme on l'appelle parfois, Kasi, le pays est relativement peuplé . Le Goomtee au-delà d'Oudypore se porte assez bien, jusqu'à ce qu'il entre dans Kaayn, qui est ce qu'ils appellent indépendant. C'est-à-dire qu'il n'a aucune autorité, et certains villages sont paisibles et bien disposés, tandis que d'autres sont sauvages. La même chose peut être dite des rivières Munnoo et Fenny.

"Depuis deux ans, j'ai fait beaucoup de commerce en Assam, en amont du fleuve Brahmapoutre. Jusqu'à Rungpoor, il y a de nombreux villages sur les rives et les gens sont calmes et paisibles."

"Alors tu ne vas pas plus au sud que Chittagong, mon oncle ?"

"Non. Les Birmans détiennent Aracan au sud et, en effet, sur une certaine distance au nord, il n'y a pas de frontière très clairement définie. Vous voyez, le grand fleuve coule de Rangoon presque plein nord, bien qu'il y ait un peu d'est à l'intérieur. et s'étend à l'arrière des districts avec lesquels je fais du commerce, de sorte que les Birmans ne sont pas très loin de Manipur qui, en effet, se dresse sur une branche de l'Irrawaddy, dont une autre branche court presque jusqu'à Rungpoor.

"Nous aurons de gros ennuis avec eux, un de ces jours ; en effet, nous avons déjà eu des ennuis. Vous voyez, les Birmans sont une puissance grande et croissante, et ont si facilement conquis tous leurs voisins qu'ils se considèrent comme invincibles. Jusqu'à ce que Au début du XVIIIe siècle, les Birmans étaient maîtres de Pegu ; puis les habitants de ce pays, avec l'aide des Hollandais et des Portugais, se débarrassèrent de leur joug. Mais les Birmans ne furent pas longtemps tenus à l'écart car, en 1753, Alompra- -un chasseur- rassembla une force autour de lui et, après avoir mené une guerre irrégulière pendant un certain temps, fut rejoint par un si grand nombre de ses compatriotes qu'il attaqua et captura Ava, conquit tout Pegu et, en 1759, le commerce anglais. La colonie de Negrais fut massacrée.

"Ceci, cependant, n'était pas l'acte d'Alompra, mais la trahison d'un Français nommé Levine et d'un Arménien ; qui incitèrent les Birmans du district à exterminer les Anglais, espérant sans doute ainsi récupérer, en un nouveau quartier, les fortunes de la France, qui dans l'Inde s'éteignaient par le génie de Clive. Les Anglais étaient, à cette époque, bien trop occupés de la lutte désespérée qu'ils menaient, dans l'Inde, pour tenter de venger le massacre de leurs compatriotes à Negrais.

"Très rapidement, la puissance birmane s'est étendue. Ils ont capturé la précieuse côte du Tenasserim, depuis le Siam; ont repoussé une formidable invasion de la Chine; ont annexé Aracan et ont dominé le Manipur, et sont ainsi devenus les maîtres de toute l'étendue du pays située entre la Chine et l'Hindoustan. Comme ils Maintenant limitrophe de notre territoire, une mission leur fut envoyée de l'Inde en 1794, avec une proposition pour le règlement des frontières et pour l'arrangement du commerce entre les deux pays. Il n'en sortit rien, car les Birmans avaient déjà proposé de eux-mêmes, la conquête de l'Inde, et considéraient cette mission comme une preuve de la terreur que leur avance nous avait inspirée.

« Après la conquête par eux d'Aracan, en 1784, les Birmans avaient éprouvé contre nous une constante irritation, du fait qu'un grand nombre de fugitifs de ce pays s'étaient réfugiés dans les marais et les îles de Chittagong ; qu'ils lançaient de temps en temps et effectuaient des raids contre les Birmans. En 1811, ces fugitifs, en alliance avec quelques chefs prédateurs, envahirent Aracan en force et, rejoints par la population soumise là-bas, expulsèrent les Birmans. bientôt reconquis la province. L'affaire était néanmoins malheureuse, puisque les Birmans considéraient naturellement que, l'insurrection ayant commencé par une invasion des fuyards à Chittagong, elle avait été fomentée par nous.

"Ce n'était en aucun cas le fait. Nous n'avions là aucune force capable de maintenir l'ordre dans les masses de fugitifs; mais nous avons fait de notre mieux et avons arrêté de nombreux dirigeants lorsqu'ils sont revenus après leur défaite. Cependant, cela était loin d'être le cas. de satisfaire les Birmans. Une mission fut envoyée à Ava pour les assurer de nos intentions amicales et que nous n'avions rien à voir avec l'invasion et que nous ferions tout notre possible pour empêcher qu'elle ne se reproduise. Le gouvernement birman a refusé de satisfaire les Birmans. recevoir la mission.

« Nous avons nous-mêmes eu beaucoup de problèmes avec les insurgés car, craignant de rentrer en Birmanie après leur défaite, ils entreprirent alors une série de raids sur notre territoire ; et ce n'est qu'en 1816 qu'ils furent finalement réprimés. La cour d'Ava resta insatisfaite, et une nouvelle demande fut élevée pour la reddition des chefs capturés et de tous les fugitifs vivant dans le gouvernement de Chittagong. Le marquis de Hastings répondit que le gouvernement britannique ne pouvait, sans une violation des principes de justice, livrer ceux qui avaient demandé sa protection ; que la tranquillité régnait désormais, et qu'il n'y avait aucune probabilité de reprise des troubles ; mais qu'il fallait user de la plus grande vigilance, pour prévenir et punir les auteurs de tout raid qui pourrait être tenté contre Aracan.

« Un an plus tard, une seconde lettre fut reçue, exigeant de la part du roi la cession de Ramoo, Chittagong, Moorshedabad et Dacca, c'est-à-dire de toutes les possessions britanniques à l'est du Gange. Lord Hastings répondit simplement que si On pouvait supposer que la demande avait été dictée par le roi d'Ava, le gouvernement britannique serait en droit de considérer cela comme une déclaration de guerre. A cela les Birmans ne répondirent pas. Sans doute avaient-ils entendu parler des succès que nous avions remportés. en Inde centrale, et j'avais appris que toutes nos forces étaient disponibles contre eux.

"Il y a trois ans, le vieux roi mourut et un monarque plus guerrier lui succéda. Depuis 1810, ils sont mêlés aux troubles qui se déroulent en Assam, où faisait rage la guerre civile. Un parti ou un autre a cherché son l'assistance et les combats s'y déroulent presque sans relâche et, il y a deux mois, les Birmans ont réglé la question en prenant eux-mêmes possession de tout le pays.

" Cela a, bien sûr, été un coup dur pour moi. Bien que le désordre ait régné, il n'a pas gêné mon commerce le long des rives du fleuve ; mais maintenant que les Birmans ont établi leur autorité, je vais, pour un certain temps, Quoi qu'il en soit, je serais obligé d'abandonner mes opérations là-bas, car ils ont manifesté une hostilité considérable à notre égard, ont fait des raids près de Rungpoor, de notre côté du fleuve, et ont abattu un drapeau britannique sur une île du Brahmapoutre. pris en conséquence la principauté de Cachar sous notre protection - en effet ses deux princes, voyant que les Birmans commençaient à envahir leur pays, nous invitèrent à faire cette démarche - et nous occupons ainsi les passes du Manipur dans le bas pays. de Sylhet."

"Je me demande si vous avez pu faire du commerce à Manipur, mon oncle, car les Birmans y étaient maîtres."

"Je ne fais pas de commerce avec la capitale elle-même, et les Birmans ont été trop occupés par leurs affaires en Assam pour exercer une grande autorité dans le pays. D'ailleurs, voyez-vous, il n'y a pas eu de guerre entre les deux pays. Nos marchands de Rangoon sont toujours continuer leur commerce sur l'Irrawaddy ; et en Assam, ce printemps, le seul problème que j'ai eu était de devoir payer des péages un peu plus élevés qu'auparavant. Cependant, maintenant que Cachar est sous notre protection, j'espère que je pourrai le faire. compenser ma perte de commerce, en Assam, en faisant mieux qu'avant dans cette province.

"Je pensais que tu l'appelais Kathee, mon oncle ?"

"C'est ainsi qu'on l'appelle généralement mais, comme on l'appelle Cachar dans la proclamation assumant le protectorat, je suppose qu'on l'appellera ainsi à l'avenir ; mais tous ces noms, ici, sont orthographiés à peu près selon la fantaisie."

Pendant que cette conversation se poursuivait, le bateau descendait rapidement le fleuve, dépassant plusieurs navires européens presque comme s'ils étaient restés immobiles.

"Je n'aurais pas dû penser qu'un bateau comme celui-ci dépasserait ces gros navires", a déclaré Stanley.

"Nous avons encore beaucoup à apprendre dans l'art de la voile", répondit son oncle. « Un grand nombre de ces boutres indiens peuvent fuir un navire à gréement carré, par petit temps. Je ne sais pas si c'est à cause des lignes de leur coque ou de la coupe des voiles, mais leur vitesse ne fait aucun doute. " Ils semblent effleurer l'eau, tandis que nos embarcations à l'étrave escarpée se frayent un chemin à travers elle. Je suppose qu'un jour, nous adopterons ces longues étraves pointues ; lorsque nous le ferons, cela fera une merveilleuse différence dans notre vitesse de navigation. De plus, ces embarcations ont un tirant d'eau très léger, mais, en revanche, elles ont une quille profonde, qui les aide à s'allonger près du vent, et cette longue proue surplombante en fait des embarcations capitales par gros temps. car, à mesure qu'ils rencontrent la mer, ils s'élèvent progressivement au-dessus d'elle, au lieu que celle-ci les frappe de plein fouet sur la proue, comme c'est le cas pour nos navires. Nous avons encore beaucoup à apprendre dans la manière de construire des navires.

Le commerçant avait son propre domestique avec lui, et l'homme s'approcha et dit qu'un repas était prêt, et ils entrèrent aussitôt dans la cabine. Il était spacieux et confortable et était, comme le reste du bateau, en teck verni. Il y avait de grandes fenêtres à l'arrière ; il y avait une table avec deux bancs fixes ; et il y avait de larges canapés bas de chaque côté. Au-dessus de ceux-ci, les mousquets étaient disposés en râteliers ; tandis qu'au fond, près de la porte, se trouvaient les fusils de Tom Pearson, quatre pistolets et deux épées. Dix longues lances étaient suspendues au toit de la cabine, par des élingues en cuir. Le sol, comme le reste de la cabine, était verni.

"Ça a l'air très confortable, mon oncle."

"Oui, vous voyez, je vis à peu près la moitié de mon temps à bord, le reste étant passé dans le bateau. Mon homme est un excellent cuisinier. Il vient de Chittagong et est un Mug."

"C'est quoi les Mugs, mon oncle ?"

"Ce sont les premiers habitants d'Aracan. Il était un de ceux qui y sont restés après que les Birmans l'aient conquis, et parle leur langue ainsi que la sienne. Je vous recommande de commencer immédiatement par lui. Si les choses s'arrangent En Assam, cela vous sera très utile pour vous arranger avec les autorités birmanes. Vous ne trouverez pas cela très facile, même si bien sûr votre connaissance de trois ou quatre langues indiennes vous aidera. On dit que c'est un mélange de les vieux Tali, Sanscrit, Tartare et Chinois. Les mots tartares et chinois seront, bien sûr, tout à fait nouveaux pour vous ; les deux autres éléments ressembleront à ceux que vous connaissez.

"Je parle à l'homme en hindoustani. Il en a appris un peu à Chittagong et en a appris beaucoup plus au cours des deux années qu'il a passées avec moi; et grâce à cela, vous pourrez apprendre le birman."

Une semaine plus tard, le boutre entra dans le port. Stanley avait passé la plupart de son temps à converser avec Khyen, le serviteur de Tom. La facilité que sa langue avait acquise dans les langues indiennes lui fut d'un grand bénéfice, et il apprit rapidement bon nombre de phrases birmanes.

Pendant les six mois suivants, il continua, avec son oncle, le travail que celui-ci avait fait ; et j'ai beaucoup apprécié. Ils remontaient les rivières lentes, aux rives basses et plates, dans le boutre ; remorquer la chaloupe et le bateau-magasin derrière eux. Les équipages de ces bateaux vivaient à bord du boutre jusqu'à ce que leurs services soient requis, aidant à sa navigation et aidant l'équipage lorsque le vent tombait et que les balais étaient sortis.

Les villages riverains étaient pour la plupart petits, mais très nombreux. A chacune d'elles, le boutre arrivait. Il y avait, dans presque tous les cas, suffisamment d'eau pour permettre son amarrage le long des berges et, dès qu'il le faisait, les indigènes montaient à bord pour faire leurs achats et écouler leurs produits. En plus des marchandises européennes et indiennes transportées, le boutre était chargé de riz, pour lequel la demande était considérable dans la plupart des villages.

Dès qu'il eut appris le prix des diverses marchandises et leur équivalent dans les produits du pays, Stanley fit une grande partie du troc ; tandis que son oncle descendait à terre et causait avec les chefs du village, avec lesquels il se faisait un devoir de rester en bons termes, et d'assurer ainsi une grande partie du commerce qui aurait autrement pu être effectué par des embarcations indigènes.

Trois fois au cours des six mois, le boutre était retourné à Calcutta pour chercher de nouvelles marchandises et prendre une autre cargaison de riz ; tandis que le commerçant remontait plus haut le fleuve, dans ses propres bateaux. Pendant le voyage, Stanley avait toujours à portée de main le fusil et la pièce de chasse que son oncle lui avait remis pour son usage spécial, appuyés contre le pavois ; et abattait fréquemment des oiseaux aquatiques, qui étaient si abondants qu'il était capable non seulement de ravitailler leur propre table, mais aussi de fournir à l'équipage et aux bateliers une quantité considérable de nourriture. Ils n'avaient eu aucun problème avec les pirates fluviaux, car ceux-ci avaient tellement souffert lors des précédentes attaques contre le boutre qu'ils évitaient toute répétition de leur perte. En même temps, toutes les précautions furent prises, car, à cause des troubles intestinaux au Cachar et en Assam, les fugitifs appartenant au groupe qui se trouvait pour le moment le plus vaincu furent poussés à se réfugier dans les jungles près des rivières ; et de subsister en grande partie grâce au pillage, les autorités locales étant trop faibles pour les extirper. Les bateaux étaient donc toujours ancrés la nuit au milieu du ruisseau et deux hommes étaient de garde.

Au sud comme au nord, les opérations commerciales étaient plus restreintes ; car les Birmans devenaient de plus en plus agressifs. Les chasseurs d'éléphants, dans les collines qui formaient la limite du territoire britannique à l'est, furent capturés et emmenés ; vingt-trois d'entre eux furent capturés dans un endroit et six dans un autre, tous maltraités et emprisonnés, et les remontrances du gouvernement indien furent traitées avec mépris par le Rajah d'Aracan. Il était évident que le but des Birmans était de s'emparer de cette région montagneuse afin de pouvoir, s'ils le voulaient, se répandre à tout moment dans la campagne cultivée autour de la ville de Ramoo.

« Il n'y a aucun doute, Stanley, dit un jour son oncle, nous aurons très prochainement une grande guerre avec les Birmans. Le fait que ces actes d'agression constants ne rencontrent que des remontrances de notre part augmente leur arrogance ; Ils sont convaincus que nous sommes dans une terreur mortelle à leur égard. Ils disent qu'en Assam, leurs dirigeants se vantent ouvertement qu'ils nous chasseront bientôt complètement de l'Inde, et un de leurs généraux a déclaré avec assurance qu'après avoir pris l'Inde, ils veulent conquérir l'Angleterre. Avec des gens aussi ignorants, il n'y a qu'un seul argument compris, c'est la force, et tôt ou tard il faudra leur donner une telle raclée qu'ils resteront tranquilles pendant quelque temps.

" Pourtant, j'admets que les difficultés sont grandes. Leur pays est immense, les mendiants sont courageux et le climat, du moins près de la côte, est horriblement malsain. Dans l'ensemble, ce sera un gros travail, mais il le fera. cela doit être fait, sinon nous les verrons marcher contre Calcutta dans très peu de temps.

# Chapitre 2
## Le déclenchement de la guerre.

Le dernier jour de septembre 1823, juste un an après que Stanley eut rejoint son oncle, le boutre entra dans Chittagong ; qui avait désormais remplacé Sylhet comme principal dépôt des commerçants, ce dernier endroit étant trop proche des Birmans, en Assam, pour qu'il se soucie d'y conserver un stock important de ses marchandises. Il descendit à terre dès que le boutre jeta l'ancre, Stanley restant à bord.

"Tout est dans le feu, Stanley", a déclaré Tom Pearson à son retour. "Les Birmans ont attaqué et tué certains de nos soldats, et il est certain que le gouvernement ne peut pas supporter cela."

"Où était-il, mon oncle ?"

"À l'embouchure du Naaf. Comme vous le savez, c'est la limite sud de la province, et il y a eu une dispute là-bas en janvier. Un de nos bateaux indigènes chargé de riz remontait la rivière, de notre côté de la rivière. canal, lorsqu'un bateau birman armé est arrivé et a exigé du service. Bien sûr, nos camarades ont déclaré qu'ils étaient dans leurs propres eaux, sur quoi les Birmans ont tiré sur eux et ont tué le timonier. Il y avait alors des rapports selon lesquels des corps de troupes birmanes se déplaçaient environ de leur côté de la rivière, et qu'on craignait qu'ils ne traversent et ne brûlent certains de nos villages. En conséquence, notre garde à l'embouchure de la rivière fut augmentée à cinquante hommes, et quelques-uns d'entre eux furent postés sur l'île. de Shapurée.

"Cette île se trouve près de notre côte et, en effet, le chenal qui la sépare peut être franchi à gué à marée basse. Elle a toujours fait partie de la province de Chittagong, et les Birmans n'ont jamais soulevé de questions à ce sujet. Cependant, le vice-roi d'Aracan a demandé à notre résident d'ici de retirer la garde, affirmant le droit du roi d'Ava sur l'île.

"Depuis lors, des lettres ont circulé, mais j'ai entendu dire que les Birmans ont réglé la question en débarquant sur Shapuree. Une nuit de la semaine dernière, ils ont attaqué notre poste là-bas, tué et blessé quatre des cipayes et chassé le reste de l'île. " Le gouvernement indien a supporté beaucoup de choses, plutôt que de s'engager dans une opération aussi coûteuse et difficile qu'une guerre avec la Birmanie, mais il est impossible que nous puissions supporter cela. "

Le gouvernement indien, cependant, a déployé tous ses efforts pour éviter la nécessité d'une guerre ; bien que le Rajah d'Aracan n'ait pas perdu de temps pour écrire une lettre au gouvernement de Calcutta, déclarant qu'il avait occupé l'île de Shapuree, et qu'à moins qu'ils ne se soumettent tranquillement à cet acte de justice, les villes de Dacca et Moorshedabad seraient saisies de force. . Cependant, afin de retarder au moins le déclenchement de la guerre, le gouvernement du Bengale résolut de donner à la cour d'Ava la possibilité de se retirer de la position prise. Ils ont donc agi comme si l'attaque contre la garde de Shapuree avait été l'action du seul vice-roi d'Aracan et ont adressé une déclaration au gouvernement birman, récapitulant les faits de l'affaire, soulignant que Shapuree avait toujours été reconnu par la Birmanie comme faisant partie de la province de Chittagong, et appelant le gouvernement à désavouer l'action des autorités locales. Les Birmans considéraient cela, car c'était en fait, une preuve que le gouvernement indien était réticent à entrer en conflit avec eux ; et confirma la Birmanie dans son espoir confiant d'annexer les parties orientales du Bengale, voire d'expulser complètement les Anglais.

Entre-temps, Shapuree avait été réoccupé par nous. Les Birmans, après avoir chassé la petite garnison, s'étaient retirés et, deux mois après l'attaque, deux compagnies du 20e d'infanterie indigène arrivèrent par mer, de Calcutta, et y débarquèrent. Une palissade fut construite et deux pièces de six livres mises en place. Une autre compagnie était stationnée sur le continent, et le Planet et trois canonnières, chacune transportant un canon de douze livres, étaient stationnés dans le fleuve.

Les Birmans rassemblèrent aussitôt d'importants corps de troupes, tant en Aracan qu'en Assam. Le gouvernement du Bengale s'est préparé à défendre notre frontière, et en particulier la position au nord, car une avancée des Birmans dans cette direction menacerait non seulement les villes importantes de Dacca et de Moorshedabad, mais placerait les envahisseurs à proximité dangereuse de Calcutta. . En conséquence, une partie des 10e et 23e infanterie indigène et quatre compagnies de la force locale de Rungpoor furent dirigées vers Sylhet ; et des avant-postes jetés en avant vers la frontière.

Voyant que les opérations birmanes commenceraient probablement dans le nord, Tom Pearson avait, après avoir terminé ses préparatifs à Chittagong, navigué vers le nord pour retirer ses dépôts de Sylhet et d'autres endroits qui seraient exposés à une attaque venant de cette direction. Ils arrivèrent à Sylhet la première semaine de janvier. À cette époque, Stanley, grâce à sa conversation constante avec le serviteur de son oncle, en était venu à parler le birman aussi couramment que les langues indiennes. Il avait maintenant presque seize ans, était grand pour son âge et actif mais, en raison du climat chaud et de l'absence d'exercice vigoureux, il était moins large et moins musclé que la plupart des garçons anglais de son âge.

Ils apprirent en débarquant que la nouvelle était arrivée, deux jours auparavant, qu'une puissante armée birmane était entrée dans Cachar, depuis Manipur, et avait vaincu les troupes de Jambhir Sing ; que 4000 Birmans et

Assamais s'étaient avancés d'Assam jusqu'à Cachar, et avaient commencé à se dresser à Bickrampore, au pied du col de Bhortoka ; et que la troisième division traversait le district de Jyntéa, immédiatement au nord de Sylhet. La panique régnait dans la ville, et les ryots affluaient de tout le pays environnant, avec leurs familles et leurs biens ; et ils traversaient le pays, en bateau, jusqu'à Dacca.

« Je crains, Stanley, que le commerce soit terminé pour le moment. Ce que nous voyons ici se déroule sans aucun doute dans tout Cachar ; et ce serait tout aussi grave à Chittagong. C'est un coup dur, car J'ai remarquablement bien réussi cette année et j'étais en train de jeter les bases d'une bonne affaire. Sans aucun doute, lorsque ces ennuis seront terminés, je pourrai la reprendre; et peut-être, si nous battons de bon cœur les Birmans, ce que nous sommes sûrs de faire à long terme, cela peut même s'avérer bénéfique. Pourtant, il ne fait aucun doute que c'est une très mauvaise affaire pour moi. Cependant, comme, à l'heure actuelle, il n'y a absolument rien à faire, je proposez, dès que toutes les marchandises seront à bord, de prendre des vacances et d'aller voir les combats.

"Tu m'emmèneras avec toi, mon oncle ?" » demanda Stanley avec impatience.

" Certainement, mon garçon. Nous n'avons pas l'intention de nous battre nous-mêmes, mais seulement de regarder ; et il se peut qu'après que ce soit fini, vous puissiez vous rendre utile, s'ils veulent poser des questions à quelqu'un. " Prisonniers birmans. »

"Tu penses qu'il n'y a aucune chance qu'ils nous battent ?"

"Je ne devrais pas le penser, même si bien sûr on ne peut pas le dire ; néanmoins, je ne pense pas que ces gars-là seront capables de tenir tête à nos troupes. Bien sûr, ils n'ont aucune idée de notre style de combat, et ont Je n'ai jamais rencontré d'ennemis vraiment redoutables, de sorte que j'imagine que nous n'en ferons qu'une bouchée assez rapide. Cependant, comme nous serons à cheval (car je louerai deux chevaux, il y en a eu beaucoup qui ont été conduits dans la ville) nous pourrons en faire un verrou, s'il le faut. Bien entendu, nous emporterons nos fusils et nos pistolets.

Les marchandises n'étaient pas placées à bord du boutre, mais dans ce qu'on appelait le bateau-magasin ; comme le commerçant avait décidé de s'installer dans sa barque, qui pouvait se déplacer beaucoup plus vite que le boutre ; et de permettre au capitaine de ce vaisseau d'en tirer une bonne chose, en emmenant à Dacca autant de fugitifs qu'il en détenait.

Constatant que la division birmane entrée dans Jyntea se retranchait à quelques kilomètres de distance, le major Newton, l'officier commandant à la frontière de Sylhet, concentra ses forces à Jatrapur, un village à cinq milles au-delà de la frontière de Sylhet. Tom Pearson s'était présenté au major

Newton et avait demandé la permission d'accompagner ses forces ; disant que son neveu pourrait, si nécessaire, communiquer avec les Birmans soit avant, soit après l'action, et que tous deux feraient volontiers office d'aides de camp. L'offre fut acceptée avec remerciements, et ils partirent avec lui, le soir du 16 janvier 1824, à Jatrapur.

A une heure du matin, les troupes furent levées et marchèrent une heure plus tard. Au point du jour, ils arrivèrent en vue de la palissade, et quelques coups de feu furent aussitôt tirés sur l'avant-garde par les Birmans. Une partie de leurs forces se trouvait dans un village voisin.

Le major Newton divisa aussitôt son commandement en deux corps. L'un d'eux était dirigé par le capitaine Johnston contre le devant de la palissade. L'autre, dirigé par le capitaine Rowe, attaqua le village voisin. Les Birmans stationnés là-bas cédèrent après une très faible résistance. Ils avaient l'habitude de s'appuyer toujours sur des palissades ; et cette attaque contre eux, lorsqu'ils n'étaient pas ainsi protégés, les ébranla aussitôt. Ceux qui se trouvaient dans la palissade opposèrent cependant une résistance résolue.

Le capitaine Rowe, après avoir pris possession du village et vu les occupants en pleine fuite, déplaça ses forces pour aider l'autre division ; et les Birmans, découragés par la défaite de leurs compatriotes, et se trouvant attaqués des deux côtés, cédèrent et s'enfuirent, laissant derrière eux une centaine de morts ; du côté britannique, six cipayes ont été tués.

Les Birmans s'enfuirent vers les collines, à une vitesse qui rendit leur poursuite impossible par les troupes les plus lourdement armées ; et les fugitifs se rallièrent bientôt et effectuèrent leur jonction avec la division avançant de Manipur. Après l'action, le major Newton retourna à Sylhet et, quelques jours plus tard, M. Scott, qui avait été nommé commissaire, y arriva et, avançant vers Bhadrapur, ouvrit les communications avec les Birmans. Mais comme il devenait évident que ces derniers ne négociaient que pour gagner du temps pour se retrancher près de Jatrapur, où ils étaient revenus, il remit l'affaire entre les mains des commandants militaires.

Les forces birmanes s'élevaient à environ six mille hommes. Ils avaient érigé de solides palissades sur chaque rive de la rivière Surma et avaient jeté un pont pour les relier. Le capitaine Johnston s'avança avec une aile du 10e Native Infantry, une compagnie du 23e Native Infantry et un petit groupe d'hommes d'un corps local. Aussi petite que soit cette force, il la divisa en deux partis. L'un d'eux, sous les ordres du capitaine Rowe, traversa la rivière ; puis tous deux se dirigèrent vers l'ennemi. Les Birmans ouvrirent le feu à mesure qu'ils avançaient, mais les cipayes marchèrent vaillamment en avant et chassèrent l'ennemi de leurs retranchements inachevés à la pointe de la baïonnette. La division Assam se retira précipitamment vers le col de Bhortoka, tandis que la force du Manipur se regroupait à Doodpatnee.

La division Assam fut la première attaquée et la palissade emportée à la pointe de la baïonnette. Le lieutenant-colonel Bowen, qui commandait désormais, s'est ensuite déplacé contre la position de Doodpatnee. C'était très fort. Des collines escarpées couvraient l'arrière ; tandis que les autres faces des retranchements étaient défendues par un fossé profond, large de quatorze pieds, avec sur son bord extérieur des chevaux de frise de bambous pointus. Bien que la position ait été attaquée avec une grande bravoure, elle était trop forte pour être capturée par une si petite force ; et ils furent obligés de se retirer à Jatrapur, avec la perte d'un officier tué et de quatre blessés, et d'environ cent cinquante cipayes tués et blessés.

Cependant, leur bravoure n'avait pas été sans effet, puisque les Birmans évacuèrent leur palissade et se retirèrent à Manipur, laissant Cachar libre de ses envahisseurs. Ainsi, en moins de trois semaines, l'invasion birmane des provinces du nord avait été repoussée par une force britannique inférieure à un dixième de celle des envahisseurs.

Stanley et son oncle avaient assisté à tous ces combats et, en l'absence de toute cavalerie, avaient rendu de bons services en transmettant des messages et des dépêches ; et le garçon avait servi à plusieurs reprises d'interprète entre les officiers et les prisonniers birmans. Tous deux reçurent des lettres du commissaire les remerciant de l'aide qu'ils leur avaient apportée.

« Cette dernière affaire était malheureuse, Stanley ; et il est évident que leurs palissades sont de mauvais endroits à attaquer, et qu'elles devraient être percées par des fusils avant que les hommes ne soient envoyés en avant pour les prendre d'assaut. , notre répulsion n'a pas beaucoup d'importance.

"Eh bien, j'étais sûr que nous devrions les battre, mais je leur ai certainement donné le mérite d'avoir beaucoup plus de courage qu'ils n'en ont montré. Dans l'état actuel des choses, s'il ne se passe rien de nouveau ici, les indigènes et les petits commerçants le feront bientôt. Je reviendrai de Dacca, et les affaires seront meilleures qu'avant ; car les Birmans ont tellement parlé, au cours des trois dernières années, que personne n'a acheté plus que ce qui pourrait simplement le transporter ; tandis que maintenant ils seront plus enclins à disposer de bons stocks de marchandises.

" Demain, nous partirons pour Chittagong. Vous voyez, j'ai là-bas un magasin considérable ; et il y a une chance de combats bien plus sérieux, dans ce quartier, que cette petite affaire que nous avons vue. Le gouverneur d'Aracan a, depuis le début, a été la source de troubles ; et nous pouvons nous attendre à ce qu'il pénètre dans la province à la tête d'une force importante et fasse d'immenses dégâts, avant que nous puissions y rassembler suffisamment de troupes pour lui résister.

En descendant la rivière, ils côtoyèrent jusqu'à leur arrivée, début mars, à Chittagong. Ils trouvèrent qu'une grande alarme y régnait. En janvier, Bandoola, le plus grand chef militaire des Birmans, connu pour avoir été l'un des plus ardents partisans de la politique de guerre à la cour d'Ava, était arrivé à Aracan et avait pris le commandement des troupes rassemblées là-bas. avait amené avec lui des renforts considérables.

Un outrage gratuit commis par les Birmans montrait à quel point ils étaient déterminés à mener les hostilités. En raison de l'insalubrité de l'îlot de Shapuree, les cipayes qui y étaient stationnés avaient été retirés ; et le navire pilote de la compagnie, le Sophia, reçut l'ordre de rejoindre les canonnières au large de cette île. Quatre députés de la cour birmane arrivèrent à Mungdoo, sur la rive opposée ; et ceux-ci invitèrent le commandant de la Sophia à venir à terre, afin de discuter avec lui amicalement de la situation des affaires. Sans s'en douter, il accepta leur invitation et débarqua, accompagné d'un officier et de quelques marins indigènes. Le groupe fut aussitôt saisi et envoyé prisonniers à Aracan, où ils furent détenus pendant un mois, puis renvoyés à Mungdoo.

Cette insulte gratuite a été suivie d'une déclaration formelle de guerre par le gouvernement de l'Inde ; et un document similaire a été délivré par le tribunal d'Ava. La force à Sylhet a été renforcée et celle à Chittagong a augmenté. Il se composait d'une aile du 13e et du 20e régiments indigènes, et d'un bataillon du 23e, avec une levée locale, s'élevant au total à environ 3,000 hommes. Parmi ceux-ci, une aile du 23e, avec deux canons, et une partie des levées indigènes étaient postées à Ramoo, qui était le point le plus menacé par une invasion venant d'Aracan.

C'est dans le nord que les hostilités ont commencé, une force s'avançant vers l'Assam et chassant les Birmans devant eux. Plusieurs coups violents furent portés à l'ennemi et, sans l'arrivée de la saison des pluies, ils auraient été entièrement chassés de l'Assam.

"Je pense, Stanley," dit son oncle après avoir passé peu de temps à Chittagong, "tu ferais mieux d'aller à Ramoo et de voir ce qui se passe là-bas. Bien sûr, jusqu'à ce que les Birmans bougent, nous ne pouvons pas dire quel est leur jeu. C'est probablement le cas ; mais il sera aussi bon de préparer les provisions pour l'embarquement, au cas où ils avanceraient dans cette direction. S'ils le font, embarquez tout à la fois, et vous pourrez alors vous laisser guider par les circonstances. Le dhow est arrivé hier, je peux épargner nos deux bateaux ; et, bien sûr, j'expédierai les marchandises ici à bord du grand bateau. Même si les Birmans viennent par ici, je n'ai aucune crainte qu'ils prennent la ville ; et je le ferai, de bien sûr, donnez un coup de main à la défense, s'ils le tentent. Vous pouvez faire de même à Ramoo, si vous le souhaitez.

"Je discutais hier avec le colonel Shatland. Il me dit qu'une grande flotte a été rassemblée et qu'une expédition sera envoyée pour capturer Rangoon donc, dans ce cas, il est probable que Bandoola et sa force marcheront dans cette direction. .

"Je pense que le gouvernement a tort. Il sera impossible pour les troupes de bouger une fois que la saison des pluies s'installera ; et elles perdront énormément d'hommes à cause de la maladie, si elles sont enfermées à Rangoon. J'ai envoyé quelques milliers d'hommes ici pour agir sur la défensive et repousser toute tentative d'invasion, jusqu'à ce que les pluies soient terminées, alors qu'ils auraient pu être de nouveau embarqués et rejoindre l'expédition contre Rangoon. Cela me semble une chose insensée. , pour commencer à la période actuelle de l'année. Nous avons supporté les insultes des Birmans depuis si longtemps que nous aurions tout aussi bien pu attendre la saison favorable avant de commencer sérieusement nos opérations.

En conséquence, le lendemain, Stanley partit vers le sud en direction de Ramoo et, une fois arrivé là-bas, prit en charge les opérations commerciales. Peu de temps après, rencontrant dans la rue le capitaine Noton, qui y commandait, il reconnut en lui un officier qui avait été stationné au même cantonnement que son père ; et qu'il avait bien connu, quatre ans auparavant.

"Vous ne me reconnaissez pas, capitaine Noton", dit-il. "Je suis le fils du capitaine Brooke, du 33e."

"Je ne vous ai certainement pas reconnu", a déclaré l'officier, "mais je suis heureux de vous revoir. Laissez-moi réfléchir : oui, vous vous appelez Stanley et vous étiez un jeune cornichon ordinaire. Que diable faites-vous ici ? Bien sûr, j'ai appris la mort de votre pauvre père, et j'ai été vraiment affligé de sa perte. Où est votre mère ? Elle va bien, j'espère.

" Elle est retournée en Angleterre avec mes sœurs, deux mois après la mort de mon père. J'ai rejoint mon oncle, son frère. Il est commerçant et fait des affaires dans la région entre ici et Sylhet, faisant principalement du commerce sur les rivières ; mais de Bien sûr, la guerre a mis un terme à cela, pour le moment. Nous avons vu les combats remonter dans le nord, puis nous sommes descendus dans ce district. Il est resté à Chittagong et je suis en charge des marchandises ici. Je parle assez bien le birman. maintenant et, si je peux vous être utile, je serai très heureux de l'être. Il n'y a pas beaucoup d'affaires ici, et le commis Parsi, qui est généralement responsable, peut très bien s'en occuper. interprète avec les troupes du nord, et avoir une lettre de M. Scott, le commissaire, me remerciant de mes services.

"Je me souviens que vous parliez quatre ou cinq langues autochtones, mais comment en êtes-vous arrivé à apprendre le birman ?"

" D'un serviteur de mon oncle. Nous pensions qu'il y aurait sûrement la guerre, tôt ou tard, et qu'une fois celle-ci terminée, il y aurait de bonnes chances de faire un commerce fructueux sur les rivières birmanes. Je n'ai pas eu de grandes difficultés. en l'apprenant de l'homme de mon oncle, qui était originaire d'Aracan.

" Je suis sûr que cela vous sera très utile. Quel grand garçon vous êtes devenu, Stanley ; du moins, en ce qui concerne la taille. Laisse-moi voir. Quel âge as-tu, maintenant ? "

"J'ai plus de seize ans", répondit Stanley. « J'ai eu plusieurs accès de fièvre – dus, je suppose, à l'humidité des rivières – mais je pense que je suis assez bien acclimaté, maintenant. Je sais que je n'ai pas l'air très fort, mais je n'ai pas eu de fièvre. beaucoup d'exercice actif et, bien sûr, le climat est contre moi.

"Tout à fait. Je me demande si vous avez gardé votre santé aussi bien que vous l'avez fait, dans ce climat torride.

"Je vais au réfectoire, maintenant. Vous feriez mieux de venir déjeuner avec moi, et je vais vous présenter aux autres officiers. Nous sommes très forts par rapport aux effectifs car, en comptant l'assistant chirurgien, nous sommes dix. nous."

"Je serai très heureux, monsieur", a déclaré Stanley. " Je me sens certainement un peu seul ici ; car je ne connais personne et il y a très peu de choses à faire. Au cours de la dernière année, j'ai souvent remonté seul une des rivières ; mais il y a toujours eu de l'occupation tandis que, à Aujourd'hui, les choses sont au point mort. »

"Je te dis, Brooke, si tu le souhaites, je peux te nommer un interprète. Aucun d'entre nous ne parle cette langue Mug - qui est, vous savez, presque la même que le birman - et les officiers en Les responsables de la taxe indigène seraient ravis d'avoir avec eux quelqu'un qui pourrait faire comprendre aux camarades. Je peux vous nommer un interprète de premier ordre. Le salaire n'est pas très élevé, vous savez, mais vous pourriez tout aussi bien le gagner. comme ne rien faire, et cela vous donnerait une sorte de position officielle et, en tant que fils d'un officier britannique et mon ami, vous seriez l'un des nôtres.

"Merci beaucoup, capitaine Noton. Cela me plairait énormément. Dois-je prendre un uniforme ?"

" Cela ne sera pas absolument nécessaire ; mais si vous obtenez une veste de patrouille blanche, comme celle-ci, et un couvre-casquette blanc, cela vous établira aux yeux des indigènes comme un officier et vous donnera plus d'autorité. Oh, D'ailleurs, vous n'en avez pas besoin, car un de nos lieutenants est mort l'autre jour de fièvre. Ses effets n'ont pas encore été vendus, mais vous pouvez aussi bien avoir ses vestes et ses ceintures de patrouille. Nous réglerons ce que vous voudrez. Il faudra ensuite les payer. De toute façon, ce ne sera qu'une question de quelques roupies.

Ils arrivèrent maintenant à la maison qui avait été réservée à l'usage des officiers. En entrant, le capitaine Noton le présenta aux autres et, comme plusieurs d'entre eux avaient rencontré à diverses époques son père, dans des cantonnements ou en service, il fut chaleureusement accueilli par eux et, au déjeuner, ils écoutèrent avec beaucoup d'intérêt ses récits de les combats, à Cachar, avec les Birmans.

"Je pense que nous les trouverons ici plus redoutables s'ils viennent", a déclaré le capitaine Noton. "Bandoola a une grande réputation et est extrêmement populaire auprès d'eux. D'après ce que vous dites, une proportion considérable des gars que vous avez rencontrés là-bas étaient des prélèvements assamais, levés par les Birmans. J'admets que les Birmans eux-mêmes ne semblent pas auraient fait bien mieux ; mais ils n'auraient jamais conquis tous les peuples qu'ils ont rencontrés et bâti un grand empire, s'ils n'avaient pas eu en eux de bonnes qualités de combat. Je suis sûr que nous les battrons, mais je ne le fais pas. Je ne pense pas que nous y parviendrons aussi facilement que nos troupes l'ont fait dans le nord.

Le temps s'écoulait désormais agréablement avec Stanley. Il avait, après réflexion, refusé d'accepter le paiement de ses services ; car cela aurait entravé sa liberté d'action et l'aurait empêché d'obéir aux instructions que son oncle pourrait lui envoyer. Il s'engage donc comme interprète bénévole et devient membre du mess des officiers. Il était particulièrement attaché à la levée des indigènes et, ayant bientôt acquis leurs mots de commandement, aida ses officiers à la mettre en ordre.

Au début de mai, une division birmane forte de 8 000 hommes traversa la Naaf et s'établit à Rutnapullung, à quatorze milles au sud de Ramoo. Dès que le capitaine Noton apprit que les Birmans avaient traversé la rivière, il en envoya la nouvelle à Chittagong, en demandant que des renforts lui fussent immédiatement envoyés ; puis il quitta Ramoo avec ses forces pour vérifier la force de l'ennemi. Les Birmans ont été vus sur quelques collines, où ils construisaient des palissades. La petite force britannique s'avança contre eux, les chassa des collines et, les suivant, se prépara à les attaquer dans la plaine au-delà. Mais les canons n'étaient pas sortis ; en partie à cause de la lâcheté des conducteurs d'éléphants, et en partie au fait qu'il s'est avéré que plusieurs des pièces essentielles des canons avaient été oubliées.

Sans leur aide pour dégager le passage, le capitaine Noton sentit qu'il serait imprudent d'attaquer une si grande force ; et s'est donc replié sur Ramoo. Ici, il fut rejoint par trois compagnies du 20e d'infanterie indigène, portant ses forces à près d'un millier ; dont environ la moitié étaient des cipayes, et le reste des prélèvements indigènes. Si l'officier commandant Chittagong avait fait preuve d'énergie, quelle qu'elle soit, pour envoyer des renforts - qu'il aurait très bien pu ménager, maintenant que le point d'attaque des Birmans avait été clairement indiqué - le capitaine Noton aurait pu prendre le dessus. offensive, auquel cas un désastre grave aurait été évité et les Birmans auraient été repoussés à travers le Naaf. Aucun cependant n'arriva et, le matin du 13 mai, l'ennemi apparut sur la colline à l'est de Ramoo, séparé des forces britanniques par la rivière du même nom.

Il y avait quelques divergences d'opinion parmi les officiers, quant à savoir s'il valait mieux maintenir une position en dehors de la ville, ou se retirer immédiatement ; mais la croyance que des renforts pourraient arriver à toute heure fit que le capitaine Noton résolut de rester à découvert et de couvrir ainsi la ville le plus longtemps possible.

Le 14 au soir, les Birmans descendirent vers le fleuve comme pour le traverser ; mais il se retira lorsque les deux canons de six livres ouvrirent le feu sur eux. Le fait que deux petits canons produisaient un tel effet confirmait les officiers britanniques dans leur opinion que les Birmans, bien qu'ils puissent bien défendre les palissades, étaient de peu d'utilité à découvert. Le lendemain matin cependant, l'ennemi effectua le passage de la rivière plus loin puis, avançant, s'empara d'un gros char entouré d'un haut talus.

Le capitaine Noton plaça ses forces dans une enceinte, avec un talus de trois pieds de haut. Son flanc droit était protégé par la rivière ; et un petit char, à une soixantaine de pas en avant, était occupé par un solide piquet. Sur sa gauche, un peu en arrière, se trouvait un autre char, et là étaient placées les levées indigènes. La position principale était occupée par les cipayes, avec les deux canons de six livres. Alors que les Birmans avançaient, un feu vif fut ouvert sur eux ; mais ils profitèrent de toutes les irrégularités du terrain et des abris de toutes sortes, et dressèrent des abris avec une telle rapidité que le feu ne fut en aucun cas aussi efficace qu'on l'avait espéré.

Dans la journée, la nouvelle arriva que l'aile gauche du 23e Infanterie indigène avait quitté Chittagong le 13 et, comme elle devait arriver le lendemain, le capitaine Noton résolut de tenir bon ; cependant les Birmans continuaient à avancer et bon nombre d'hommes, ainsi que deux ou trois officiers, avaient été blessés par leurs tirs. A la tombée de la nuit, une consultation a eu lieu. Les renforts étaient attendus dans la matinée et, bien que les levées indigènes aient montré des signes d'insubordination et qu'on ne puisse évidemment pas compter sur elles pour prendre position, si les Birmans attaquaient sérieusement, il fut résolu de conserver la position.

Durant la nuit, les Birmans ont avancé leurs tranchées. Un feu nourri fut maintenu des deux côtés pendant la journée, mais ce fut avec beaucoup de difficulté que les officiers commandant les levées empêchèrent les hommes de s'enfuir.

"Les choses semblent très noires", a déclaré le capitaine Pringle à Stanley, lorsque les tirs se sont calmés, à la tombée de la nuit. "Les renforts auraient dû être là aujourd'hui. Il est scandaleux qu'ils n'aient pas été poussés tout de suite alors que nous les avions demandés. D'autant plus que, une fois partis, ils n'auraient pas dû avancer avec le plus grand nombre possible de renforts." Je doute que nous soyons capables de retenir ces lâches lâches jusqu'à demain. S'ils s'enfuient, les cipayes ne manqueront pas de le faire aussi ; en fait, leur position serait tout à fait intenable, car les Birmans pourraient contourner cet endroit. flanc et prenez-les en arrière.

« Je souhaite au ciel que nous ayons deux ou trois compagnies de troupes blanches pour couvrir une retraite. Il n'y aurait aucune crainte que les cipayes cèdent à la panique s'ils avaient des troupes britanniques avec eux ; mais lorsqu'ils sont en infériorité numérique, comme ils le sont maintenant, on ne peut guère leur en vouloir s'ils perdent courage, alors que l'ennemi est dix fois plus fort, et sera vingt contre un contre eux, si nos camarades d'ici s'enfuient.

Le lendemain matin, les Birmans avaient poussé leurs tranchées jusqu'à douze pas des lignes britanniques, et un terrible feu fut ouvert. A neuf heures, malgré les efforts de leurs officiers pour les maintenir en place, les levées indigènes s'enfuirent ; et les officiers qui les accompagnaient se précipitèrent à travers le terrain intermédiaire vers le corps principal. L'un d'eux est tombé mort et deux autres ont été blessés. Stanley était en train de courir lorsqu'il tomba tête baissée, sans un instant de réflexion ni de conscience.

Les Birmans occupèrent le char aussitôt que les levées l'eurent abandonné, et leurs tirs prirent aussitôt en flanc les défenseurs de la position principale. Une retraite était maintenant nécessaire, et les cipayes se retirèrent en bon ordre, mais, alors que les Birmans exultants se pressaient avec chaleur et que leur cavalerie coupait et tuait tous les hommes qui tombaient blessés de leurs rangs, ils furent pris de panique. En vain leurs officiers les exhortaient à rester stables. Arrivés à un ruisseau, les hommes jetèrent leurs fusils et leurs accessoires en le traversant et prirent la fuite en avant.

Le petit groupe d'officiers se rassembla et combattit jusqu'au bout. les capitaines Noton, Truman et Pringle ; Le lieutenant Grigg, l'enseigne Bennet et le docteur Maismore ont été tués. Trois officiers seulement s'enfuirent ; parmi eux, deux ont été blessés.

Les fugitifs, indigènes et cipayes, continuèrent leur fuite ; et quand, deux ou trois jours plus tard, ils arrivèrent à Chittagong, on constata que la perte totale en tués et disparus s'élevait à environ deux cent cinquante. Les prisonniers n'étaient qu'une vingtaine. Tous étaient plus ou moins grièvement blessés, car aucun quartier n'avait été fait. Ils avaient, dans leur poursuite, été passés pour morts ; et quand, après cela, on les retrouva vivants, aucun sentiment d'humanité ne leur fut épargné, si ce n'est le fait qu'ils pourraient être envoyés à Ava, comme preuve de la victoire obtenue sur les Britanniques. Le nombre de personnes retrouvées vivantes était plus important, mais seuls furent épargnés ceux qui étaient capables de voyager.

Parmi eux se trouvait Stanley Brooke. Il était resté insensible jusqu'à ce que la poursuite ait été interrompue. Un violent coup de pied le fit reprendre connaissance et, se redressant, il constata qu'une demi-douzaine de Birmans se tenaient autour de lui. Son premier geste, en reprenant ses esprits, fut de découvrir où il était blessé. Ne voyant aucune trace de sang sur ses vêtements blancs, il ôta sa casquette et passa la main sur sa tête ; et il constata que le sang coulait d'une blessure juste au sommet, où une balle avait coupé les cheveux et le cuir chevelu, et fait une blessure de près de trois pouces de long, au bas de laquelle il pouvait sentir l'os.

Regardant les Birmans, il dit, dans leur propre langue :

"C'était un rasage de près, n'est-ce pas ?"

Deux ou trois d'entre eux rirent et tous parurent amusés. Deux d'entre eux l'ont alors aidé à se relever ; Le groupe, parmi lequel se trouvaient quelques officiers, le conduisit ensuite à quelque distance en arrière, où il reçut l'ordre de s'asseoir avec trois cipayes blessés qu'on avait amenés.

# Chapitre 3
# Un prisonnier.

Le petit groupe de prisonniers reçut plusieurs ajouts, jusqu'à ce que leur nombre atteigne une vingtaine. L'endroit où ils étaient placés était proche de la rive de la rivière et, comme tous souffraient beaucoup de soif, Stanley demanda et obtint au garde la permission d'aller chercher de l'eau. Il s'agenouilla d'abord et but une longue gorgée ; puis il se baigna la tête et, imbibant son mouchoir d'eau, en fit un tampon, le plaça sur la plaie et mit son bonnet par-dessus. Puis il remplit une fiole qu'il portait et rejoignit ses compagnons. Ceux-ci furent autorisés à descendre, un à un, à la rivière pour boire et laver leurs blessures.

Stanley avait déjà appris d'eux tout ce qu'ils savaient de ce qui s'était passé après avoir été assommé par la balle. Deux d'entre eux avaient traversé le ruisseau, avant d'être blessés ; et ceux-ci disaient qu'ils croyaient que tous les officiers blancs avaient été tués, mais qu'ils pensaient que la plupart des troupes s'étaient enfuies.

"C'est plus que ce qu'ils méritaient", s'est indigné Stanley. "Je ne parle pas beaucoup des Mugs. Ils avaient très peu d'exercices ou de discipline et, naturellement, avaient peur des Birmans, qui étaient depuis longtemps leurs maîtres; mais si les cipayes étaient restés ensemble sous la direction de leurs officiers, ils auraient pu tous se sont échappés, car les Birmans n'auraient jamais pu briser leurs rangs.

"Certains des officiers avaient été tués, et la plupart blessés, avant le début de la retraite, sahib", s'excusa l'un des cipayes, "et ils étaient dix contre un contre nous."

"Oui, je le sais; mais vous qui aviez combattu auparavant, vous auriez dû savoir très bien que, tant que vous restiez ensemble, vous auriez pu les repousser; et ils auraient été assez heureux d'avoir finalement abandonné la poursuite. ... Sans aucun doute, ils voulaient tous avoir une part dans le pillage de Ramoo.

« Que penses-tu qu'ils vont faire de nous, sahib ?

"D'après ce qu'ils m'ont dit en m'amenant ici, je pense que nous serons envoyés à Ava, ou Amarapura. Ils sont proches les uns des autres, et la cour est tantôt à un endroit, tantôt à un autre. Que feront-ils de nous quand nous y arriverons, je ne sais pas, on nous coupera peut-être la tête, on nous mettra peut-être en prison, de toute façon, soyez sûr que nous n'y passerons pas un moment agréable.

"Tout ce que nous devons espérer, c'est que la capture de Rangoon, par notre flotte, puisse diminuer leur fierté et les amener à négocier des conditions. Il a appareillé il y a près de six semaines de Calcutta et devait être rejoint par un autre de Madras et , en tenant compte des retards, il aurait dû être à Rangoon depuis quinze jours et s'emparerait certainement de l'endroit sans aucune difficulté. Ainsi, peut-être que lorsque nous atteindrons Ava, nous constaterons que la paix a été faite.

« Pourtant, les Birmans ne considéreront peut-être pas la perte de Rangoon comme importante, et pourraient même essayer de la reprendre – ce que vous pouvez être sûr qu'ils ne feront pas, car j'ai entendu dire à Chittagong qu'environ vingt mille soldats arrivaient ; ce qui serait bien suffisant, s'il y avait de bonnes routes et de nombreux transports pour eux, pour parcourir la Birmanie d'un bout à l'autre.

Dans la soirée, de la nourriture fut apportée aux prisonniers et, en discutant avec certains Birmans venus les voir, Stanley apprit que Bandoola lui-même n'avait pas accompagné la force à travers le Naaf et qu'elle était commandée par les rajahs qui dirigeaient le pays. quatre provinces d'Aracan. Le lendemain matin, les prisonniers furent évacués sous une forte garde. Six jours plus tard, ils atteignirent le camp de Bandoola. Ils étaient rangés à distance de la tente du grand homme. Il est descendu, accompagné d'un groupe d'officiers, pour les examiner. Il fit signe à Stanley.

"Demandez-lui s'il est officier", dit-il à un interprète, debout à ses côtés.

L'homme a posé la question en hindoustani. Stanley a répondu, en birman :

"Je suis un officier, Votre Seigneurie, mais un officier temporaire seulement. J'ai servi dans la levée des Mugs et j'ai été nommé pour ma connaissance de leur langue."

"Comment se fait-il que vous parliez notre langue ?" » demanda Bandoola, surpris.

"Je suis commerçant, Votre Seigneurie, mais lorsque notre commerce a pris fin, par le déclenchement de la guerre, je suis entré dans l'armée pour servir jusqu'à ce que la paix soit faite. J'ai appris la langue auprès d'un domestique au service de mon oncle. , dont j'étais l'assistant."

Le général birman était capable d'actes d'une grande cruauté, lorsqu'il le jugeait nécessaire ; mais à d'autres moments, il était gentil et de bonne humeur.

« Ce n'est qu'un garçon, dit-il à l'un de ses officiers, et il a l'air d'un jeune homme audacieux. Il me serait utile comme interprète, car nous aurons envie d'interroger ses compatriotes lorsque nous les ferons tous prisonniers. Cependant, nous devons l'envoyer avec les autres à Ava, car c'est le seul officier que nous avons pris ; mais j'enverrai un message à certains de mes amis, à la cour, leur demandant de déclarer que je considère qu'il sera utile. à moi ; et priant pour qu'il soit gardé pendant un certain temps et bien traité, et qu'il puisse me être renvoyé, à nouveau, lorsque je ferai mon prochain mouvement contre les Anglais. "

Le lendemain, les prisonniers partirent sous l'escorte de vingt soldats, commandés par un officier de quelque grade, spécialement chargé de les conduire sains et saufs à Ava. Il y avait quinze jours de marche jusqu'à l'Irrawaddy. Jusqu'à l'approche du fleuve, le pays était très peu peuplé, mais lorsqu'on approchait de ses rives, les villages étaient relativement épais, se dressant pour la plupart dans des clairières au milieu d'une grande forêt. Pendant la marche, l'officier birman s'entretenait fréquemment avec Stanley, lui posait de nombreuses questions sur l'Angleterre et l'Inde ; et il était évidemment surpris et quelque peu sceptique quant à l'explication que le garçon lui faisait de la force combattante du pays. Il le traitait avec beaucoup d'indulgence et lui envoyait des plats de sa propre table.

Lorsqu'il ne causait pas avec lui, Stanley marchait à la tête du petit groupe de prisonniers, qui étaient tous des cipayes, aucun quartier n'ayant été donné aux levées indigènes. Un soir, Stanley s'efforça de remonter le moral des cipayes en leur disant que probablement, à ce moment-là, l'expédition britannique était arrivée à Rangoon et l'avait capturée ; et cette paix suivrait très probablement, et ils pourraient être échangés contre tout Birman tombant entre les mains des Anglais.

Lorsqu'ils atteignirent un village au bord du fleuve, la population, en les voyant, se retourna et aurait voulu les maltraiter ; Si l'officier n'était pas intervenu, il a déclaré qu'il avait reçu l'ordre de Bandoola de les transporter en toute sécurité jusqu'au tribunal et que quiconque interférerait avec eux serait sévèrement puni. Le chef du village se pencha en entendant le nom du général.

"Je vous demande pardon, monseigneur. Les prisonniers ne seront pas touchés. Mais avez-vous entendu la nouvelle ?"

"Je n'ai eu aucune nouvelle", a déclaré l'officier.

"Il est arrivé ici hier, monseigneur. Les barbares ont eu l'audace de naviguer vers Rangoon avec une grande flotte de navires. Ils avaient des navires de guerre avec eux et, bien que nos forts leur tiraient dessus, ils avaient tellement de canons. que nous n'avons pas pu leur résister, et ils ont pris la ville. Cela s'est produit il y a quinze jours.

L'officier resta stupéfait de ce qui lui paraissait être un acte d'insolence audacieuse. Cependant, après un moment de pause, il dit avec colère :

"Cela n'a pas d'importance. La ville était faible et dans aucune position de défense ; mais une force va bientôt descendre pour balayer ces barbares. Maintenant, préparez votre galère de guerre, le plus tôt possible."

Chaque village riverain était tenu, par la loi, de fournir une galère de guerre pour le service du roi chaque fois que cela était nécessaire. Ceux-ci transportaient de cinquante à cent hommes, et environ trois cents de ces bateaux étaient toujours disponibles pour le service et constituaient l'une des divisions les plus puissantes de la force combattante de l'empire birman. Le village était grand et, au bout d'une demi-heure, l'équipage de la galère était à bord et, ramant quarante rames, se mit en route pour remonter la rivière.

« Que pensez-vous de cette nouvelle ? dit l'officier en faisant signe à Stanley de prendre place devant lui. "Ces hommes doivent être fous pour tenter la colère du Seigneur du Tabouret d'Or, le puissant Empereur. Avez-vous entendu parler de cela ?"

"Je n'ai entendu qu'une vague rumeur selon laquelle une flotte avait été rassemblée, mais je n'ai rien entendu avec certitude quant à sa destination."

"C'est de la folie", a répété l'officier. "Nous allons les jeter à la mer. Combien y en a-t-il, à votre avis ?"

"Quant à cela, je ne peux pas en dire grand-chose, monseigneur. J'ai seulement entendu un rapport selon lequel certains navires et troupes devaient prendre la mer, certains de Madras et d'autres de Calcutta, mais du nombre d'hommes et de navires, je ne sais rien pour le moment. certain."

"Ils ont pris de mauvais conseils", dit gravement l'officier. " J'ai entendu dire qu'ils avaient pris un léger avantage à Cachar ; mais là ils n'avaient que des troupes irrégulières à affronter, en grande partie Assamais, qui ne sont que de pauvres lâches. Ce petit succès a dû leur faire tourner la tête. Ils auront maintenant nos forces régulières pour les soutenir. traiter, et ils seront au nombre de cent mille, ou deux fois plus, si nécessaire. Pensez-vous que la poignée qui serait transportée par navires puisse résister à une telle armée ?

"Il y en a peut-être plus que vous ne le pensez, monseigneur. Beaucoup de navires seront très gros, bien plus gros que ceux qui font du commerce avec Rangoon ; et certains d'entre eux transporteront jusqu'à cinq cents hommes."

"Même ainsi", dit l'officier avec mépris ; "S'il y avait vingt-cinq navires de ce type, ou même cinquante, cette force ne serait rien pour nous. Ils devront reprendre leurs navires dès que notre armée approchera."

« Il se peut, monsieur, mais je pense qu'ils ne resteront guère sans combattre. Je vous représenterai que, bien que beaucoup moins nombreux que votre armée qui nous a attaqués, à Ramoo, les troupes ont fait un vaillant combat ; et qu'ils se sont battus sans relâche, jusqu'à ce que les Mugs s'enfuient. Après cela, d'après ce que j'entends, j'avoue qu'ils ont fui honteusement. Mais les troupes qui viendront à Rangoon seront meilleures qu'elles ne l'étaient, car il y aura parmi elles des régiments blancs ; et bien que ceux-ci puissent, comme vous le dites, être submergés par le nombre et détruits, je ne pense pas que vous les verrez s'enfuir.

" Et tu crois qu'ils oseront vraiment nous résister ?

"Je pense qu'ils s'efforceront de le faire."

"Eh bien, il n'y aura guère d'occasions de se battre", dit l'officier avec dédain. "Ils étaient fous de venir ; ils sont encore plus fous de venir maintenant. La saison des pluies approche à grands pas. Dans une semaine, elle sera sur nous. Les rivières s'étendront, le plat pays sera un marais. Même nous, ceux qui y sont habitués souffrent. Dans des endroits comme Rangoon, la fièvre et la maladie les emporteront et, lorsque la saison sèche viendra et que nos troupes se rassembleront pour les combattre, il n'en restera plus personne. Ils mourront comme des mouches. capturez-en suffisamment pour les envoyer comme prisonniers à l'empereur.

Stanley estimait qu'à cet égard, les prophéties des Birmans n'avaient que trop de chances de se réaliser. Il savait à quel point les fièvres des marais étaient mortelles pour les hommes blancs ; et que malgré son logement confortable à bord du boutre et du bateau, il avait lui-même souffert même si, pendant la saison des pluies, son oncle mettait un point d'honneur à naviguer le long de la côte et à remonter uniquement les rivières qui coulaient entre de hautes berges et à travers un pays exempt de marécages. Il se souvint que son oncle avait parlé très fortement de la folie de l'expédition programmée pour arriver sur la côte de Birmanie au début de la saison des pluies ; et avait dit qu'ils souffriraient terriblement de la fièvre avant de pouvoir avancer dans le pays, à moins que l'on n'ait l'intention de confiner les opérations aux villes côtières, jusqu'à ce que la saison sèche s'installe.

Il aurait en effet été impossible de choisir un pire moment pour l'expédition, mais, sans aucun doute, le gouvernement indien pensait surtout à la nécessité de forcer les Birmans à se mettre sur la défensive et d'empêcher ainsi l'invasion de l'Inde par une vaste armée. . Sans aucun doute aussi, ils croyaient que l'occupation de Rangoon et l'arrêt de tout commerce montreraient à la cour d'Ava qu'ils s'étaient engagés dans une lutte sans ennemi méprisable ; et serait heureux d'apaiser leurs prétentions et d'accepter des conditions de paix équitables.

La force du Bengale embarquée se composait de deux régiments britanniques, le 13e et le 38e, d'un bataillon d'infanterie indigène et de deux batteries d'artillerie européenne, totalisant 2 175 hommes. La force de Madras - dont une division fut envoyée immédiatement, l'autre devait suivre sous peu - se composait des 41e et 89e régiments, du régiment européen de Madras, de sept bataillons d'infanterie indigène et de quatre batteries d'artillerie, s'élevant à 9 300 hommes ; soit un total de 11 475 combattants, dont près de cinq mille Européens. En plus des transports, la force du Bengale était accompagnée d'une flottille de vingt bricks canonniers et d'autant de canots à rames, chacun armé d'un canon de dix-huit livres ; le sloop Larne et Sophia, appartenant à la Royal Navy ; plusieurs croiseurs de la Compagnie ; et le bateau à vapeur Diana. Le général Sir A. Campbell a été nommé au commandement en chef et le colonel M'Bean, avec le grade de général de brigade, commandait la force de Madras.

L'escadre du Bengale quitta Saugur à la mi-avril ; et atteint le rendez-vous, Port Cornwallis, dans les îles Andaman, à la fin du mois. La première division de Madras appareilla en même temps et les rejoignit quelques jours plus tard ; et toute la force, sous l'escorte de la frégate HM Liffey et du Slaney, sloop de guerre, quitta Port Cornwallis le 5 mai, et arriva le 9 à l'embouchure de l'Irrawaddy.

Des forces ont été détachées pour la capture des îles de Chuduba et Negrais. Le 10, la flotte entra dans la rivière et jeta l'ancre dans la barre et, le lendemain matin, se dirigea avec la marée montante jusqu'à Rangoon, la Liffey et la Larne en tête. Quelques coups de feu furent tirés alors qu'ils remontaient la rivière ; mais les Birmans furent complètement surpris, l'idée que les Anglais se risqueraient à les envahir ne leur était jamais venue à l'esprit.

La déception fut considérable à bord de la flotte lorsque Rangoon apparut. Il était situé sur la rive nord du bras principal du fleuve, à trente milles de la mer. Il s'étendait sur environ neuf cents mètres le long de la rive et avait six ou sept cents mètres de large dans sa partie la plus large. Au-delà de la ville se trouvaient quelques faubourgs, en dehors de la palissade qui l'entourait. Les palissades avaient dix à douze pieds de hauteur, renforcées par des remblais de terre dressés contre elles, du côté intérieur. Une face des défenses longeait la berge de la rivière, tandis que les autres étaient protégées par un ruisseau peu profond communiquant avec la rivière. La ville elle-même se composait, pour la plupart, de masures misérables et sales ; et de quelques bâtiments officiels de plus grande taille.

A midi, la Liffey jeta l'ancre à la hauteur de la batterie principale, près de la porte d'eau ; les transports étant rangés en ligne derrière elle. La veille, une proclamation avait été envoyée à terre, donnant des assurances de protection à la population en général et à tous ceux qui n'opposeraient aucune résistance.

Lorsque les canons de la flotte furent chargés, une pause s'ensuivit. La ville était évidemment incapable de résister et on espérait qu'elle capitulerait. On voyait les Birmans debout devant leurs canons, mais ils restaient également inactifs, apparemment paralysés devant l'apparition de cette grande flotte de navires - d'une taille jusqu'alors inimaginable pour eux - et les canons menaçants pointés vers eux. Cependant, ils furent finalement poussés, par les ordres et les menaces de leurs officiers, à ouvrir le feu sur les navires.

La frégate répondit aussitôt par une bordée. En très peu de minutes, tous les canons à terre furent réduits au silence et les Birmans s'enfuirent confusément de leurs travaux. Dès qu'ils l'eurent fait, le signal du débarquement fut donné. Les troupes se pressèrent dans les bateaux qui ramèrent vers le rivage ; Les soldats entrèrent dans la ville sans résistance et la trouvèrent complètement déserte.

La veille, toute la population avait été chassée par le gouverneur et, selon la coutume birmane, les hommes avaient tous été constitués en une levée, tandis que les femmes et les enfants étaient tenus sous bonne garde, comme otages de leurs maris et pères. --leur vie étant perdue en cas de désertion ou de lâcheté de la part de leurs parents masculins.

Les étrangers présents dans la ville avaient tous été arrêtés. Ils étaient peu nombreux, composés de huit ou dix commerçants britanniques et missionnaires américains. Ceux-ci, après avoir été enchaînés, ont été emmenés à la prison de Custom House. Ils furent élevés et jugés tôt le matin de l'attaque et accusés d'avoir organisé l'assaut de la ville. Ils ont naturellement insisté sur le fait que s'ils avaient eu la moindre idée que cela allait se faire, ils auraient quitté les lieux à temps. Mais les Birmans les condamnèrent aussitôt à mort et ils furent ramenés à la prison pour être exécutés.

La sentence n'a pas été exécutée. Les Birmans avaient eu l'intention de les exécuter sur les murs, à la vue de leurs compatriotes ; et les autorités s'étaient toutes rassemblées à la prison à cet effet lorsque, heureusement, un coup de feu tiré de la première bordée traversa le bâtiment, provoquant une bousculade instantanée. Les chefs quittèrent aussitôt la ville ; et les prisonniers, lourdement enchaînés, furent emmenés à une certaine distance dans le pays. Un groupe de troupes britanniques fut cependant poussé en avant de la ville dès qu'elle fut occupée ; et les gardes, inquiets pour leur propre sécurité, placèrent les prisonniers dans une maison et s'enfuirent ; et une patrouille les y trouva le lendemain matin et les conduisit dans la ville.

La grande pagode, située à deux milles et demi de la ville, fut aussitôt occupée comme position avancée par les Britanniques. Il se dressait sur une colline conique, s'élevant à soixante-quinze pieds au-dessus de la plaine. La superficie au sommet mesurait un peu plus de deux acres ; et au centre s'élevait la pagode, haute de trois cent trente-huit pieds.

Tous les bateaux sur la rivière ont été enlevés. Malgré les proclamations promettant un bon traitement, aucun des habitants n'est revenu dans la ville, empêché par les autorités et les troupes birmanes. Aucun magasin n'avait été trouvé et, jusqu'à la fin de la saison des pluies, l'armée dut dépendre entièrement de la flotte pour ses provisions ; et resta enfermé dans cette ville misérable et insalubre, souffrant gravement de fièvre et de paludisme.

Le bateau dans lequel Stanley et les autres prisonniers étaient transportés était changé à chaque village remontant la rivière, car l'officier transportait les dépêches de Bandoola au tribunal. Un drapeau a été hissé alors que le bateau arrivait en vue d'un village. Ce fut le signal qu'il en fallait un autre et, deux ou trois minutes après leur arrivée, les prisonniers, leur garde et leur officier étaient de nouveau en route.

Ils marchèrent ainsi nuit et jour et, en quatre jours, arrivèrent à Ava. Laissant les prisonniers à la garde, l'officier se rendit aussitôt au palais. En une heure, des coups de canon furent tirés, des tambours battirent et les cloches des pagodes sonnèrent pour annoncer à la population qu'une grande victoire avait été remportée sur les Anglais et leur armée anéantie par Bandoola et ses vaillantes troupes. Cela effaça l'impression produite par la nouvelle arrivée, quelques jours auparavant, du débarquement à Rangoon ; et il y eut de grandes réjouissances parmi la population.

Un officier du palais descendit aussitôt vers le bateau, et les prisonniers furent conduits à travers les rues jusqu'à une prison, au milieu des huées de la foule. Stanley fut surpris de la méchanceté de la ville ; la grande majorité des maisons étant construites en bambou, couvertes de chaume et d'herbe, elles ont un très mauvais aspect. Les édifices publics et les maisons des grands officiers étaient construits en planches et en tuiles ; mais ils étaient lourds et de mauvais goût, et ce n'était qu'aux innombrables pagodes, dans et autour de la ville, que des soins semblaient avoir été accordés.

Il s'était beaucoup étonné des nombreuses pagodes qu'ils avaient vues, près de chaque ville et village, en passant ; mais l'officier l'avait informé que c'étaient toutes des propriétés privées, et que c'était la plus méritoire des actions que d'en construire une ; par conséquent, tout homme qui avait les moyens de le faire construisait une pagode, grande ou petite en proportion de la somme qu'il pouvait y consacrer. À la remarque de Stanley sur le grand nombre de pagode qui étaient en ruines, l'officier répondit qu'il était considéré comme une action tellement plus méritoire de construire une pagode que d'en réparer une qu'après la mort du fondateur, on laissait généralement ces pagode tomber en ruine. .

Pendant quelques jours, les prisonniers furent emmenés chaque jour et marchèrent pendant quelque temps dans la ville, afin de fournir à la population la preuve visuelle de la victoire remportée par Bandoola. L'endroit dans lequel ils étaient enfermés était petit et sale mais, au bout d'une semaine, Stanley fut sorti et placé seul dans une pièce ; et ici, l'officier qui avait eu sa garde lui rendit visite, une heure ou deux plus tard.

« J'ai exprimé à la cour, dit-il, les vœux du général et j'ai obtenu la permission que vous soyez traité différemment des autres ; en partie parce que vous êtes officier, mais principalement parce que le général pense que vous pourriez lui être utile. J'ai informé l'officier de la prison que vous serez libre de vous promener dans la ville, quand bon vous semblera; mais que pour vous protéger de la violence, un officier et deux soldats devront vous accompagner, tant que vous jugerez une telle précaution nécessaire. J'ai ordonné qu'on vous apporte une robe à notre mode, car autrement vous ne pourriez pas sortir dans les rues sans être assailli.

Stanley exprima sa gratitude à l'officier pour avoir obtenu ces indulgences, et ce dernier répondit :

" J'ai agi sur les ordres du général, mais cela m'a fait plaisir ; car je vois que vous êtes un jeune homme de mérite, et j'ai beaucoup appris de vous sur votre peuple pendant le voyage ; et j'ai vu que, Aussi insensés qu'ils aient été d'entreprendre de se mesurer à nous, il y a pourtant certaines choses que l'on pourrait apprendre d'eux ; et que, s'ils étaient restés dans leur île, à plusieurs mois de voyage d'ici, ils auraient été dignes d'être récompensés. notre amitié."

Peu de temps après le départ de l'officier, un soldat apporta de la nourriture d'une bien meilleure nature que celle dont Stanley avait reçu jusqu'alors. Une demi-heure plus tard, la robe arrivait. C'était celui d'un officier birman de grade inférieur ; et consistait en une tunique de tissu épais, descendant jusqu'aux genoux ; ceinture d'épée en cuir; une sorte de tippet ressemblant à celui d'un cocher anglais, avec trois couches de tissu épaissement matelassé ; et un casque en cuir montant jusqu'à un point central, avec un rabat pour protéger le cou et les oreilles. Il était accompagné de bas de tissu bien ajustés et de chaussures basses.

Bientôt, un officier entra.

« J'ai reçu l'ordre de sortir avec vous une fois par jour, à l'heure que vous voudrez. Je suis un parent de l'officier qui vous a amené ici, et il m'a chargé de veiller à votre sécurité.

« Je vous suis très reconnaissant, monsieur, » dit Stanley, « et je serai heureux, en effet, de sortir pour visiter la ville. Votre parent m'a gentiment envoyé une robe ; mais si je ne suis pas remarqué, elle le fera. il serait nécessaire que je me tache un peu le visage et les mains. »

" J'y ai pensé, " dit l'officier, " et j'ai apporté avec moi de la teinture qui assombrit votre peau. Il serait pire qu'inutile pour vous de vous habiller en Birman, à moins que vous ne le fassiez ; car il semblerait même Il est plus singulier, pour les gens dans les rues, qu'un homme blanc soit vu se promener habillé en officier, que qu'un prisonnier blanc soit emmené dans les rues sous une garde.

"Je suis prêt à sortir avec toi maintenant, si tu le souhaites."

"Je serai prêt dans quelques minutes", répondit Stanley et, laissé seul, changea aussitôt de tenue vestimentaire et se tacha le visage et les mains.

Il venait juste de terminer quand l'officier revint. Il sourit et dit :

" Il n'y a plus à craindre que vous soyez soupçonné, maintenant ; et vous pouvez vraiment circuler en toute sécurité sans garde, à moins que vous n'entriez en conversation avec quelqu'un. Vous parlez très bien la langue, mais votre accent n'est pas tout à fait le même que le nôtre. , ici, même si en Aracan, cela passerait inaperçu. »

Alors qu'ils sortaient de la prison, l'officier a dit à deux militaires qui attendaient là de les suivre, à distance.

"Ne nous approchez pas", dit-il, "à moins que je vous appelle."

Les maisons n'étaient pas construites en rangées continues, mais étaient très dispersées, chaque maison ayant son enclos ou son jardin. La population était très faible par rapport à la superficie occupée par la ville. Celui-ci était divisé en deux parties : la ville intérieure et extérieure. Le tout était entouré d'un mur de briques, de cinq milles et demi de circonférence, d'environ seize pieds de haut et dix pieds d'épaisseur, renforcé à l'intérieur par un grand talus de terre. Le centre-ville était entouré d'un mur séparé, avec un fossé profond sur deux côtés, la rivière Irrawaddy sur le troisième et un affluent sur le quatrième.

Une partie considérable du terrain clos était occupée par le quartier royal ; contenant le palais, la cour de justice, la salle du conseil, l'arsenal et les maisons des ministres et des hauts fonctionnaires. Celui-ci était séparé du reste par un mur fort et bien bâti, haut de vingt pieds, et à l'extérieur duquel se trouvait une palissade de même hauteur. La population totale d'Ava n'était que de 25 000 habitants.

L'officier ne conduisit pas Stanley au quartier royal, observant qu'il valait mieux ne pas y aller, car, bien qu'il ait l'autorisation de se promener dans la ville, cela pourrait le offenser s'il se montrait près du palais ; mais après avoir traversé le mur, ils visitèrent deux ou trois marchés, dont il y avait onze dans la ville.

Les marchés étaient constitués de huttes et de hangars au toit de chaume et étaient bien approvisionnés en produits du pays. Il y avait du riz, du maïs, du blé et diverses autres céréales ; bâtons de canne à sucre, tabac, coton et indigo ; les mangues, les oranges, les ananas, les pommes à la crème et les plantains étaient en abondance ; aussi des paons, des oiseaux de la jungle, des pigeons, des perdrix, des oies, des canards et des bécassines – mais peu de viande était en vente, car la religion birmane interdit de tuer des animaux pour se nourrir. La venaison était la seule viande autorisée à être vendue sur les marchés ; mais il y avait des lézards, des iguanes et des serpents qui étaient exposés librement à la vente ; et il y avait de grandes quantités d'œufs de tortues et de tortues, qui avaient été rapportés du delta.

Stanley comprit qu'il n'avait pas vraiment eu de grandes raisons de se tacher la peau, car les gens étaient pour la plupart de couleur plus claire que les Hindous. Cependant, beaucoup d'hommes avaient teint leur visage d'une couleur plus foncée ; et tous étaient plus ou moins tatoués. Hommes, femmes et enfants fumaient tous ; et fréquemment, quand ils avaient besoin de leurs deux mains, ils enfonçaient leurs cigares dans les grands trous percés dans les lobes de leurs oreilles. Les hommes et les femmes étaient de petite taille, mais de constitution carrée et musclés et, dans la majorité des cas, enclins à être gros.

Les hommes portaient une sorte de kilt, constitué d'une double pièce de tissu, enroulée autour du corps et tombant jusqu'au genou. Par-dessus se trouvait une tunique ample, avec des manches ouvertes sur le devant. La coiffe était un petit turban blanc.

La tenue vestimentaire des femmes était quelque peu similaire à celle des Hindous, consistant en un seul vêtement semblable à un drap enroulé autour du corps, attaché sous les bras et tombant jusqu'aux chevilles. Celles des classes supérieures étaient plus élaborées. Le rang parmi les femmes se distinguait, ainsi que le guide de Stanley le lui fit remarquer, par la manière dont les cheveux étaient tressés et tordus, et par les ornements qui les contenaient.

Les hommes, comme les femmes, portaient les cheveux longs mais, tandis que les hommes les portaient noués au sommet de la tête, les femmes les rassemblaient à l'arrière. Leurs visages étaient larges au niveau des pommettes, mais fortement rétrécis au niveau du front et du menton. Les yeux étroits et obliques montraient la relation entre les Birmans et leurs voisins chinois. Ils semblaient à Stanley un peuple enjoué et joyeux, vaquant à ses occupations avec beaucoup de bavardages et de rires ; et le son des instruments de musique pouvait souvent être entendu à l'intérieur des maisons. Plusieurs hommes, vêtus de vêtements jaune vif, se mêlaient à la foule présente sur le marché. C'étaient des prêtres, lui dit l'officier ; et ce serait un acte mortel de sacrilège si quelqu'un d'autre portait cette couleur.

Stanley a remarqué en voyant si peu de soldats, et l'officier lui a dit qu'il n'y avait pas d'armée régulière en Birmanie. Tout homme capable de porter des armes était obligé de servir en cas de guerre mais, à l'exception des gardes du corps du roi et d'un très petit corps d'hommes qui étaient des policiers plutôt que des soldats, aucune force n'était maintenue en permanence. Chaque homme était censé connaître quelque chose du devoir militaire, et tous étaient capables de construire des palissades. Du fait que la chair des oiseaux sauvages constituait l'un des principaux articles de nourriture, les paysans de tout le pays étaient tous habitués à l'usage du fusil et étaient de bons tireurs d'élite.

"Mais vous êtes vous-même un officier", a déclaré Stanley.

"Pour le moment, oui; mais demain je retournerai peut-être dans mes terres. C'est la même chose avec le plus haut ministre. Un jour, il peut être commerçant mais, s'il est recommandé au roi comme quelqu'un possédant des capacités, il est immédiatement choisi pour être un S'il ne plaît pas au roi ou s'il manque à ses devoirs, il se peut que le lendemain il revende du tissu au bazar.

"Tout est au gré du roi. Personne ne naît avec fortune ou rang, car tout appartient au roi et, à la mort d'un homme, tout lui revient. Ainsi, tout le monde dans le pays a une chance égale. Dans la guerre, le plus courageux devient général, en paix le plus intelligent est choisi comme conseiller. »

En se promenant, Stanley constata bientôt qu'on parlait une grande variété de dialectes dans les rues et que la langue des Birmans de la côte, des indigènes de Pegu et de la province centrale, et de ceux des districts limitrophes des États Shan ou les frontières de la Chine différaient aussi largement que celles des régions les plus reculées de la Grande-Bretagne. Ceci étant, il était convaincu qu'il n'y aurait aucune difficulté à passer pour un indigène sans susciter aucune observation ou enquête, en ce qui concerne la langue.

Ses traits et, plus encore, la forme de son visage pouvaient cependant être remarqués par le premier venu, de jour. Il pensait en effet qu'une petite teinte de couleur au coin des yeux, de manière à allonger leur aspect et à leur donner un aspect oblique, ferait une différence. La forme générale de la tête était inaltérable, mais le nez et la bouche des Birmans ne différaient pas beaucoup de ceux des Européens ; sauf que les narines étaient plus petites et, de forme, rondes plutôt qu'ovales.

Pendant trois semaines, il continua la même vie, puis l'officier birman, avec qui il était devenu très ami, lui dit en entrant un matin :

"Vous ne devez pas sortir aujourd'hui. Il y a des nouvelles que votre peuple a fait deux marches en avant. La première était contre une palissade, qu'ils ont prise et ont tué beaucoup de nos hommes; l'autre fois, ils ont marché quatre ou cinq milles, ont eu un combat avec nos troupes, et de nouveau tué beaucoup. Ces choses ont irrité le roi et le peuple. Bien sûr, ce n'est rien, car nos troupes commencent seulement à se rassembler; mais cela est considéré comme insolent à l'extrême, et le visage du roi est sombre contre vos compatriotes. Quatre des prisonniers ont été emmenés ce matin et exécutés publiquement et, si la nouvelle d'une autre défaite arrive, je crains que ce soit très dangereux, même pour vous.

"Qu'est-ce que j'avais de mieux à faire, mon ami ?"

"Je voudrais te sauver, car nous avons appris à nous connaître; et je vois qu'il y a beaucoup de bien dans tes voies, bien qu'elles diffèrent grandement des nôtres. Si je devais t'éliminer, comme d'habitude, tu pourrais être tué en les rues ; si vous vous enfuyiez et vous enfuyiez, je serais assurément mis à mort ; mais si je peux vous aider de quelque manière que ce soit, je le ferais volontiers. Mon parent qui vous a amené ici est parti, il y a quinze jours, pour rejoindre Bandoola ; son influence ne peut donc pas vous servir.

"Je ne dis pas que vous ne pourriez pas vous échapper de cette prison, puisque vous n'êtes pas, comme les autres, enfermé dans un cachot, mais je ne vois pas ce que vous pourriez faire, ni où vous pourriez aller. Si vous deviez disparaître, des ordres seraient envoyés sur la rivière à chaque village, et chaque embarcation qui passerait serait examinée, et vous seriez sûr d'être détecté, tandis qu'il serait presque impossible de parcourir le pays à pied, car il est peu peuplé. Il y a souvent de très longues distances entre les villages, et une grande partie du pays est constituée de marécages et de forêts, sans sentiers ; car le commerce des villages passe par la rivière et ils ont peu de communication entre eux.

"Je sais que, d'après ce que vous dites, vous pensez que vos troupes battront les nôtres, même lorsque nous nous rassemblerons en grand nombre. S'il en était ainsi, je crains qu'il y ait peu de chances que votre vie soit épargnée. Sans cela , Je dois dire que, Bandoola vous ayant recommandé, vous ne courriez aucun danger ici et feriez mieux de rester jusqu'à ce que la paix soit faite.

"Qu'en penses-tu, toi-même ?"

"Il est très difficile de répondre immédiatement", dit Stanley, "mais je vous remercie grandement de votre offre de me lier d'amitié, par tous les moyens possibles. Je ne dis pas que je n'avais pas pensé à m'échapper, car j'ai de Bien sûr, je l'ai fait. Mais cela me semblait être une chose au loin, et que, du moins jusqu'à ce que les pluies soient terminées et que les rivières aient coulé, il serait inutile de le tenter. Je vois, maintenant, que ce sera le plus sûr. C'est à moi d'essayer sans tarder. Si vous revenez cet après-midi, je vous dirai ce à quoi j'ai pensé.

"Je le ferai ; et moi-même, j'essaierai de réfléchir à la meilleure façon de gérer cette affaire. Nous devons nous rappeler que l'essentiel est que vous trouviez une cachette, pour le moment. Une fois que la recherche de vous aura été faite pour quelque temps, il mourra ; et ce sera alors le plan le plus facile pour vous de descendre la rivière. »

# Chapitre 4
# Un temple en ruine.

Après que l'officier l'ait quitté, Stanley réfléchit longtemps. Lui-même inclinait fortement vers le fleuve ; mais il voit qu'à l'heure actuelle les difficultés seront très grandes. Les bateaux de guerre allaient et descendaient, et des corps de troupes étaient transportés dans de grandes embarcations. Dans chaque village, les hommes, il le savait, se rassemblaient et faisaient des exercices. Même à Ava, il pouvait constater la différence dans la population, la proportion d'hommes par rapport aux femmes ayant nettement diminué depuis son arrivée.

Quant au voyage par terre, il lui paraissait impossible. Lui aussi était complètement sans argent et, que ce soit par eau ou par terre, il faudrait aller dans les villages pour acheter des provisions. En fait, l'argent aurait été presque inutile, car il n'y avait pas de monnaie frappée en Birmanie ; les paiements se font en plomb pour les petites sommes, ou en argent pour les grosses, la quantité nécessaire étant coupée dans de petits bâtons ou barres, ou payée en limaille.

Il lui semblait que le mieux serait de s'en aller quelque temps dans la forêt ; et s'efforcent de subsister de fruits sauvages ou, s'ils ne s'y trouvent pas, de sortir la nuit dans les champs et les vergers et parviennent ainsi à tenir quelques semaines. Son ami lui raconta que, dans les forêts, le long des principales routes menant à la capitale, se trouvaient de nombreux mauvais personnages, des personnes qui avaient commis des crimes et avaient fui la justice. Certains étaient des cultivateurs qui, n'ayant pas pu payer leurs impôts, avaient déserté leurs terres et s'étaient réfugiés dans les bois. Tous les déprédateurs commis et les commerçants venant dans la ville des États Shan ou des pays où l'on trouvait des rubis et des émeraudes voyageaient toujours en caravanes pour se protéger mutuellement. Parfois, des levées étaient appelées et beaucoup de ces maraudeurs étaient tués.

Stanley n'avait donc rien trouvé de précis lorsque l'officier revint dans l'après-midi et, en réponse à la question de ce dernier, il reconnut aussitôt que la seule chose qu'il pouvait voir était de se rendre dans la forêt, jusqu'à ce que la recherche active de lui ait abouti. a cessé.

"Il vous serait difficile de subvenir à vos besoins. J'ai pensé à un meilleur moyen que cela. Je connais un Phongee, qui vit dans un temple dans un endroit isolé, à six kilomètres de là. C'est un homme bon, bien qu'un peu étrange. dans ses habitudes, et je suis sûr que, sur ma recommandation, il vous accueillerait. Il y aurait peu de chance que vous y soyez découvert. Vous ne pouvez pas y aller habillé comme vous l'êtes, mais vous devez vous déguiser en paysan ; Il serait peut-être bon de conserver votre tenue actuelle, qui pourra vous être utile plus tard. Je crains que vous ne vous en sortiez mal avec lui, quant à la nourriture ; il y aura de quoi manger, mais ce sera des plus simples.

"Pour qu'il y ait de quoi maintenir la vie ensemble, peu importe ce que c'est."

"Alors c'est réglé.

"Maintenant, à propos de vous échapper d'ici. Votre porte est étroitement fermée, la nuit, et il n'y a pas de fenêtre à part ces quatre petits trous, en haut du mur, par lesquels à peine un oiseau pourrait passer."

"Je pourrais couper le chaume au-dessus", a déclaré Stanley, "si seulement j'avais quelque chose sur lequel je pouvais m'appuyer pour le faire. Il y a des bambous qui se trouvent juste au bas des marches. Avec ceux-ci et une corde, je pourrais faire un sorte d'échelle, et devrait alors pouvoir atteindre le chaume.

"Demain, je t'apporterai une corde pour cela et pour te laisser descendre à terre. Ensuite, je fixerai un lieu de rencontre, je te guiderai hors de la ville et je t'emmènerai chez le curé. J'apporterai un déguisement. pour toi, et une tache sur ton corps et sur tes bras, car, en tant que paysan, tu serais nu jusqu'à la taille. Je ne trouve rien de mieux.

"Je vous remercie très sincèrement", a déclaré Stanley, "et j'espère que vous n'aurez aucun problème pour la gentillesse que vous m'avez témoignée."

" Il n'y a aucune crainte à ce sujet, mon ami. Personne ne saura que j'ai été absent de la ville. J'ai très peur que ce soit tout ce que je pourrai faire pour vous ; car on m'a dit que je suis descendre la rivière avec le prochain lot de troupes, qui partira dans trois jours. Je n'en suis informé que depuis que je vous ai vu ce matin. Sans vous, j'aurais été heureux; car c'est la guerre. le temps seulement où l'on peut obtenir honneur et promotion.

"Je suis désolé que vous partiez, monsieur. Votre gentillesse va beaucoup me manquer; mais je peux comprendre votre désir d'aller au front. Il en est de même chez nous; quand il y a la guerre, chaque officier et chaque soldat espère que son régiment y sera envoyé, mais je vous reverrai.

« L'armée de Bandoola a-t-elle déjà bougé ?

"Non, et je ne pense pas non plus qu'il le fera. C'est une longue marche jusqu'à Rangoon depuis Ramoo; et je crois qu'il restera là où il est, jusqu'à ce qu'il voie comment les choses se passent à Rangoon. Dès que votre peuple sera chassé, il sera rejoint par une grande armée et marchera vers Dacca. Là, nos troupes du nord le rejoindront ; puis il ira en Inde, pensons-nous.

"J'imagine", dit Stanley avec un sourire, "s'il attend que nous soyons expulsés de Rangoon, son séjour à Ramoo sera long."

Le lendemain, l'officier apporta plusieurs mètres de tissu solide, comme en portaient les paysans ; un morceau de mousseline pour confectionner la bande circulaire portée par la classe inférieure, au lieu d'un turban complet ; et beaucoup de crin de cheval à porter sur le dessus de la tête.

"Maintenant," dit-il, "déshabillez-vous jusqu'à la taille et je vais teindre votre corps. J'ai ici des teintures de deux couleurs : une pour la peau et l'autre pour tracer des lignes sur le visage, afin de vous faire paraître plus vieux. " et avec cela je peux aussi imiter les marques de tatouage sur votre poitrine et vos épaules. Voici un long couteau, comme tout le monde en porte, et voici le cordon.

"Dès que la nuit tombe, vous devez porter deux perches de bambou, en prenant soin que personne ne vous remarque. Il y a rarement personne dans la cour. J'ai fait aiguiser le couteau et il coupera le chaume. , assez facilement. Lorsque vous serez parti, marchez tout droit jusqu'au marché le plus proche de chez nous. Je serai à son entrée. Il vous faudra, je suppose, deux heures pour monter votre échelle et sortir. Vous ne pouvez pas commencer avant le Le garde ferme votre porte. Vous me dites qu'il n'entre jamais.

"Non, il apporte le dernier repas une heure avant le coucher du soleil. Je m'assois généralement en haut des marches, jusqu'à ce qu'il vienne verrouiller la porte, qui est vers neuf heures ; et je ne le revois que lorsqu'il ouvre les barreaux. Je ne croirais pas qu'il me faudra deux heures pour faire l'échelle et couper le chaume ; en tout cas, à onze heures, je devrais vous rejoindre.

"Je suppose que les portes sont ouvertes."

"Oh, oui ! Ils ne sont jamais fermés, même s'ils le seraient bien sûr si un ennemi était proche. Il n'y a de garde nulle part."

Après avoir taché la peau de Stanley, l'officier a attendu un quart d'heure pour qu'elle sèche complètement ; puis il a commencé à tracer des lignes sur son visage, sur son front et aux coins de ses yeux ; puis a passé près d'une heure à exécuter des tatouages grossiers sur son corps et ses bras.

"Cette teinture est très bonne et durera des semaines avant de commencer à s'estomper. J'apporterai avec moi une autre bouteille, ce soir, pour que vous puissiez au moins recolorer votre peau.

"Voici de la cire. Vous devez relever vos cheveux à partir du cou et les enduire à leur place. Le turban empêchera qu'on voie à quel point les cheveux sont courts. Voici un petit flacon de teinture noire avec lequel vous aviez mieux vaut le colorer, avant de le fixer avec la cire."

Les cheveux de Stanley n'avaient pas été coupés depuis quelque temps avant sa capture par les Birmans et, au cours des deux mois qui s'étaient écoulés depuis, ils étaient devenus très longs ; et pourrait donc être retrouvé comme l'a suggéré l'officier. Enfilant ses vêtements habituels, il s'assit à sa place, à la porte de la cellule, jusqu'à ce que le gardien lui apporte son repas du soir. Après avoir mangé cela, il se teint les cheveux et, une demi-heure plus tard, les retroussa, les enduit de cire et attacha un morceau de fibre autour de l'endroit où viendrait le turban.

À ce moment-là, le crépuscule commençait à tomber. Il s'assit à la porte en haut des marches, jusqu'à ce qu'il s'aperçoive que la cour était déserte ; le garde à la porte étant sorti pour profiter de la fraîcheur de l'air. Puis il descendit les marches en courant, prit deux perches de bambou d'environ dix pieds de longueur et deux petits morceaux du même bois pas plus épais que son doigt et, se précipitant avec eux dans les marches, les posa contre le côté de la pièce. Puis il se dirigea de nouveau vers les marches et y resta assis jusqu'à ce qu'il voie le garde venir fermer sa porte ; quand il entra et, dès qu'il entendit les barreaux se lever, il commença ses préparatifs.

Il attacha d'abord les morceaux courts aux extrémités des deux bambous, de manière à les maintenir à un pied l'un de l'autre ; puis il passa des cordes à rats, et bientôt l'échelle fut achevée. Il confectionna ses vêtements en paquet, enroula le tissu rugueux autour de sa taille, ajusta le nœud de crin de cheval sur le dessus de sa tête et l'y attacha avec de la cire. Il enroula le turban en dessous et son déguisement était complet.

Fixant l'échelle contre le mur, il y grimpa et ne tarda pas à percer un trou dans le chaume suffisamment grand pour s'évanouir. Le travail lui avait pris plus de temps que prévu, car il devait être exécuté dans l'obscurité totale ; cependant, il était sûr d'être dans les temps. Attachant le bout de la corde à l'une des poutres de bambou, il descendit de l'échelle et ramassa son baluchon ; puis il remonta, sortit à moitié du trou et écouta attentivement. Tout était calme dans la rue et, une minute plus tard, il se retrouvait par terre.

Lorsqu'il tourna dans la rue principale, il y avait encore beaucoup de monde. Des sons de musique et des chants sortaient des fenêtres, car les Birmans aiment beaucoup la musique et passent souvent toute la nuit à jouer et à chanter. Il n'y avait plus aucun risque d'être repéré à présent, et il avança d'un pas vif jusqu'à ce qu'il arrive à l'espace ouvert, avec ses rangées de petites huttes au toit de chaume. Ici, il s'est arrêté pendant une minute, et l'officier est sorti de derrière une maison et l'a rejoint.

"Au début, je n'étais pas sûr que ce soit toi", a-t-il déclaré. "Votre déguisement est excellent. Vous feriez mieux de me suivre, maintenant, jusqu'à ce que nous ayons dépassé les rues animées."

Se tenant à une vingtaine de mètres de son guide, Stanley poursuivit son chemin jusqu'à ce qu'après près d'une demi-heure de marche, ils franchissent une porte dans les murs de la ville. Il se rapprocha alors de l'officier et, après encore une demi-heure de marche à travers un pays cultivé, ils entrèrent dans une forêt. Le terrain s'élevait maintenant régulièrement et, après avoir parcouru deux milles, ils sortirent des arbres au sommet d'une colline. L'espace avait été débarrassé de ses bois, mais il était presque couvert de buissons et de jeunes arbres. Au centre se trouvaient les ruines d'un temple qui existait évidemment bien avant que la dynastie birmane n'occupe le pays et qui avait été érigé par une race plus ancienne. C'était sans toit ; les murs étaient tombés par endroits ; et les ruines étaient couvertes de végétation.

Le Birman gravit quelques marches brisées, entra dans le temple et traversa jusqu'à l'un des coins opposés. Une faible lumière brillait dans un petit appartement au toit de chaume. Un homme gisait, habillé, sur un tas de feuilles, à côté. Il sursauta lorsque l'officier entra.

"Qui est-ce qui vient ici à cette heure ?" Il a demandé.

"Thekyn", répondit l'officier.

"Je suis heureux de vous voir", dit le Phongee, "quoi que ce soit qui vous amène ici. Vous n'avez pas eu d'ennuis, j'espère ?"

"En aucune façon, bon prêtre. Je pars, dans deux jours, descendre la rivière pour combattre les barbares; mais avant de partir, je veux que tu me fasses une faveur."

Le Phongée sourit.

"Au-delà de te nommer dans mes prières, Thekyn, il y a peu de choses qu'un ermite puisse faire pour un homme."

"Ce n'est pas le cas, dans ce cas", a déclaré l'officier. " J'en ai un ici avec moi qui a besoin de repos et de dissimulation. J'aimerais mieux que vous ne demandiez pas qui il est. Il n'a commis aucun crime, et pourtant il est en danger ; et pendant un mois peut-être, il a besoin d'un abri. " ... Le lui donnerez-vous, pour mon bien ?

"Assurément, je le ferai", dit le prêtre. "Votre père était l'un de mes plus chers amis, à l'époque où j'habitais en ville. Je ferais volontiers tout ce qui est en mon pouvoir pour son fils, et ce n'est qu'une petite chose que vous demandez. Laissez-le entrer."

Stanley entra. Le prêtre décrocha la petite lampe d'une étagère sur laquelle elle se trouvait et la tint près du visage de l'enfant. Puis il se tourna, avec un sourire, vers Thekyn :

"Le tableau n'est que mal fait", dit-il, "même si peut-être il passerait sans un examen attentif. Il est étranger et vient d'une race qui m'est inconnue mais, comme vous l'avez dit, peu m'importe qui il est ; il suffit qu'il soit un de vos amis. Il est le bienvenu dans une part de mon abri et de ma nourriture, bien que l'abri soit rude et la nourriture quelque peu rare. Récemment, en effet, peu de gens m'ont recherché, à ce que j'ai entendu dire, la plupart des hommes sont partis à la guerre. »

« Je vous ai apporté de la nourriture », dit l'officier ; car Stanley avait remarqué qu'il portait aussi un paquet, plus gros que le sien. "Voici une provision de riz, qui durera quelque temps ; et cela, avec vos offrandes, suffira à faire avancer les choses. Mon ami n'est pas, comme vous, tenu par sa religion à ne pas ôter la vie ; et je sais que les serpents sont très nombreux par ici.

Les serpents constituaient un article fréquent de son régime depuis qu'il avait été capturé ; et Stanley avait perdu la répugnance qu'il éprouvait au début à leur égard, de sorte que la perspective de les voir constituer la base de sa nourriture ne lui était pas désagréable. Cela lui donnerait également un emploi pour les rechercher et les tuer.

"Je serai très content", dit-il, "de tout ce que je pourrai obtenir, et j'espère que je ne serai pas un fardeau pour vous."

"Vous n'en serez assurément aucun", répondit le prêtre. "Il doit y avoir ici au moins trente livres de riz qui, à eux seuls, maintiendraient deux hommes en vie pendant un mois. Quant aux serpents, même si je ne peux pas les tuer, je peux les manger une fois tués ; et en effet, il y a peu de choses meilleures. ... En vérité, je ne serais pas désolé d'avoir certaines créatures à l'écart, car elles pullulent ici si abondamment que je dois faire très attention, quand je marche, de peur de marcher sur elles.

"Avez-vous eu des ennuis avec des voleurs ces derniers temps, père ?" » demanda Thekyn.

"Ils ne me dérangent pas du tout", dit le prêtre. "Les hommes viennent parfois. Ils peuvent être des voleurs, ou non. Je ne pose aucune question. Ils apportent parfois des fruits et d'autres offrandes, et je sais que je n'ai pas à les craindre. Je n'ai rien à perdre, sauf ma vie ; et Ce serait en effet un homme méchant qui oserait lever le doigt contre un prêtre, un homme qui ne fait de mal à personne et qui est prêt à partager la nourriture qu'il a avec quiconque vient à lui affamé.

"Eh bien, mon père, je vais te dire au revoir. Je dois être de retour en ville avant que les hommes soient là, car je ne voudrais pas que mon absence soit découverte."

"La paix soit avec toi, mon fils. Puisses-tu revenir sain et sauf des guerres. Mes prières seront dites pour toi, nuit et matin.

" Ne vous inquiétez pas de votre ami. Si quelqu'un m'interroge sur mon compagnon, je répondrai que c'est celui qui a entrepris de me débarrasser de quelques-uns des serpents qui me disputent la possession de cet endroit. "

Thekyn fit signe à Stanley de sortir de la hutte avec lui et, ce faisant, lui tendit un sac petit mais lourd.

"C'est du plomb", dit-il. " Vous en aurez besoin lorsque vous commencerez votre voyage à travers le pays. Il y en a huit livres et, d'après ce que vous avez vu au marché, vous saurez combien de nourriture on peut obtenir avec une petite quantité de plomb. " J'aimerais pouvoir faire plus pour vous et vous aider à fuir.

"Vous avez fait beaucoup, vraiment beaucoup et, si je retrouve mes amis, je m'efforcerai d'en faire autant avec l'un de vos compatriotes, pour votre bien. J'espère que, lorsque cette guerre sera terminée, je pourrai vous revoir. "

"Je l'espère", dit chaleureusement le Birman. "Je ne peux que penser que tu réussiras à t'enfuir."

« Mon fils, dit le vieux prêtre lorsque Stanley revint dans sa cellule, je vais à mes prières. Je me lève toujours à cette heure et je prie jusqu'au matin ; vous pouvez donc aussi bien vous allonger sur ces feuilles . Il y a une autre cellule, comme celle-ci, dans le coin opposé du temple. Le matin, vous pourrez couper des branches, et la couvrir comme ceci ; et y faire votre lit. Il n'y a pas de place pour une autre, ici ; et ce sera sans doute plus il est agréable pour vous d'avoir un endroit pour vous, où vous pouvez aller et venir comme vous voulez ; car le jour, des femmes montent pour me consulter et me demander mes prières ; mais faites attention à la façon dont vous y entrez pour la première fois, car : comme quoi, il y aura des serpents qui s'y abriteront.

Stanley resta éveillé pendant un moment, écoutant la voix monotone du prêtre qui répétait ses prières ; mais ses sens s'égarèrent bientôt et il dormit profondément jusqu'au point du jour.

Sa première étape fut de couper un gros bâton, puis il se dirigea vers l'autre cellule, qui était partiellement obstruée par les pierres du toit effondré. Il lui fallut deux heures pour réaliser ce travail, et il tua pas moins de neuf serpents qu'il dérangait dans son travail. La perspective de dormir dans un endroit aussi fréquenté n'était pas agréable, d'autant plus que la cellule n'avait pas de porte ; et il résolut aussitôt d'ériger une sorte de lit, où il pourrait être hors de leur portée. Dans ce but, il coupa deux poteaux, chacun trois ou quatre pouces plus long que la cellule. Il en aiguisa une extrémité et l'enfonça entre les interstices de la pierre, à une distance d'environ deux pieds et demi l'un de l'autre et à quatre pieds du sol. Il martela les autres extrémités avec une lourde pierre contre le mur opposé, jusqu'à ce qu'elles ne descendent plus. Puis il fendit encore du bois et attacha des bandes se touchant presque, sous les deux poteaux, à l'aide de fortes plantes grimpantes. Puis il remplit le lit, entre les poteaux, de feuilles sèches.

Une extrémité du lit était plus haute de quelques centimètres que l'autre. Cela n'avait aucune importance, et il était convaincu que même le serpent le plus rusé ne pouvait pas l'atteindre.

Quant au toit, il ne s'en souciait pas du tout. Dans cette partie de la Birmanie, les précipitations sont très faibles, les inondations étant l'effet de fortes pluies dans les collines lointaines qui, à mesure qu'elles descendent, élèvent le niveau des rivières, dans certains cas, jusqu'à dix-huit pieds, et débordent. le pays de basse altitude.

Avant de commencer à construire le lit, il avait transporté les serpents dans le Phongee ; après leur avoir d'abord coupé la tête, à laquelle, comme il le savait, les Birmans ne touchent jamais.

"C'est vraiment bien, mon fils", dit le curé. "Ici, nous prenons notre petit-déjeuner et notre dîner. Je vais faire bouillir du riz et en faire frire quatre pour le petit-déjeuner."

Le lit n'était qu'à moitié terminé, lorsqu'il entendit le curé sonner une cloche. Il s'agissait sans doute d'un appel à la prière. Cependant, Stanley a supposé à juste titre que, dans ce cas, il s'agissait d'une convocation à un repas ; et fut bientôt assis par terre à côté du prêtre. Peu de choses furent dites au petit-déjeuner, que Stanley apprécia chaleureusement.

"Alors mon ami Thekyn part pour les guerres. Qu'en penses-tu, mon fils ? Pourrons-nous facilement vaincre ces barbares ? Nous ne les avons jamais rencontrés à la guerre auparavant et, sans aucun doute, leurs méthodes de combat sont différentes des nôtres."

"Tout à fait différent. Leurs hommes sont entraînés comme soldats. Ils agissent comme un seul homme, tandis que les Birmans se battent chacun pour eux-mêmes. Ensuite, ils ont avec eux des canons qu'ils peuvent traîner rapidement et utiliser avec beaucoup d'effet. Bien qu'ils soient peu nombreux, en comparaison avec les armées qui descendent pour les attaquer, ces dernières auront beaucoup de mal à les chasser de Rangoon. »

« Alors, pensez-vous qu'ils vont nous battre ?

"Cela, je ne peux pas le dire, mais je ne serais pas surpris si cela devait le prouver."

"Les Birmans n'ont encore jamais été battus", a déclaré le prêtre. "Ils ont vaincu tous leurs ennemis."

"Les Birmans sont très courageux", a reconnu Stanley, "mais jusqu'à présent, ils n'ont combattu que contre des gens moins belliqueux qu'eux. Maintenant, ils ont affaire à une nation qui a fait de la guerre une étude et qui entretient toujours une grande armée. d'hommes entraînés au combat et qui passent tout leur temps à des exercices militaires. Ce n'est pas qu'ils soient plus forts que les Birmans, car les Birmans sont des hommes très forts ; mais seulement que les hommes entraînés à agir ensemble doivent nécessairement , possèdent un grand avantage sur ceux qui n'ont pas reçu une telle formation - qui prennent simplement les armes pour l'occasion et, lorsque les troubles sont terminés, retournent chez eux et les laissent de côté, jusqu'à ce qu'ils soient appelés à se battre à nouveau.

" D'ailleurs, leurs armes sont meilleures que les vôtres ; et ils ont beaucoup de canons qu'ils peuvent, par l'habitude, charger et tirer très vite ; et dont chacun, lorsque les armées sont proches les unes des autres, peut tirer cinquante ou soixante balles à la fois. "

" J'ai entendu une histoire étrange selon laquelle les barbares avaient un navire sans voiles, avec une grande cheminée qui déverse des quantités de fumée noire, et une roue de chaque côté et, lorsque les roues tournent, le navire peut remonter tout droit la rivière. à contre-courant, même si le vent souffle fort."

"C'est vrai, mon père, il y a beaucoup de navires de ce genre ; mais seulement deux ou trois ont fait le long voyage à travers des mers agitées jusqu'en Inde."

"C'est merveilleux de voir comment ces hommes peuvent forcer le feu à être leur serviteur et comment il peut faire bouger les roues du navire."

"Cela, je ne peux pas vous le dire, père. Je n'ai jamais vu un de ces vaisseaux, bien que j'en ai entendu parler."

Le prêtre ne dit rien de plus, mais il tomba évidemment dans une profonde méditation ; et Stanley, se levant doucement, se remit à son travail. Le curé entra, au moment où il avait terminé son lit.

"C'est bien", dit-il en le regardant avec approbation. " Moi-même, bien que je sache que, jusqu'à mon heure, aucune créature ne peut me faire du mal, je ne peux résister à un frisson lorsque j'en entends un bruissement parmi les feuilles de mon lit ; car ils entrent, bien que certains de mes amis aient eu un porte placée pour exclure leur entrée la nuit. Je m'éloigne peu de ma cellule et ferme toujours la porte après moi; mais ils entrent, parfois, quand je médite et que j'oublie les choses terrestres, et la première fois que je connais leur présence. " C'est le bruissement des feuilles dans le lit, la nuit. Si j'étais aussi fort dans la foi que je devrais l'être, je n'y ferais pas attention. Je me le dis ; mais ma peur est plus forte que ma volonté, et je suis obligé de me lever. , retourne les feuilles avec un bâton jusqu'à ce que je les trouve, puis j'ouvre la porte et je les expulse, avec autant de douceur que possible.

"Je ne devrais pas dormir du tout", a déclaré Stanley. "Je ne pense pas que même une porte me permettrait de me sentir plus en sécurité, car je pourrais parfois oublier de la fermer. Demain, mon père, je ferai la guerre avec eux et je verrai si je ne peux pas réduire considérablement leur nombre."

La première tâche de Stanley fut de dégager les buissons de la cour du temple ; et cela, après plusieurs jours de dur labeur, il le réalisa ; bien qu'il comprit bientôt qu'en agissant ainsi, il ne diminuerait pas le nombre des serpents, car la plus grande partie de la zone était couverte de blocs de pierres tombées, parmi lesquels les reptiles trouvaient un abri impénétrable. Le dégagement effectué cependant était si utile que, alors que les créatures étaient auparavant complètement cachées à la vue par les buissons, elles pouvaient maintenant être tuées lorsqu'elles sortaient pour se prélasser au soleil sur les pierres découvertes ; et il pouvait, chaque jour, en détruire une douzaine ou plus sans la moindre difficulté.

Dix jours après avoir terminé les travaux, il entendit des voix d'hommes et, jetant un coup d'œil, aperçut un officier birman accompagné d'un groupe de huit hommes armés se dirigeant vers la cellule du Phongee. Il était possible qu'ils soient venus pour d'autres affaires, mais il était plus probable qu'ils soient venus à sa recherche. Certaines des femmes qui s'étaient approchées de l'ermite l'avaient vu au travail ; et aurait pu mentionner, à leur retour, que le curé avait un homme à l'œuvre pour dégager les buissons. L'affaire aurait pu venir aux oreilles de quelque officier soucieux de se distinguer, et l'idée que c'était là le prisonnier qu'on cherchait lui vint à l'esprit.

Stanley se replia dans sa cellule, prit le paquet de vêtements qui lui servait d'oreiller, monta sur le lit et, debout dessus, put poser ses doigts sur le haut du mur. Il se hissa, se fraya un chemin à travers les branches du toit et se laissa tomber à terre, dehors. Puis il fit le tour par l'arrière du temple, jusqu'à ce qu'il se tienne à l'extérieur de la cellule du prêtre et puisse entendre les voix à l'intérieur sans difficulté.

"Alors vous ne savez rien de cet homme ?"

"Rien du tout", répondit-il. "Comme je vous l'ai dit, il est venu vers moi et a demandé un abri. Je lui ai apporté l'aide la plus médiocre que j'ai pu, comme je devrais la donner à quiconque me le demandait. Il n'a pas été un fardeau pour moi, car il a tué suffisamment des serpents pour ma nourriture et la sienne."

« Vous ne savez pas de quelle région il est originaire ?

"Pas du tout ; je ne lui ai posé aucune question. Cela ne me regardait pas."

« Pourriez-vous vous faire une idée de son discours ?

"Son discours était le nôtre. Il me semblait que c'était celui d'un indigène des basses provinces."

"Où est-il maintenant?"

"Je ne sais pas."

"Vous dites qu'à l'heure actuelle, il est absent."

" Ne le voyant pas devant, j'ai cru qu'il était sorti ; car il va et vient à sa guise. Ce n'est pas un domestique, mais un hôte. Il a coupé les buissons ici, afin de pouvoir tuer plus facilement le serpents ; pour lesquels, en effet, je lui suis reconnaissant, non seulement pour la nourriture qu'ils m'offrent, mais parce qu'ils étaient en si grande abondance et si intrépides, qu'ils venaient souvent ici, sachant qu'ils n'avaient rien à craindre de moi. ".

"Alors tu penses qu'il reviendra bientôt ?"

"Comme il ne m'a pas du tout fait part de son intention de sortir, je ne peux pas le dire. Il s'absente parfois pendant des heures dans la forêt."

"Eh bien, en tout cas, nous veillerons ici jusqu'à son retour. Il se peut que ce soit un oisif qui préfère tuer des serpents plutôt qu'un travail honnête; mais il se peut aussi que ce soit le prisonnier évadé que nous recherchons. ".

"Je n'entends pas grand-chose de ce qui se passe dans la ville", dit doucement le curé. "Les nouvelles dérangeraient mes méditations, et je n'interroge jamais ceux qui viennent ici demander mes prières. Je n'ai entendu parler d'évasion d'aucun prisonnier."

"C'est un jeune officier anglais qui s'est enfui. Il y a eu beaucoup de bruit. Chaque maison de la ville a été fouillée, et chaque bateau de garde sur le fleuve a été averti de ne laisser passer aucun bateau, sans s'assurer que il n'est pas à bord.

"C'était un homme brun, comme nous, vêtu seulement d'un jupon de tissu rêche, comme les autres paysans."

"Il s'est peut-être teint la peau", a déclaré l'officier. "En tout cas, nous resterons jusqu'à son retour et l'interrogerons. Deux de mes hommes prendront place juste à l'intérieur de l'entrée et le saisiront à son entrée. A-t-il des armes ?"

"Aucun, sauf son couteau et le bâton avec lequel il tue les serpents. Il se peut qu'il vous ait vu venir ici et, s'il avait commis un crime, il s'enfuirait et ne reviendrait pas du tout ici."

" S'il ne revient pas avant l'heure où je dois retourner à la ville, je laisserai quatre hommes le surveiller ; et ils attendront ici, si c'est une semaine, jusqu'à ce qu'il revienne. "

"Vous pouvez faire ce que vous voulez", dit le prêtre, "seulement je vous prie de retirer vos hommes du voisinage de cette cellule. Je ne voudrais pas que mes méditations soient perturbées par leurs conversations. Je suis venu ici pour la paix et la tranquillité, et être à l'écart du monde et de ses distractions.

"Vous ne serez pas dérangé", dit respectueusement l'officier, et Stanley entendit un mouvement de pieds, puis la fermeture de la porte.

Pensant qu'il était probable que l'officier fasse une fouille autour du temple, il s'enfuit aussitôt dans le bois derrière le temple. Dès qu'il fut bien parmi les arbres, il échangea son vêtement contre le déguisement qu'il avait porté en ville et, le pliant pour l'utiliser comme couverture la nuit, il s'enfonça plus loin dans le bois, s'assit et se mit à marcher. réfléchissez à la meilleure étape à suivre. Il était évident qu'il ne pouvait pas retourner au temple pour le moment ; et il était clair aussi que les recherches se poursuivaient et qu'il ne serait pas prudent de tenter de descendre la rivière. Il regretta d'avoir été obligé de quitter les lieux sans dire au revoir au curé, et sans le remercier encore de l'abri qu'il lui avait donné ; mais il était sûr que, s'il ne revenait pas, le vieil homme devinerait qu'il avait aperçu l'officier et son groupe entrant dans le temple, et qu'il s'était immédiatement enfui. S'il n'avait pas su que la garde resterait là, il aurait attendu qu'ils reviennent en ville, puis serait entré et aurait vu le curé ; mais comme ils y resteraient quelques jours, il pensa qu'il valait mieux abandonner toute idée de revenir, car les soupçons selon lesquels il pourrait être l'homme recherché seraient accrus par son absence prolongée, et la surveillance pourrait se poursuivre pendant un certain temps. longtemps, à l'occasion de son retour.

Il conclut que, en tout cas, le mieux serait de s'efforcer de parcourir une distance considérable à travers le pays ; et puis essayer d'obtenir un bateau. Il savait que les environs du fleuve étaient relativement peuplés et que les distances entre les villages n'étaient pas grandes, de sorte qu'il n'aurait pas de grandes difficultés à acheter des provisions. La tenue qu'il avait apportée n'était pas tout à fait défavorable à un tel usage, car il pouvait facilement passer pour un sous-officier chargé de vérifier si les villages avaient chacun envoyé à la guerre tous leurs hommes valides. Le seul inconvénient serait que, si des instructions pour son arrestation avaient été envoyées aux villages le long de la route, ainsi qu'à ceux au bord de la rivière, ils auraient probablement été chargés de rechercher spécialement quelqu'un vêtu d'une telle tenue. Mais il lui serait loisible, à tout moment, de reprendre son déguisement de paysan.

Il se décida enfin à partir et, à la tombée de la nuit, avait parcouru plusieurs kilomètres à travers la grande forêt qui s'étendait au bord de la rivière Panlaung. Il avait posé beaucoup de questions à son ami l'officier, tandis qu'ils montaient au temple, quant aux routes. On lui dit qu'il y en avait un qui courait presque plein sud jusqu'à Ramuthayn, par lequel il pourrait descendre jusqu'à Rangoon, en passant par Tannoo. Cependant, cela l'éloignerait beaucoup du fleuve principal, et il décida de prendre immédiatement la route qui passait à mi-chemin entre les collines et l'Irrawaddy. Il le suivrait pendant un certain temps et tenterait de rejoindre la rivière quelque part entre Meloun et Keow-Uan.

Au-dessous de ce point, il y avait un réseau de rivières et peu de villages, et le pays était marécageux et insalubre. Il préférait infiniment les risques de la descente par le fleuve à ceux de la route ; et il lui semblait que, s'il pouvait seulement prendre possession d'un des petits bateaux de pêche indigènes, il pourrait descendre la nuit sans se faire remarquer, car la largeur de la rivière à Ava était de plus de mille mètres et, au-dessous de cette ville, , dépassait souvent considérablement cette largeur.

Quand il devint trop sombre pour continuer, il s'assit au pied d'un arbre. Il regrettait de n'avoir aucun moyen d'allumer un feu ; et il décida que, à tout risque, il obtiendrait les moyens de le faire dans le premier village où il viendrait, car il savait qu'il y avait à la fois des tigres et des léopards dans les jungles. Il pensait cependant qu'ils ne devaient pas être nombreux, si près de la capitale ; et le vieux prêtre n'y avait jamais fait allusion comme à une source de danger, même s'il ne lui était jamais venu à l'esprit de le demander.

Le matin, il continua son chemin. Il n'avait parcouru qu'un kilomètre lorsqu'il entendit un cri soudain dans le bois, à une courte distance sur sa gauche. Se sentant sûr qu'il s'agissait d'un être humain, très effrayé ou souffrant, il sortit son couteau et courut, à toute vitesse, dans la direction du cri ; pensant que ce pourrait être un homme ou une femme attaqué par les voleurs de la forêt.

Soudain, il tomba sur un petit espace ouvert d'une vingtaine de mètres de diamètre. Il hésita lorsque son regard tomba sur un groupe au centre. Deux hommes gisaient sur le sol et un léopard se tenait avec une patte sur chacun d'eux. Ils avaient des fusils à côté d'eux et un feu brûlait à proximité. Il devina que l' animal était sorti d'un arbre dont l'une des branches s'étendait presque jusqu'au centre de l'ouverture. Probablement avait-il tué un des hommes dans son saut car, au moment où il aperçut l'animal, il léchait le sang de l'épaule de l'homme sur lequel reposait sa patte droite. L'autre était, d'après Stanley, indemne.

Son pas dans les légères chaussures birmanes avait été presque silencieux ; et le léopard, qui poussait un grognement sourd et qui lui tournait le dos, ne s'en était apparemment pas aperçu. Il hésita un moment, puis décida de tenter de sauver l'homme qui était encore en vie. Rampant furtivement, il se jeta brusquement sur le léopard et enfonça son couteau jusqu'à la garde dans son corps, juste derrière l'épaule.

Avec un rugissement terrible, il se retourna un instant, puis se releva péniblement. Le temps avait été suffisant pour que Stanley ramasse et arme l'un des fusils et, alors que le léopard se tournait pour bondir sur lui, il visa entre ses yeux et tira. De nouveau, la bête se retourna et Stanley attrapa l'autre arme, plaça la bouche à moins d'un pied de sa tête et tira. Le léopard eut un frémissement convulsif et resta étendu mort.

# Chapitre 5
## Avec les brigands.

Stanley poussa un hourra involontaire alors que le léopard expirait ; et au bruit, le Birman, qui était resté immobile, se leva d'un bond. Il regarda le léopard, puis son sauveur, et s'écria d'un ton étonné :

"Vous avez tué la bête seul, et sans autre arme que votre couteau !"

"Non," répondit Stanley; "J'ai commencé le combat avec mon couteau seulement ; mais j'ai rattrapé une de ces armes lorsque je l'ai blessé, et j'ai tiré pendant qu'il me chargeait. Puis je l'ai achevé avec l'autre."

" Camarade, " dit le Birman, " vous avez fait une grande action, avec courage. Moi, qui ne suis pas considéré comme un lâche, je n'aurais même pas pensé à attaquer ce grand léopard avec un seul couteau, et cela pour sauver la vie d'un étranger."

"J'ai vu les fusils posés sur le sol. Sans cela, je n'aurais pas osé attaquer le léopard, car cela aurait été une mort certaine."

"Une mort certaine, en effet. Mais dites-moi d'abord comment vous avez fait cela. Cela me semble presque un miracle."

"Je passais par là, non loin de là, quand j'ai entendu ton cri", a déclaré Stanley. " Pensant que c'était quelqu'un en détresse, j'ai couru ici et je vous ai vu tous deux couchés, les pattes de devant du léopard sur vous. La bête me tournait le dos et, comme elle grognait, elle n'avait pas entendu mon approche. Voyant le des fusils qui gisaient là, et n'ayant aucun doute qu'ils étaient chargés, je me levai, sautai brusquement sur le léopard et y enfonçai mon couteau derrière l'épaule. Le coup le retourna et me donna le temps de ramasser le fusil. . Le reste était facile."

L'homme, sans un mot, examinait le corps du léopard.

"C'est comme vous le dites", dit-il. "Il a été bien frappé et aurait probablement été mortel; mais l'animal vous aurait déchiré en morceaux avant de mourir, sans les fusils.

" Eh bien, camarade, vous m'avez sauvé la vie ; et je suis votre serviteur tant que je vivrai. Je pensais que tout était fini pour moi. Le léopard, en s'élançant, s'est jeté de tout son poids sur mon camarade, ici. Nous avions Je viens de me relever ; et le coup m'a frappé, aussi, à terre. J'ai poussé ce cri en tombant. Je suis resté là, immobile. J'ai senti la patte du léopard entre mes épaules et j'ai entendu ses grognements de colère ; et j'ai tenu ma respiration, m'attendant à chaque instant à sentir ses dents dans mon cou.

"Je n'avais qu'un espoir, c'est que la bête emporterait mon camarade, qui, j'en étais bien assuré, était mort, dans la jungle pour le dévorer, et reviendrait ensuite me chercher. J'ai réussi à respirer. une fois, très doucement, quand j'ai senti un mouvement du léopard et, entendant un bruit sourd, j'ai deviné qu'il léchait le sang de mon camarade ; mais légèrement à mesure que je bougeais, le léopard s'en aperçut et se redressa au-dessus de moi. Je ne respirais plus, mais le moment était venu où je sentais que je devais le faire, même si j'étais sûr que ce serait le signal de ma mort.

"Ensuite, je ne savais pas ce qui s'était passé. Il y a eu une vive douleur lorsque les griffes du léopard se sont contractées, puis il y a eu un grand rugissement et son poids m'a été retiré. Puis je l'ai entendu grogner, comme s'il était sur le point de bondir. Puis est venu le bruit d'un fusil, une chute et une lutte, puis le bruit d'un autre fusil. Puis j'ai entendu votre cri et j'ai su que la bête était morte.

"Maintenant, monsieur, que puis-je faire pour vous ? Dois-je d'abord écorcher le léopard ?"

"Je ne me soucie pas de la peau", a déclaré Stanley. "Cela ne me servirait à rien."

"Alors, avec votre permission, je l'enlèverai et le garderai aussi longtemps que je vivrai, en souvenir de l'évasion la plus étroite que j'ai jamais eue."

« Votre camarade est mort ?

"Oui," répondit l'homme. "Le léopard l'a frappé entre les épaules, comme vous le voyez ; et la force du coup et le poids du ressort ont dû le tuer instantanément."

"Alors je prendrai son épée, son pistolet et ses cartouches."

Alors Stanley défit la ceinture de l'épée et la boucla autour de lui ; mettez la bandoulière de cartouches sur ses épaules ; et il prit le fusil et le rechargea, pendant que l'homme était en train d'écorcher le léopard. Cette opération, l'homme l'a exécutée avec une grande rapidité. C'était évidemment une chose qu'il avait déjà faite. Dès que la bête était écorchée, il enroulait la peau et la plaçait sur son épaule.

« Vous êtes officier, monsieur ? Il a demandé.

"Non, je suis un fugitif."

Pendant qu'il surveillait l'homme, Stanley s'était demandé s'il devait se confier à lui ; et pensait qu'après le service qu'il lui avait rendu, il pourrait le faire en toute sécurité.

"Je suis un Anglais. J'ai été capturé par Bandoola, à Ramoo, et envoyé prisonnier à Ava. Je me suis évadé et je veux descendre à Rangoon; mais j'ai entendu dire que des ordres avaient été envoyés le long de la rivière pour arrêter moi, et je ne sais pas, pour le moment, comment descendre.

"Viens avec moi", dit l'homme. " J'ai des amis dans la forêt, à quelque distance d'ici. Ils vous recevront avec plaisir lorsque je leur dirai ce que vous avez fait pour moi ; et vous serez en sécurité jusqu'à ce que vous décidiez de partir. Nous sommes des hors-la-loi mais, à présent, nous sont les maîtres de la forêt. Le gouvernement a les bras occupés et il n'y a aucune crainte qu'il nous dérange.

Stanley réfléchit à la question pendant une minute ou deux. C'était sans doute une bande de voleurs à laquelle on lui demandait de se joindre, mais l'offre semblait promettre la sécurité, pour un temps.

"Je suis d'accord", dit-il, "afin que vous ne me demandiez pas de participer à des actes de violence".

" A ce propos, vous ferez ce que vous voudrez ", dit l'homme ; "Mais je peux vous dire que nous faisons parfois de bonnes prises. Notre difficulté n'est pas de capturer le butin, mais d'en disposer.

"Avez-vous un turban ? Car votre casque n'est pas à sa place, dans les bois. Le reste de votre tenue n'a rien de particulier et n'attirerait aucune attention."

" J'ai un turban. J'ai été, ces derniers temps, en tenue de paysan. Le tissu que je portais se trouve à cinquante mètres ; je l'ai laissé tomber en courant. Il me sera utile de me couvrir la nuit, ne serait-ce que pour autre chose. "

Stanley échangea le casque contre le turban qu'il portait auparavant et alla chercher le tissu.

"Voulez-vous enterrer votre compagnon ?" il a dit.

"Cela ne servirait à rien. Il dormira à la fois en surface et en sous-sol et, si nous voulons rejoindre mes camarades ce soir, il est temps pour nous de partir."

Ils partirent aussitôt. Après cinq heures de marche, ils arrivèrent à la rivière Myitnge, affluent qui se jette dans l'Irrawaddy à Ava. Elle faisait environ quatre cents mètres de diamètre. Le Birman longea ses rives sur une courte distance, puis tira d'un bosquet de buissons un petit bateau capable d'en transporter tout juste deux. Il l'a mis à l'eau. Ils prirent place et pagayèrent jusqu'à l'autre côté ; où il l'a soigneusement caché, comme auparavant.

"C'est notre ferry", a-t-il déclaré. "On n'en utilise pas souvent, car notre quartier général est dans la grande forêt où nous allons bientôt arriver ; mais c'est aussi bien quand, de temps en temps, des groupes sont envoyés pour nous chasser, pour avoir les moyens de passer de l'autre côté."

Encore deux heures de marche, à travers des champs cultivés, les conduisirent à la lisière de la forêt.

"Ici, vous êtes aussi en sécurité que si vous étiez à Rangoon", a déclaré le Birman. " Dans une heure, nous atteindrons mes camarades. En règle générale, nous changeons fréquemment de quartier général. Pour le moment, il n'est pas question que nous soyons dérangés ; nous nous sommes donc installés pour un temps. "

"Pourquoi étiez-vous avec votre camarade de l'autre côté de la rivière ?

"Son village se trouve à huit kilomètres au-delà de cette forêt", a expliqué l'homme. « En temps ordinaire, il n'osait pas s'y aventurer ; mais il pensait qu'à présent la plupart des hommes capables seraient absents et qu'il pourrait ainsi rendre visite à ses amis. Il m'a demandé de l'accompagner et, comme je l'avais fait, Rien de mieux à faire, j'acceptai de partir. Un convoi de commerçants, trop fort pour être attaqué, était descendu des collines le matin avant notre départ. Il n'y avait pas beaucoup de probabilité que quelqu'un revienne, avant quelques jours. "

"Ils en rapportent des rubis, n'est-ce pas ?"

" Les mines sont la propriété de l'empereur, " dit l'homme, " et les pierres précieuses y sont envoyées tous les deux mois, sous une forte garde ; mais malgré cela, beaucoup de commerçants en rapportent des rubis... Bien sûr, secrètement. Les hommes qui exploitent les mines cachent souvent les pierres qu'ils trouvent et les vendent pour une petite somme aux commerçants ; d'ailleurs, parfois les paysans les récupèrent ailleurs, et ceux-ci aussi s'empressent de les vendre. pour tout ce qu'ils peuvent obtenir. Nous ne nous soucions pas beaucoup d'eux, car c'est une affaire risquée de descendre à Ava pour les vendre ; et les commerçants là-bas, sachant que, à un mot d'eux, nous serions arrêtés et très probablement exécutés, ne nous donnera presque rien pour eux : nous préférons l'argent et le plomb pour de l'argent, ainsi que des vêtements, des armes et des bijoux.

"Chacun prend sa part de ce qui est capturé et, quand nous en avons assez, nous rentrons dans nos villages. Une livre d'argent, ou deux ou trois livres de plomb, suffisent généralement pour acheter la bonne volonté du chef du pays. " Le village. Nous disons que nous travaillons sur la rivière, ou à Ava, depuis que nous sommes partis ; et tout le monde sait qu'il ne faut pas poser de questions. "

Au bout d'une heure, ils atteignirent le campement. C'était maintenant le crépuscule, et vingt-cinq hommes étaient assis autour d'un grand feu. Un certain nombre de tonnelles feuillues avaient été construites en cercle au-delà d'elles.

"Quoi, je suis revenu si tôt !" dit l'un des hommes, tandis que le guide de Stanley s'approchait suffisamment pour que la lueur du feu lui tombe sur le visage ; "Mais où est Ranji, et qui as-tu amené ici ? Une nouvelle recrue ?"

"Pas exactement, Parnik, mais celui à qui j'ai promis un abri, pour un moment. Ranji est mort. J'aurais dû être mort aussi et mangé; sans mon camarade, ici présent. Voici la peau du bête qui a tué Ranji et, quand je vous dis que le léopard se tenait avec une patte sur moi, vous pouvez deviner que ma fuite a été étroite.

"La brute était de grande taille", dit l'un des autres hommes, pendant que Meinik (car tel était le nom du compagnon de Stanley) déroulait et relevait la peau. "Je vois qu'il y avait une balle entre les yeux, et une autre juste derrière l'oreille ; et il y a un couteau coupé derrière l'épaule. Cela a dû être un travail brûlant, quand il s'agissait de couteaux, avec une bête de cette taille."

"Donnez-nous de la nourriture et du cacao ; nous n'avons rien mangé aujourd'hui et avons marché longtemps. Quand nous aurons mangé, je vous raconterai mon histoire."

Le récit de l'aventure du léopard par le Birman suscita de grands applaudissements et de l'admiration de la part de ses camarades.

"C'est merveilleux", dit l'un, "non pas tant que notre nouveau camarade ait tué le léopard, bien que ce soit un grand exploit, mais que, armé seulement d'un couteau, il ait attaqué une bête comme celle-ci, pour sauver le vie d'un étranger. En vérité, je n'ai jamais entendu parler d'une chose pareille. A-t-il tous ses sens ?

Meinik hocha la tête. Il avait reçu de Stanley la permission de dire qui il était. Stanley avait consenti avec quelque réticence, mais l'homme lui assura qu'il pouvait faire confiance à ses compagnons ainsi qu'à lui-même ; et qu'il valait bien mieux dire la vérité, car on verrait bientôt que ses traits différaient complètement des leurs et que, par conséquent, il était une personne étrange déguisée.

« Il est raisonnable, dit-il, mais il ne voit pas les choses comme nous. C'est un de ces barbares anglais qui ont pris Rangoon et contre lesquels marchent nos armées. Il a été capturé à Ramoo ; par Bandoola, comme prisonnier, à Ava. Il s'est évadé et va, dans peu de temps, descendre la rivière ; mais à présent la recherche est trop chaude pour lui. Vous voyez donc qu'il est, comme nous, un fugitif."

"Quel est son age?" » demanda l'un des hommes, après un silence pendant lequel tous regardèrent le nouveau venu.

" Ce n'est qu'un garçon, ayant, comme il me le dit, entre seize et dix-sept ans ; mais vous voyez que sa peau est tachée et son visage marqué, de manière à lui donner l'apparence de l'âge. "

"Si les hommes de sa race sont aussi courageux que lui, Meinik, nos troupes auront vraiment plus de travail qu'elles ne le pensent pour les jeter à la mer. Parle-t-il notre langue ?"

"Oui," répondit Stanley pour lui-même. "Je suis dans la province de Chittagong depuis plus de deux ans et je l'ai appris de quelqu'un qui était à notre service."

"Et beaucoup de vos gens risqueraient-ils leur vie comme vous l'avez fait, pour un étranger ?"

"Certainement. Beaucoup d'hommes courent constamment des risques aussi grands pour sauver les autres."

"Un homme n'a qu'une vie", a déclaré le Birman. "Pourquoi devrait-il le donner à un étranger ?"

"Je ne pense pas que nous y réfléchissions", a déclaré Stanley. "Il nous semble naturel que si nous voyons une autre personne en danger de mort, nous essayions de la sauver, que ce soit un homme ou une femme, que ce soit du feu ou de tout autre sort."

" Vous devez être un peuple étrange, " dit gravement le Birman, " et je n'aurais guère cru cela si je n'avais pas entendu dire que vous l'aviez fait vous-même. Mais c'est merveilleux ; et vous aussi, un garçon qui n'avez pas mais il est parvenu à toute sa force.

" Nous serions heureux d'avoir un tel homme pour camarade, mes amis. Qu'il soit Birman ou Anglais importe peu. Il a risqué sa vie pour l'un de nous ; et il est notre frère tant qu'il aime rester avec nous. " ".

Il y eut une chaleureuse exclamation d'assentiment autour du cercle ; et Stanley sentait qu'il n'avait aucune raison de s'inquiéter tant qu'il restait avec eux. Le soir, les hommes chantèrent de nombreuses chansons et, à leur demande, Stanley en chanta quelques-unes anglaises, en choisissant certaines avec des airs entraînants. Les Birmans en furent très contents et surpris, et se joignirent joyeusement au chœur.

Une demi-douzaine d'entre eux se mirent alors au travail avec leurs couteaux, coupèrent quelques jeunes arbres et branches, et construisirent pour Stanley une tonnelle semblable aux autres ; et il se coucha très satisfait des résultats de son aventure, et sentant qu'il pouvait rester avec ces joyeux camarades, si criminels qu'ils fussent, jusqu'à ce qu'il soit en sécurité pour descendre la rivière.

Le matin, les hommes sont partis tôt, lui laissant la responsabilité du feu. Ils partaient par groupes de quatre ou cinq, pour surveiller les différentes routes qui conduisent à la capitale ; deux ou trois d'entre eux, habillés en paysans, se rendaient dans les villes où les voyageurs s'arrêtaient, afin de se renseigner sur les éventuels groupes qui descendaient. Lorsqu'ils se rassemblèrent, au crépuscule, une seule fête avait eu du succès. Ils avaient rencontré six marchands qui descendaient avec des chevaux chargés d'épices, d'indigo et de coton. Ceux-ci n'avaient opposé aucune résistance et avaient pris tout ce qu'ils pouvaient transporter, puis leur avaient permis de continuer avec le reste de leurs biens. Il y avait un sentiment général de regret que la fête n'ait pas été plus nombreuse ; et quelques expressions de colère, contre les espions sur la route par laquelle les commerçants étaient venus, pour ne pas les avoir prévenus à l'avance, afin qu'ils aient pu y placer toutes leurs forces et emporter toutes les marchandises.

"Ce sont les choses qui nous conviennent le mieux", a déclaré Meinik à Stanley. « Vous voyez, on peut descendre en ville avec un paquet de cannelle ou de poivre, ou un sac de teintures, ou cinquante livres de coton, et le vendre au marché à un prix juste et convenable. on se considère comme un petit pratiquant, et il n'y a aucun soupçon que tout ne va pas bien.

"Nous surveillerons attentivement les hommes à leur retour et les soulagerons de l'argent ou des marchandises qu'ils auront pu prendre en échange, c'est-à-dire s'ils reviennent par la même route, mais il est plus probable que , après leur aventure d'aujourd'hui, ils en choisiront une autre, ou prendront un guide et emprunteront les sentiers du village. Sans doute pensent-ils s'en être tirés facilement, car ils n'ont pas perdu plus du quart de leurs biens. C'est la guerre. maintenant, et il n'y a aucune crainte qu'une force soit envoyée contre nous ; mais d'habitude nous ne prenons pas même le quart de la marchandise. S'ils perdaient tout, ils porteraient plainte ; et alors nous devrions envoyer une force contre nous, et seront obligés de s'éloigner pendant un certain temps. Mais en l'état actuel des choses, ils sont si heureux de mettre la plupart de leurs marchandises en sécurité sur le marché qu'ils ne se soucient pas d'en faire toute une histoire, car ils auraient pu payer aux fonctionnaires du tribunal et à d'autres personnes plus que la valeur des biens perdus.

— Alors, ils ne résistent pas souvent ?

"Pas souvent. Si un homme perd ses biens, il peut en récupérer davantage; mais quand sa vie est partie, tout est parti. En outre, en règle générale, nous veillons à ce que nous soyons si forts qu'ils voient immédiatement que la résistance serait sans espoir. Parfois, ils amènent des gardes armés avec eux. Ce sont des hommes qui se font un devoir de convoyer les commerçants, lorsque les temps sont troublés. Parfois, nous nous battons avec eux mais, en règle générale, nous les attaquons rarement à moins que nous ne soyons prêts à le faire. si forts qu'ils n'osent pas s'opposer à nous. Pourtant, nous avons parfois des combats, car ces gardes Shan sont de braves gens. Leurs convois sont généralement riches, car il ne serait pas avantageux pour les petits commerçants d'embaucher des hommes pour les protéger.

"En temps de paix, nous nous arrêtons rarement longtemps dans un quartier car, quand on sait de quelle route nous nous trouvons à proximité, ils arrivent en groupes trop nombreux pour être attaqués et, comme peu nous importe où nous vivons, nous éloignez-vous peut-être d'une centaine de milles, puis installez-vous sur une autre voie de circulation. Nous ne sommes pas restés ici depuis longtemps ; nous étions pour la dernière fois près de Tannoo et nous y avons bien fait pendant longtemps ; jusqu'à ce qu'enfin le gouverneur lève tous les villageois et Nous avons chassé les bois et nous avons constaté que nous devions partir. J'espère que nous resterons ici quelque temps maintenant. Il n'y a aucune crainte que des troupes soient envoyées, et nous pouvons nous permettre de ne pas trop insister sur les voyageurs ; car nous l'avons fait. si bien, ces derniers temps, que nous avons pu nous séparer et rentrer dans nos maisons, chacun avec une bonne réserve de butin. La moitié d'entre nous est partie, lorsque nous sommes remontés du sud; et un plus grand nombre d'entre nous partiraient, si ce n'était de notre présence. cet ordre que tout le monde entrera dans l'armée. Il est bien plus agréable de vivre ici, libre de faire ce qu'on veut, que d'être précipité comme un troupeau de bêtes pour se battre. De plus, nous n'avons aucune querelle avec votre peuple. Ce sont les fonctionnaires d'Aracan qui l'ont commencé ; laissez-les se battre, s'ils le souhaitent.

Stanley resta quinze jours avec le groupe. Au bout de ce temps, ils apprirent qu'un groupe de trente commerçants descendait ensemble et qu'ils étaient accompagnés de dix gardes armés. Ceci, supposaient-ils sans doute, constituait une protection suffisante car, comme la bande travaillait généralement en très petits groupes, on croyait qu'il n'y avait que quelques hors-la-loi dans la forêt. Toute la troupe sortait et revenait le soir, chargée de butin. Deux ou trois d'entre eux ont été blessés, mais sans gravité.

"Alors tu as eu de la résistance aujourd'hui, Meinik."

"Cela n'a duré qu'une minute", a déclaré l'homme. "Dès qu'ils virent combien nous étions forts, les gardes furent assez heureux de lever leurs épées et de nous laisser les lier pieds et mains, pendant que nous fouillions les marchands. Comme vous le voyez, nous avons fait une bonne capture, même si nous avons Nous n'avons pas saisi plus d'un cinquième de ce qu'ils ont emporté avec eux ; mais il leur faudra du temps pour reconditionner leurs ballots, car nous avons tout fouillé à fond, et avons fait dépouiller tous les marchands, et fouillé leurs vêtements et leurs cheveux.

"Pourquoi as-tu fait ça?"

"Eh bien, c'était comme ça. J'ai dit à mes camarades, tout en avançant ce matin :

"'L'Anglais va nous quitter dans un jour ou deux. Je n'ai pas oublié ce que je lui dois et je voudrais lui faire un présent. Je propose que nous fouillés minutieusement tout le monde, aujourd'hui. D'après ce que nous avons entendu " Certains d'entre eux viennent du pays du rubis et sont presque sûrs d'avoir des pierres précieuses cachées sur eux ou dans leurs bagages. Je propose que toutes les pierres que nous trouverons soient données à notre ami. "

" Ils furent tous d'accord à la fois, car, comme vous le savez, ils vous aiment tous ; et les rubis, comme je vous l'ai dit, nous sont de peu d'utilité, car nous ne pouvons nous en débarrasser sans grands risques. Ils firent donc ce que je leur proposais, et Ils avaient de la chance. Douze d'entre eux avaient des pierres précieuses cachées autour d'eux, et quelques-uns en avaient beaucoup. Il ne faut pas hésiter à les prendre, car vous pouvez être sûr qu'ils les ont achetés, pour presque rien, à de pauvres gens qui avaient risqué leur vie pour les cacher.

" Les voilà. Nous ne les avons pas regardés, mais avons simplement vidé les paquets dans ce sac, tels que nous les avons trouvés. Bien sûr, ce sont toutes des pierres brutes. Vous devez les prendre en cadeau, de la part de nous tous ; et comme une preuve qu'un Birman, même s'il n'est qu'un voleur, est reconnaissant pour un tel service que celui que vous lui avez rendu.

Stanley estimait qu'il ne pouvait pas refuser un cadeau ainsi offert, même si les biens avaient été volés. Comme le disait Meinik, les pierres précieuses étaient de peu d'utilité pour les voleurs, car ils avaient peur d'essayer de s'en débarrasser ; et leurs propriétaires avaient eux-mêmes enfreint la loi en les achetant, et avaient sans doute donné des sommes sans proportion avec leur valeur réelle. C'est pourquoi il remercia très chaleureusement Meinik ; et aussi, après avoir mangé, le reste de la bande, qui s'est montré très léger.

Ces choses leur étaient inutiles, disaient-ils. S'il s'agissait d'argent, ou même de plomb, cela aurait été différent ; mais pour tenter de vendre des rubis, il leur fallait risquer leur vie. Les marchandises qu'ils avaient obtenues ce jour-là leur rapporteraient bien plus d'argent que les rubis, et pourraient être vendues sans difficulté et, dès que la guerre serait finie et qu'ils pourraient descendre dans leurs villages, la bande se briserait. Ils avaient suffisamment d'argent et de plomb cachés pour les conserver pendant des années, même s'ils n'avaient jamais fait aucun travail, quel qu'il soit.

"Qu'en feras-tu à ton retour ?"

"Nous le cachons. Il ne suffirait jamais d'entrer dans un village avec dix ou douze livres d'argent et trois ou quatre fois plus de plomb, car le chef pourrait s'aviser de nous faire fouiller. Ainsi, nous creusons généralement un trou au pied d'un arbre, dans un endroit tranquille, et emportez peut-être avec nous une livre d'argent et deux ou trois de plomb. Un cadeau de la moitié de cet argent suffit à convaincre le chef que nous sommes d'honnêtes gens. qui ont travaillé dur depuis notre départ ; et de temps en temps, nous pouvons aller à notre magasin et en tirer ce que nous voulons, et pouvons construire une maison et nous marier, et prendre un champ ou deux, et peut-être devenir nous-mêmes chefs. , avant très longtemps.

"Eh bien, je suis sûr que je vous souhaite à tous bonne chance", a déclaré Stanley. « Vous avez tous été très gentils avec moi depuis que je vous ai rejoint ; et je serai heureux de penser à vous tous tranquillement installés dans vos villages, plutôt que de rester ici quand, un jour ou l'autre, vous pourriez tous être capturés. et le malheur t'arrive. »

Le lendemain matin, Stanley partit avec Meinik, originaire d'un petit village au bord de la rivière, à environ quarante milles en aval d'Ava, et qui avait résolu de l'accompagner jusqu'à Rangoon.

"Je pourrai me procurer un bateau et des filets, pour une livre ou deux de plomb. Si nous sommes hélés, je pourrai parler, et je pourrai débarquer et acheter des provisions, si je le souhaite. J'ai pris des dispositions avec mes camarades pour prendre ma part de l'argent et du plomb que nous avons emmagasinés, car il est probable qu'ils seront eux aussi rentrés chez eux avant mon retour, et nous avons tout changé en argent, sauf ce que nous avons pris hier.

Avant de commencer, Stanley fut de nouveau teint et les marques de tatouage imitées - beaucoup plus soigneusement qu'auparavant, trois ou quatre des hommes l'opérant en même temps. Son visage était presque entièrement couvert de ces marques. Un liquide a été appliqué pour extraire la couleur de ses sourcils et les laisser blancs comme neige. Certains de ses cheveux étaient traités de la même manière et, se regardant dans une mare d'eau, Stanley ne se reconnaissait pas du tout ; et il était certain que personne ne le soupçonnerait d'être le jeune captif anglais.

Reprenant son habit de paysan, il fit ses adieux chaleureux au groupe et commença par Meinik. Ce dernier portait un baluchon, en bandoulière sur son fusil. Il contenait quelques vêtements et ne paraissait pas lourd ; mais au centre se trouvaient deux colis qui pesaient une quarantaine de livres. Stanley portait un paquet avec ses autres vêtements et plusieurs kilos de riz.

Deux jours de marche les conduisirent au village de Meinik. Une fois sortis de la forêt, ils voyagèrent de nuit et atteignirent le village au moment où les gens étaient en mouvement. L'endroit se composait de dix ou douze huttes, et Meinik créait une certaine excitation parmi les quelques personnes qui l'habitaient. Il s'agissait de deux ou trois vieillards, de quelques femmes et d'enfants.

"Où étais-tu depuis un an et demi, Meinik, si je peux te demander ?"

« Je travaille près d'Ava », dit-il ; " mais comme j'aurais dû faire la guerre si j'étais resté là-bas, j'ai pensé que je reviendrais et verrais comment vous allez tous. J'ai économisé un peu d'argent et je peux m'installer ; mais que ce soit ici ou ailleurs, j'ai Je n'ai pas encore pris ma décision."

"Vous devrez aller à la guerre", dit l'un des vieillards. "Il n'y a presque pas de jour où une des pirogues de guerre ne s'arrête ici pour voir s'il y a des hommes valides. Ils en ont pris huit, et ils vous prendront assurément."

"Alors je prendrai un bateau", dit-il, "et je me mettrai à la pêche. La guerre ne peut pas durer longtemps, et je ferai de mon mieux pour rester à l'écart des canots de guerre jusqu'à ce qu'elle soit terminée. Si l'un d'entre vous J'ai un bateau à vendre, je l'achèterai."

"Je vais vous vendre le mien", dit le vieil homme. "Mes deux fils ont été emmenés à la guerre et je suis trop vieux pour y travailler moi-même. C'est une bonne guerre ; mes fils n'y sont parvenus que l'année dernière.

"Qui as-tu avec toi?"

Stanley était resté à quelques pas, pendant que Meinik discutait avec ses amis.

"C'est un vieil homme que j'ai rejoint sur la route", a-t-il déclaré. "C'est un habile pêcheur; et il a accepté de m'accompagner, si je peux trouver un bateau.

"Y a-t-il une cabane vide ?"

"Oui, six d'entre eux. Bien entendu, lorsque les hommes ont été emmenés, ils ont emmené les femmes et les enfants, comme d'habitude, comme otages pour leur conduite."

Meinik hocha la tête. Il n'en ressentit aucune surprise, car c'était la coutume en Birmanie de détenir les femmes et les enfants de tous les hommes partant à la guerre, comme garantie que leurs maris ne déserteraient pas ou ne feraient pas preuve de lâcheté au combat. Dans les deux cas, leurs proches seraient immédiatement mis à mort.

"Mon compagnon est fatigué", dit-il. "Nous avons marché toute la nuit, alors nous allons préparer à manger et il dormira."

Ils prirent aussitôt possession d'une des cabanes vides, telle qu'elle avait été laissée par son propriétaire. Une des femmes apporta un tison ou deux de son foyer. Une marmite en terre était remplie d'eau et placée au-dessus, et quelques poignées de riz y étaient déposées. Deux ou trois serpents coupés en petits morceaux et quelques gousses de poivre étaient ajoutés ; puis Meinik est sorti, a parlé à ses connaissances et a organisé l'achat du bateau. Stanley regardait le feu.

Au bout d'une heure, Meinik revint.

« Le bateau est en bon état, » dit-il, « et les filets en bon état. Je les ai achetés pour deux livres de plomb ; et j'ai promis que, lorsque la guerre sera finie et que les fils de l'homme reviendront, ce sera libre à eux de le racheter, au même prix. »

Après avoir mangé leur repas, ils se sont tous deux allongés et ont dormi jusque tard dans l'après-midi. Alors Meinik acheta un pot en terre cuite et une plaque plate du même matériau pour y faire du feu ; quelques poivrons et poivrons, et un peu de cannelle et de muscade ; un panier de mangues et du tabac. Dès que le crépuscule tomba, ils prirent place dans le bateau, Meinik transportant deux ou trois fagots de bois.

Le bateau était un canot taillé dans une bûche de pin. Il aurait pu transporter confortablement quatre personnes, et il y avait suffisamment d'espace pour qu'elles puissent toutes deux s'allonger de tout leur long. C'était très léger, le bois ayant été découpé jusqu'à ce qu'il soit à peine plus épais que du carton. C'était la méthode de construction presque universelle : même les canots de guerre, qui pouvaient transporter soixante pagayeurs, assis deux par deux sur un banc, et trente soldats, étant taillés dans de grands rondins de teck. Les filets étaient rangés un à chaque extrémité. Au milieu se trouvait la cheminée sur laquelle les tisons du feu avaient déjà été posés. A proximité se trouvaient les fagots et les magasins.

Meinik et Stanley étaient assis sur les filets, chacun avec une pagaie. Le premier avait caché la plus grande partie de sa réserve d'argent dans le sol, avant d'entrer dans le village. Dès qu'ils eurent commencé, Stanley dit :

"Ne ferions-nous pas mieux de nous débarrasser du feu, Meinik ? Sa lumière attirerait l'attention sur nous."

"Cela importe peu", répondit le Birman. "Il est peu probable qu'il y ait des canots de guerre la nuit, et je pense que la plupart d'entre eux auront descendu la rivière. Les gens pêchent soit de nuit, soit de jour et, même si un canot de guerre arrivait, ils ne se soucieraient pas de car, bien sûr, beaucoup d'hommes trop vieux pour aller à la guerre restent ici et vont à la pêche. Les gens ne peuvent pas mourir de faim parce qu'il y a des combats. Les vieillards et les femmes doivent cultiver les champs et pêcher, ou les deux. les villes mourraient de faim.

"Beaucoup même de jeunes gens n'y vont pas. Ils s'éloignent de leurs villages pendant la journée et travaillent dans les champs. Et les chefs ferment les yeux, car ils savent que si les champs ne sont pas cultivés, les gens ne peuvent pas payer leur salaire. part des impôts.

"Mais il vaut mieux être prudent. Lorsque le feu sera réduit, nous poserons un tissu sur le dessus du bateau, afin que la lueur des braises ne soit pas visible."

Ils maintinrent leur cap vers le milieu de la rivière ; en partie parce que le courant y était plus fort, en partie parce que les canots de guerre qui pourraient arriver resteraient près d'une rive ou de l'autre. Ils continuèrent leur chemin jusqu'à ce qu'il y ait une faible lueur dans le ciel ; puis pagayèrent jusqu'au rivage, choisirent un endroit où quelques buissons tombaient dans l'eau et, forçant le canot à se placer derrière eux, de manière à être entièrement caché à la vue de tout bateau qui passait, cuisinèrent de la nourriture et, après avoir pris leur petit-déjeuner. , je me suis allongé et j'ai dormi jusqu'au soir.

Nuit après nuit, le voyage se poursuivait. Leur réserve de nourriture était suffisante pour durer ; et il n'y avait donc aucune raison de s'arrêter dans un village pour en acheter davantage. La rivière, au point de départ, avait environ deux milles de largeur ; mais à certains endroits, sa largeur était le double, tandis qu'à d'autres, elle se réduisait à un peu plus d'un mile. Son niveau était maintenant bien plus bas qu'il ne l'était lorsque Stanley l'avait remonté, deux mois auparavant. Parfois, la nuit, ils tiraient derrière eux un de leurs filets et obtenaient une provision de poisson suffisante pour leurs besoins.

Chaque nuit, ils parcouraient, selon les calculs de Stanley, environ quarante milles et, après dix jours de voyage, ils arrivèrent au point où le grand fleuve se divisait, un petit bras coulant jusqu'à Rangoon ; un autre descendant jusqu'à Bassein, puis tombant dans la mer au cap Negrais ; tandis qu'une grande partie de l'eau s'écoulait par d'innombrables bras entre les rivières Rangoon et Bassein.

Depuis deux ou trois jours, ils avaient été obligés d'observer une grande prudence car, en aval de Prome, de nombreux bateaux descendaient tous le fleuve chargés d'hommes et de provisions. Mais ceux-ci ne voyageaient que de jour ; et le canot était toujours, à cette époque, soit flottant à l'abri des buissons, soit hissé sur la berge à des endroits où il pouvait être caché à la vue par d'épaisses pousses de joncs.

"Nous ne pourrons jamais atteindre Rangoon par voie maritime", a déclaré Meinik. « La rivière sera remplie de barques près de la ville ; et il n'y aura aucune chance, quoi qu'il en soit, de les traverser. Au prochain village où nous arriverons, j'entrerai et j'apprendrai les nouvelles. Vos compatriotes ont peut-être été chassés à ce moment-là et, dans ce cas, il n'y aura rien d'autre à faire que de voyager vers le nord à pied, jusqu'à ce que nous atteignions Chittagong.

"Je n'ai aucune crainte que nous soyons chassés, Meinik."

Cette conversation s'était produite la nuit où ils avaient dépassé le point de division des deux bras du fleuve. Ils avaient capturé une plus grande quantité de poisson que d'habitude et, aussitôt le bateau amarré, Meinik longea la rive, avec un certain nombre d'entre eux, vers le village le plus proche. Il est revenu dans deux heures.

"C'est bien que j'aie débarqué", dit-il, "car le point où la plus grande partie de notre peuple est rassemblée est Henzawaddy, à seulement quinze milles plus loin.

" Vous aviez raison : votre peuple n'a pas été chassé. Un grand nombre de nos troupes sont descendues près de Rangoon mais, dans les combats qui ont eu lieu, nous n'avons obtenu aucun avantage. Votre peuple a marché à la fin du mois de mai, emporté une palissade ; et s'avança vers Joazoang, et attaqua quelques villages défendus par des palissades et les emporta, après avoir tué une centaine de nos hommes. Puis une grande palissade sur une colline près de la rivière, à trois milles de Rangoon, ce que nos gens pensaient pouvoir ne pas être prise, tant elle était protégée, a été attaquée. Les canons de votre peuple ont fait une grande brèche dans une palissade à un mille en avant. Deux cents hommes ont été tués, ainsi que le commandant.

"Puis votre peuple a marché vers la grande palissade de Kemmendine. Vos troupes, lorsqu'elles sont arrivées là-bas, ont vu à quel point elle était forte et ont eu peur de l'attaquer. Ils se sont couchés toute la nuit, près d'elle, et nous avons pensé que nous devions les détruire. , tout cela lorsqu'ils attaquèrent le matin ; mais leurs navires qui les accompagnaient ouvrirent le feu dès le point du jour. Comme les palissades étaient cachées à la vue de ceux qui étaient sur le fleuve, nous avions cru que les navires ne pouvaient rien faire ; mais ils ils tirèrent de grosses balles en l'air, et ils descendirent à l'intérieur de la palissade, où ils éclatèrent avec une explosion semblable au bruit d'un gros canon, et en tuèrent tellement que les troupes ne purent rester sous un feu si terrible, et s'en allèrent. laissant à votre peuple le soin d'entrer dans la palissade, sans combattre.

# Chapitre 6
# Entre amis.

"Il me semble certainement", dit Stanley, lorsqu'il entendit le récit du Birman sur l'état des choses ci-dessous, "qu'il ne nous sera pas possible d'aller plus loin, par voie d'eau."

"Ce serait très dangereux", a déclaré Meinik. « Il est certain que tous les hommes de cette partie du pays ont été obligés de partir avec l'armée et, même si nous étions tous deux indigènes et n'avions aucune raison particulière d'éviter d'être interrogés, nous serions passibles d'être arrêtés et exécutés à une fois, pour avoir négligé les ordres de rejoindre l'armée. Assurément, nous ne pouvons pas descendre plus loin dans notre bateau, mais devons prendre terre. Je devrais dire que nous ferions mieux de nous procurer des lances et des boucliers et de rejoindre un groupe nouvellement arrivé.

"Mais vous oubliez que, même si mon déguisement d'indigène est assez bon pour tromper quiconque nous croise sur la route, ou au crépuscule après le coucher du soleil, je devrais certainement attirer l'attention si je voyage avec eux, de jour."

" J'oubliais cela. Je me suis tellement habitué à te voir que j'oublie que, pour les autres, ton visage paraîtrait étrange, comme il me l'a d'abord fait, dans la forêt. En effet, tu me regardes maintenant comme l'un des nôtres. mais si nous devions rejoindre un groupe, quelqu'un ne tarderait pas à poser des questions à votre sujet. Que pensez-vous donc que nous ferions mieux de faire ?

« D'après ce que j'ai entendu du pays par un de vos camarades, originaire de cette province, il nous serait impossible, après avoir traversé le fleuve, de descendre par le côté opposé, puisque tout le pays est marécageux. et découpé par les branches de l'Irrawaddy. De ce côté il y a peu d'obstacles de ce genre mais, d'un autre côté, nous trouverons le pays plein de troupes descendant vers Rangoon. Votre camarade m'a dit que les collines que nous avons vues l'est, depuis la forêt d'Ava, s'étendait jusqu'au Tenasserim, et était très élevé et ne pouvait être traversé, car aucune nourriture ne pouvait être obtenue, et que les tigres, les animaux sauvages et autres bêtes abondaient. Mais il dit que l'est des collines plus petites que nous avons traversées sur le chemin de votre village - qu'il a appelé les collines Pegu Yoma - dont certaines des vagues descendent jusqu'à la rive, s'étendent jusqu'à la mer entre les rivières Irrawaddy et Sittang ; et que C'est à partir d'eux que les ruisseaux coulaient vers l'une ou l'autre rivière. Par conséquent, si nous pouvions atteindre cette étendue, nous devrions éviter complètement le pays des marais.

« Quelques kilomètres en arrière, nous avons dépassé une rivière venant de l'est et, si nous la suivons jusqu'à ce qu'il y ait de l'eau, nous serons parmi les collines. Il a dit qu'il n'y avait pas de montagnes du tout là-bas ; collines, avec de nombreux villages et beaucoup de terres cultivées, donc il ne devrait y avoir aucune difficulté à parcourir notre chemin . Nous pourrons rassembler de la nourriture dans les champs, ou nous pourrons aller dans les villages et en acheter, car les hommes seront tous absents. ... En outre, nous pouvons nous procurer des lances et des boucliers, et pouvons dire qu'ayant été en voyage loin de chez nous, lorsque tous les hommes reçurent l'ordre de faire la guerre, nous sommes revenus trop tard pour partir avec le reste des villageois et nous faisons notre chemin. en bas pour les rejoindre. Beaucoup d'autres doivent faire de même, et l'histoire sera assez probable.

"De cette façon, nous pouvons descendre jusqu'à ce que nous soyons proches des troupes autour de Rangoon, et nous devons alors tenter notre chance pour les traverser."

"Cela semble mieux que l'inverse", a déclaré Meinik. "Il y a une rivière comme celle dont vous parlez, au-dessus de Sarawa. Nous pouvons revenir ce soir en bateau et nous cacher près de la ville; ensuite, je pourrai y aller demain matin, acheter quelques lances et boucliers, et me procurer encore du riz et Nous avons beaucoup de munitions pour nos fusils, ce dont nous aurons peut-être besoin si nous rencontrons des bêtes sauvages.

"Tu ne penses pas qu'il y aura un quelconque danger à entrer là-bas, Meinik ? Bien sûr, il n'y a aucune raison absolue pour nous d'avoir des lances et des boucliers, comme nous avons des fusils."

"Nous devrions avoir des boucliers", répondit Meinik, "et il serait préférable d'avoir aussi des lances et aussi de porter des haches - tout le monde porte une hache en temps de guerre, car nous élevons toujours des palissades et, bien que nous soyons un homme très pauvre ne peut avoir que son couteau, tous ceux qui en ont les moyens prennent une hache. La plupart des gens possèdent une telle chose, car on en a besoin pour couper du bois de chauffage, pour défricher la terre, pour construire des maisons et pour bien d'autres choses ; et un Birman doit être pauvre, en effet, qui n'en possède pas. »

« Alors, n'hésitez pas à nous les procurer, Meinik ; d'ailleurs, nous les trouverons peut-être utiles pour nous-mêmes.

Ils se couchèrent maintenant et dormirent jusqu'au soir ; puis il recommença à remonter la rivière, se tenant à l'ombre de la berge et, deux heures avant le jour, cacha le canot comme d'habitude, à un endroit à deux milles au-dessus de Sarawa. Meinik partit à l'aube et revint trois heures plus tard avec deux haches, lances et boucliers.

Cette nuit-là, ils se dirigèrent vers la rivière qui coulait à l'est et, pendant quatre nuits, la remontèrent en pagay. Le pays prenait maintenant un caractère différent, et le ruisseau coulait dans une vallée dont le terrain s'élevait de cent à cent cinquante pieds de haut de chaque côté et se rétrécissait très rapidement. Vers le matin du cinquième jour, la rivière était devenue un petit ruisseau, de deux ou trois pieds de profondeur seulement ; et ils décidèrent de quitter le bateau, car il était évident qu'ils ne pourraient aller qu'un peu plus loin.

"Autant la cacher soigneusement", a déclaré Stanley. "Il est certainement peu probable que nous ayons à nouveau besoin d'elle, mais on ne le dit jamais et, en tout cas, il n'y a pas de grande difficulté à le faire."

Ils préparèrent un repas et partirent aussitôt, afin de faire quelques heures de marche avant que le soleil ne se lève. Ils décidèrent de continuer vers l'est, jusqu'à ce qu'ils atteignent le point le plus élevé de la crête qui sépare les deux principales rivières, puis de la suivre vers le sud. Le pays était maintenant bien cultivé, et ils eurent quelque peine à éviter les petits villages disséminés densément, car la route qu'ils suivaient n'était pas celle qu'ils prendraient s'ils allaient directement rejoindre l'armée. Ils dormaient trois ou quatre heures dans la chaleur du jour ; puis, poussant plus loin, ils se retrouvèrent avant le coucher du soleil sur ce qui leur semblait le point culminant de la fracture. A droite, on apercevait le plat pays qui s'étendait vers l'Irrawaddy, à gauche le terrain était plus fortement vallonné. À deux milles de là se trouvait un ruisseau d'assez grande taille, qu'ils considérèrent comme la rivière qui descend jusqu'à Pegu et qui rejoint ensuite la rivière Rangoon en aval de la ville.

Stanley pensait que la colline sur laquelle ils se trouvaient se trouvait à environ cinq cents pieds au-dessus de la plaine qu'ils avaient quittée. Une grande partie des collines était couverte d'arbres, même si, à l'endroit où ils avaient gravi, le flanc de la colline était nu. Ils continuèrent leur route jusqu'à entrer dans la forêt et là, ils se mirent au travail pour couper du bois de chauffage. Meinik portait un briquet, et bientôt un feu alluma, et à côté ils empilèrent un grand stock de bois.

"Je ne sais pas s'il y a des léopards aussi loin au sud que ici", dit-il, "mais en tout cas, il sera plus sûr d'entretenir un grand feu allumé. Je n'ai jamais beaucoup pensé aux léopards, mais, depuis que j'ai cette grosse patte de bête sur mon dos, j'en ai eu horreur.

Le lendemain matin, ils continuèrent leur voyage vers le sud, continuant hardiment et traversant plusieurs villages.

"Vous êtes en retard pour la guerre", dit un vieil homme alors qu'ils traversaient l'un d'eux.

"Je le sais," répondit Meinik, "mais nous étions partis avec une caravane de commerçants lorsque l'ordre est arrivé ; c'est pourquoi, au lieu de descendre la rivière, nous avons dû voyager à pied. Mais nous serons là à temps. ... D'après ce que nous avons entendu, il n'y a pas encore eu beaucoup de combats."

"Non, les barbares blancs sont tous enfermés à Rangoon. Nous ne les avons pas attaqués sérieusement, mais nous le ferons bientôt et d'ailleurs ils seront bientôt tous affamés, car le pays a été débarrassé de tout bétail depuis vingt ans. à des kilomètres à la ronde, les villages sont déserts, tout est dévasté, et l'on entend dire que la moitié d'entre eux sont malades et qu'un grand nombre est mort. J'aimerais être plus jeune, pouvoir moi aussi contribuer à détruire le ennemis insolents qui ont osé mettre le pied sur notre sol sacré.

Il n'était plus nécessaire de se dépêcher et ils avancèrent par étapes faciles jusqu'à ce que, grâce à la fumée s'élevant de différentes parties de la forêt, ils savaient qu'ils approchaient de l'endroit où les forces birmanes stationnaient autour de Rangoon et pouvaient effectivement voir le grande pagode s'élevant au-dessus du pays environnant. Ils avaient appris, dans les derniers villages traversés, qu'il y avait eu une attaque contre la pagode le 1er juillet. Ce jour-là, les Birmans, en grande force, s'étaient avancés sur une ligne parallèle à la route entre la pagode et la ville, le long de laquelle campait un nombre considérable de nos troupes. Ils s'étaient avancés jusqu'à moins d'un demi-mile de Rangoon, puis avaient changé de front et attaqué la position britannique près de la ville. Ils occupèrent une colline près de notre ligne et ouvrirent le feu de là avec des jingals et des petits canons ; mais deux canons britanniques tirant du raisin firent bientôt taire leurs canons, et un régiment de Madras chargea la colline et la reprit.

Cela a complètement bouleversé le plan des Wongee aux commandes des Birmans. Le signal d'attaque de toute l'armée devait être donné aussitôt que sa gauche aurait franchi la ligne britannique et coupé ainsi toutes les troupes sur la route menant de la ville à la pagode. Voyant que ce mouvement avait échoué, le général ne donna pas le signal de l'attaque générale, mais ordonna aux troupes de se replier. Il avait été rappelé en disgrâce à Ava ; et un officier supérieur, arrivé juste après la bataille, prit le commandement. Il se mit aussitôt au travail pour construire une palissade très solide à Kummeroot, à cinq milles de la grande pagode ; et fortifia également un point sur la rivière au-dessus de Kemmendine - la palissade qui avait été capturée par les Britanniques - et avait l'intention à partir de ce point d'envoyer des radeaux de pompiers pour détruire la navigation britannique et, en même temps, mena des attaques continues la nuit. sur les lignes britanniques.

Les pluies tombaient sans cesse à cette époque et les Birmans ne pensaient pas que les Britanniques seraient capables d'agir contre eux. La position sur la rivière était reliée à celle de Kummeroot par de solides palissades ; et le général birman était convaincu que, si une attaque était lancée, elle pourrait être facilement vaincue. Cependant, huit jours après la première attaque birmane, les navires remontèrent le fleuve, tandis qu'une colonne terrestre se dirigeait vers Kummeroot.

La position était forte. La rivière était ici divisée en deux branches et, sur la pointe de terre située entre celles-ci, la principale palissade était érigée et bien équipée en artillerie ; tandis que sur les rives opposées des deux rivières, d'autres palissades avec des canons étaient érigées, de sorte que toute attaque par eau serait combattue par le feu direct de la grande palissade et par un feu croisé de ceux des rives.

Quatre navires arrivèrent et les canons birmans ouvrirent sur eux, mais le feu nourri des navires de guerre ne tarda pas à les faire taire ; puis un certain nombre de bateaux remplis de troupes avaient débarqué, pris d'assaut la palissade et chassé les Birmans. La colonne terrestre n'avait pas pu emporter de canons avec elle, faute de pouvoir les traîner sur les sentiers détrempés ; et les chefs birmans, confiants dans la force de leur poste principal, qui était défendu par trois lignes de fortes palissades superposées, et dans leur force immensément supérieure, traitèrent avec un mépris absolu l'avancée de la petite colonne britannique. dont ils furent informés dès le début par leurs éclaireurs dispersés dans les bois.

Le général Soomba Wongee était justement à table pour dîner lorsqu'on lui annonça que la colonne avait presque atteint la première palissade. Il ordonna à ses chefs de se rendre à leurs postes et de « chasser les étrangers audacieux », et continua son repas jusqu'à ce que les tirs de mousqueton lourds et rapides des assaillants le convainquirent que l'affaire était plus grave qu'il ne l'avait prévu. En règle générale, les généraux birmans ne participent pas activement à leurs batailles ; mais Soomba Wongee quitta sa tente et se dirigea aussitôt vers le point attaqué. Il constata que ses troupes reculaient déjà et que les deux palissades extérieures avaient été emportées par l'ennemi. Il rallia ses hommes et ouvrit lui-même la voie à l'attaque ; mais le feu constant et continu des Britanniques l'empêchait de rétablir l'ordre, et les Birmans restaient entassés, dans une confusion désespérée. Cependant, il réussit à rassembler un corps d'officiers et de troupes et, avec eux, chargea désespérément les soldats britanniques. Lui et plusieurs autres dirigeants de haut rang ont été tués ; et les Birmans furent dispersés dans la jungle, laissant derrière eux huit cents morts.

Le fait que dix palissades, équipées de trente pièces d'artillerie, auraient dû être capturées en un seul jour par les Britanniques, avait créé une profonde impression parmi les villageois du quartier, à qui la vérité ne pouvait être cachée, et en effet, tous les villages, à plusieurs kilomètres autour du lieu de l'action, étaient remplis de blessés. Ils dirent à Meinik que l'armée était, pendant un certain temps, profondément déprimée. Beaucoup avaient déserté, et le fait que les palissades qu'ils croyaient imprenables n'étaient d'aucune utilité contre l'ennemi, dont l'action régulière et combinée était irrésistible, comme contre leur propre méthode de combat isolée et individuelle, avait ébranlé leur croyance jusqu'alors profonde dans leur propre supériorité sur toutes les personnes avec lesquelles ils pourraient entrer en contact.

Depuis lors, aucun combat sérieux n'a eu lieu. Des attaques nocturnes occasionnelles avaient été lancées, et tous les efforts des envahisseurs pour obtenir de la nourriture, par le biais de groupes de recherche de nourriture, s'étaient révélés infructueux. Les bateaux de la flotte avaient remonté la rivière Puzendown, qui rejoignait la rivière Rangoon à quelque distance en aval de la ville, et avaient capturé un grand nombre de bateaux qui y étaient restés, attendant que Rangoon soit pris avant de remonter la rivière avec leurs cargaisons. de riz et de poisson salé; mais ils n'avaient obtenu aucun autre avantage car, bien que les villages fussent remplis de fugitifs de la ville, ceux-ci étaient chassés dans la jungle par les troupes stationnées là à cet effet, dès qu'ils voyaient les bateaux remonter le fleuve.

Dans certains cas, cependant, les bateaux étaient arrivés si soudainement qu'on n'avait pas eu le temps de le faire ; et les fugitifs avaient été conduits à Rangoon, où, disait-on, ils avaient été très bien traités.

De grands renforts étaient maintenant descendus des provinces supérieures. Deux des frères du roi étaient arrivés pour prendre le commandement de l'armée ; l'un s'était établi à Donabew, l'autre à Pegu. Ils avaient amené avec eux un certain nombre d'astrologues, pour fixer un moment propice à une attaque ; et les Invulnérables du roi, forts de plusieurs milliers d'hommes, un corps spécial que ni les balles ni l'acier ne pouvaient blesser, étaient avec eux.

Vers le 6 août, une forte position qui avait été prise par une force envoyée par le prince à Pegu, dans l'ancien fort portugais de Syriem, avait été attaquée ; avec l'ordre que le canal de la rivière Rangoon soit bloqué, afin qu'aucun des étrangers n'échappe au sort qui les attendait. La position était très forte. Les arbres et les broussailles autour du fort avaient été enlevés ; partout où il y avait des brèches dans l'ancien mur, des palissades avaient été érigées ; et de grandes poutres suspendues au parapet, afin que, en cas d'attaque, les cordes puissent être coupées et que les poutres tombent sur la tête des assaillants.

Les Britanniques avaient cependant jeté un pont sur un ruisseau profond, poussé contre l'endroit et l'avaient emporté en quelques minutes ; la garnison s'enfuit, dès que les assaillants gagnèrent les remparts, vers une pagode dressée sur une colline très escarpée, défendue par des canons, et attaquable seulement par un escalier très raide. Les troupes, cependant, les pressèrent sans crainte ; et la garnison, découragée et ébranlée par les rapports des fugitifs du fort inférieur, s'était enfuie dès que les Britanniques arrivèrent en haut des marches.

Malgré cette attaque et d'autres, tout aussi réussies, contre leurs palissades, les troupes birmanes étaient désormais confiantes qu'avec leurs nombreuses forces, elles seraient victorieuses chaque fois que les astrologues décideraient que le moment favorable était arrivé.

Meinik avait obtenu auprès des villageois le nom du chef et la localité à laquelle appartenait le corps, la plus proche de Rangoon. Dès qu'il fit nuit, lui et Stanley entrèrent dans la forêt. La fumée leur avait servi de guide quant à la position des différents corps ; et ils purent se frayer un chemin entre ceux-ci sans être interrogés. Bientôt, cependant, ils tombèrent sur un fort piquet.

"Où vas-tu?" » demanda l'officier commandant.

"Pour rejoindre le corps du Woondock Snodee", répondit Meinik. "Nous étions à Bhanno lorsque l'ordre est arrivé, et les autres avaient descendu la rivière avant d'arriver à Mew ; nous sommes donc partis seuls, ne voulant pas manquer à notre devoir."

"Vous arrivez juste à temps", a déclaré l'officier. "Le Woondock est à 400 mètres, sur la gauche."

Ils partirent dans cette direction ; mais ils quittèrent bientôt la piste et, évitant le camp, restèrent à l'écart jusqu'à ce qu'ils atteignirent la lisière de la forêt. Puis ils avancèrent à travers la jungle et les broussailles, s'arrêtant de temps en temps pour écouter et, à trois reprises, changeant de cap pour éviter les groupes de Birmans agissant comme avant-postes.

En sortant de la jungle, ils rampèrent en avant sur trois ou quatre cents mètres, de manière à se trouver hors de portée de mousquet des avant-postes ; puis il resta silencieux jusqu'à ce que le matin se lève. Alors ils aperçurent circuler des blouses rouges, dans un petit village devant lequel un parapet avait été dressé, à environ quatre cents mètres d'eux et, se levant, coururent vers lui. Plusieurs coups de feu ont été tirés sur eux, depuis la jungle derrière eux ; et quelques soldats parurent aussitôt au parapet. En supposant que les deux personnages qui s'approchaient étaient des déserteurs birmans, ils n'ont pas tiré ; et Stanley et son compagnon furent bientôt parmi eux.

C'étaient des soldats d'un des régiments du Bengale ; et Stanley, à leur grande surprise, s'adressa à eux dans leur propre langue.

"Je suis Anglais", a-t-il déclaré. "Je suis un des prisonniers qu'ils ont faits à Ramoo et qui se sont échappés de leurs mains. Y a-t-il un de vos officiers dans le village ?"

« Je vais vous y conduire », dit un sous-officier indigène ; et Stanley, au bout d'une minute ou deux, entra dans une chaumière dans laquelle quatre officiers anglais prenaient leur petit déjeuner matinal, se préparant à se mettre en service.

"Qui as-tu ici, Jemadar ?" » a demandé l'un d'eux en bengali.

Stanley a répondu pour lui-même.

"Je suis Anglais, monsieur, et je viens de m'échapper d'Ava."

L'officier poussa une exclamation de surprise.

"Eh bien, monsieur," dit le plus âgé d'entre eux en tendant la main à Stanley, "je vous félicite de vous être enfui, qui que vous soyez; mais je suis obligé de dire que, sans votre discours, Je n'aurais pas dû vous croire ; car je n'ai jamais vu quelqu'un ressembler moins à un Anglais que vous. »

"Je m'appelle Stanley Brooke, monsieur. Je suis le fils de feu le capitaine Brooke, du 15e régiment autochtone."

"Alors je devrais vous connaître", dit l'un des autres officiers, "car je connaissais votre père; et je me souviens avoir vu votre nom sur la liste des officiers tués, à Ramoo, et je me suis demandé si ce pouvait être le garçon que je connaissais depuis cinq ans ou il y a six ans."

"Je me souviens de vous, capitaine Cooke", a déclaré Stanley. "Votre régiment était à Agra lorsque nous y étions."

"Vous avez raison ; et je suis sincèrement heureux que la nouvelle de votre mort soit fausse", et il serra cordialement la main de Stanley.

"Et qui est ton compagnon ?" demanda le major. "Est-ce qu'il est Anglais aussi?"

"Non, monsieur; c'est un indigène. C'est un homme très fidèle. Il m'a servi de guide tout au long du chemin depuis le point de départ, à vingt milles d'Ava. Je n'aurais jamais pu accomplir cela sans son aide pour , bien que je parle assez bien le birman pour passer n'importe où, mon visage est si différent du leur que, si j'étais regardé de près à la lumière du jour, on me soupçonnerait immédiatement. Je n'aurais jamais pu arriver ici sans son aide.

« Comment se fait-il qu'il soit venu vous aider, monsieur ? » demanda le major Pemberton. "D'après ce que nous pouvons voir, les Birmans nous haïssent comme un poison. Même s'ils sont blessés à mort, ils tireront une dernière fois sur tous les soldats qui passeront devant eux."

"Il m'est arrivé de lui sauver la vie d'un léopard", a déclaré Stanley, "et, vraiment, il a montré sa gratitude."

" Jemadar, dit le major, emmenez cet homme avec vous. Veillez à ce qu'il soit bien traité. Donnez-lui à manger, bien sûr. Il ira tout de suite avec cet officier chez le général. "

Stanley dit quelques mots en birman à Meinik, lui disant qu'il devait avoir de la nourriture et qu'il l'accompagnerait ensuite chez le général ; puis, à l'invitation des officiers, il s'assit avec eux pour déjeuner. En le mangeant, Stanley leur raconta un peu de ses aventures. Une fois le repas terminé, le major dit :

"Vous feriez mieux d'aller avec M. Brooke chez le général, le capitaine Cooke. Je ne peux pas quitter le régiment.

"Nous pouvons vous prêter une tenue, M. Brooke; même si nous sommes, pour la plupart d'entre nous, réduits à nos derniers vêtements. Avec la jungle et l'humidité, nous sommes presque tous arrivés au dernier état de délabrement. mais je suis sûr que le général aimerait vous voir sous votre déguisement actuel.

"Cela ne fait aucune différence pour moi, monsieur", a déclaré Stanley en riant. "Je suis tellement habituée à ce jupon noir, maintenant, que je me sentirais presque étrange dans n'importe quoi d'autre. J'ai peur que cette teinture ne mette longtemps avant de s'user. Il y a près de trois semaines que j'ai été teinte pour la dernière fois, et il s'est très peu effacé pour l'instant."

"De toute façon, vous n'avez pas besoin de prendre vos armes", a déclaré le capitaine Cooke. "Vous attirerez moins l'attention sans eux, car on supposera seulement que vous êtes un des indigènes amenés par les bateaux."

Meinik était assis par terre, content, à l'extérieur de la chaumière, le jemadar se tenant à côté de lui.

« As-tu mangé, Meinik ? » demanda Stanley.

L'homme acquiesça.

"Bonne nourriture", dit-il.

"Tout va bien. Maintenant, venez avec nous. Vous pouvez laisser vos armes ici, on n'en voudra pas."

Meinik se leva et suivit Stanley et le capitaine Cooke. Il y avait des maisons éparpillées tout au long du chemin. Celles-ci étaient maintenant toutes occupées par des officiers et des troupes, et ils étaient si nombreux qu'il n'avait pas été nécessaire de placer aucun des hommes sous toile, considération importante, pendant la pluie presque continue des trois derniers mois.

"Eh bien, Cooke, je ne savais pas que vous parliez birman", a fait remarquer un officier debout à l'une des portes, alors que l'officier arrivait et discutait avec Stanley.

"Vous ne connaissez pas toutes mes réalisations, Phillipson", rit le capitaine, car l'idée qu'il existait un paysan birman capable de parler anglais ne lui était pas venue à l'esprit. "Je l'emmène chez le chef, pour montrer mes pouvoirs ;" et est parti, laissant l'officier s'occuper de lui, avec une expression perplexe sur le visage.

A leur arrivée au quartier général de sir Archibald Campbell, le capitaine Cooke envoya son nom et, comme le général n'était pas occupé pour le moment, il fut immédiatement introduit ; suivi de Stanley, Meinik restant sans.

"Bonjour, monsieur. Je vois que vous avez amené un déserteur", dit le général.

" Ce n'est pas un déserteur, monsieur. C'est un prisonnier évadé, qui est descendu d'Ava à travers les lignes ennemies.

"Voici M. Brooke. Il servait comme officier auprès de la levée indigène, à Ramoo, et a été signalé comme tué. Cependant, il a heureusement été seulement assommé et, étant le seul officier retrouvé vivant, a été envoyé par Bandoola comme prisonnier . à Ava. Je peux dire qu'il est le fils de feu le capitaine Brooke, du 15e d'infanterie autochtone.

« Vous êtes certainement merveilleusement déguisé, dit le général ; "et je vous félicite chaleureusement pour votre évasion. J'aurais dû vous ignorer comme un indigène sans un second regard, cependant, maintenant qu'on me dit que vous êtes Anglais, je vois que vous n'avez pas les pommettes larges et le visage plat des un Birman. Comment avez-vous réussi à descendre ?"

" J'ai voyagé presque entièrement de nuit, monsieur ; et j'avais avec moi un guide fidèle. Il est dehors. Je ne pense pas que j'aurais jamais dû descendre sans lui, bien que je parle assez bien le birman pour passer, d'autant plus que la langue diffère tellement selon les districts. »

"Est-ce qu'il est Birman ?"

"Oui, général."

"Avez-vous convenu avec lui d'une somme particulière pour ses services ? Si oui, elle sera bien sûr payée."

— Non, monsieur ; il est descendu simplement en remerciement d'un service que je lui ai rendu. Je ne sais s'il compte repartir ; mais j'espère qu'il restera ici, avec moi.

« J'ai amené M. Brooke ici, monsieur, » dit le capitaine Cooke, « à la demande du major, pensant que vous aimeriez peut-être lui poser quelques questions sur l'état des choses à l'intérieur.

« J'aimerais avoir une longue conversation avec M. Brooke, » dit le général ; "Mais à moins qu'il n'ait des nouvelles précises de la date à laquelle ils ont l'intention de nous attaquer, je ne le retiendrai pas maintenant. La première chose sera qu'il remette des vêtements civilisés.

" À propos, les effets du pauvre jeune Hitchcock doivent être vendus ce matin. Je pense qu'ils iraient très bien à M. Brooke.

"Laissez-moi voir. Bien sûr, votre solde a augmenté depuis que vous avez été fait prisonnier, M. Brooke."

"Je crains, monsieur, qu'aucun salaire ne soit dû", a déclaré Stanley. « Je me trouvais alors à Ramoo, m'occupant de quelques marchandises de mon oncle, qui exerce un commerce considérable sur la côte ; et comme je parle la langue, et il y en avait très peu qui le parlaient, je me suis porté volontaire pour agir comme officier à la levée indigène, je préférais me porter volontaire, afin d'être libre de partir à tout moment, si je recevais l'ordre de mon oncle de le rejoindre à Chittagong.

" Je pourrais donner un ordre sur lui, mais je ne sais pas où il se trouve. J'ai avec moi des rubis bruts ; bien que je n'aie aucune idée de leur valeur, car je ne les ai même pas encore regardés ; mais ils devraient certainement constituer une bonne sécurité pour 50 livres.

"Nous pouvons régler cela tout de suite, M. Brooke. J'écrirai un ordre au payeur pour 500 roupies; et nous pourrons en discuter plus tard. Je crains que vous deviez payer assez cher pour les vêtements, pour presque tout le monde ici a usé son équipement, et M. Hitchcock ne nous a rejoint que quinze jours avant sa mort, de sorte que les siens sont en très bon état. Bien sûr, ils sont tous en uniforme - il faisait partie de mon équipe - mais cela ne suffira pas. On ne peut guère se déplacer en civil ici.

"Je serai très heureux si vous dînez avec moi à six heures ce soir. Discutez avec votre homme avant cela et voyez ce qu'il veut faire. S'il est un garçon malin, il pourrait être très utile. à nous."

Le général écrivit l'ordre sur le payeur, et le capitaine Cooke emmena Stanley au bureau et obtint l'argent nécessaire. En s'enquérant, il constata que la vente devait avoir lieu dans un quart d'heure.

"Je ferai les enchères pour vous, si vous le souhaitez, Brooke", a déclaré le capitaine Cooke. "J'ose dire que vous préféreriez ne pas être présenté, en général, dans votre configuration actuelle."

"Je préférerais ne pas le faire, et je vous serais très reconnaissant de le faire."

"Très bien. Je ferai fructifier votre argent autant que je peux. Bien sûr, le pauvre garçon n'a pas emporté avec lui un grand uniforme, ni quoi que ce soit de ce genre."

"Vous me trouverez ici avec mon Birman", dit Stanley. "Nous allons flâner dans les lieux pendant une demi-heure, puis revenir ici."

Il y avait très peu de choses à voir dans la ville. Meinik fut étonné lorsqu'ils remontèrent la rive du fleuve et aperçurent les navires à l'ancre. Pendant un certain temps, il fut trop surpris pour parler, n'ayant jamais rien vu de plus gros que les cargos maladroits qui faisaient un voyage, une fois par an, sur le fleuve.

"C'est merveilleux!" dit-il enfin. " Qui aurait pensé à de si grands navires ? Si l'empereur pouvait les voir, je pense qu'il ferait la paix. Il est facile de voir que vous savez beaucoup de choses mieux que nous. Pourrait-on monter à bord ? "

" Pas comme je suis actuellement, Meinik ; mais quand j'aurai remis des vêtements anglais et me débarrasser d'une partie de cette tache, je ne doute pas de pouvoir vous emmener à bord d'un des navires de guerre. .

" Et maintenant, voulez-vous me faire savoir ce que vous comptez faire ? J'ai dit au général quel service vous m'aviez rendu, et il m'a demandé ce que vous alliez faire. Je lui ai dit que je ne savais pas encore. si tu allais rester ici ou y retourner.

"Vas-tu rester ici ?"

"Je le pense, en tout cas, pour un temps. Je ne sais pas où se trouve actuellement l'oncle dont je vous ai parlé. En tout cas, pendant que cette guerre continue, il ne peut faire que très peu de commerce et peut se débrouille très bien sans moi.

"Tant que vous restez ici, je resterai", dit le Birman. "Si je revenais, je devrais me battre contre votre peuple; et je ne veux pas faire cela. Je n'ai aucune querelle avec eux et, d'après ce que je vois, je ne suis pas aussi sûr que je l'étais que nous allons conduire vous dans la mer. Vous nous avez battus chaque fois que vous avez combattu, et j'aimerais mieux rester avec vous que d'être obligé de me battre contre vous.

"Peu d'hommes veulent se battre. Nous avons entendu cela dans les villages et que ceux qui n'ont pas de femme ni d'enfants retenus comme otages s'éloignent de l'armée et se cachent dans les bois.

"Tu seras un grand homme maintenant et, si tu me laisses arrêter, je serai ton serviteur."

« Je te garderai volontiers avec moi, Meinik, si tu es prêt à rester ; et je suis sûr que tu seras mieux ici que dans les bois, et beaucoup plus en sécurité. En tout cas, reste jusqu'à après. votre peuple fera sa prochaine attaque. Vous verrez alors combien il est inutile pour eux de lutter contre nous. Lorsque nous pourrons les attaquer dans leurs palissades, bien qu'ils soient dix contre un contre nous, et les chasser au bout d'un quart d'heure. combats ; soyez assurés qu'en terrain découvert, sans défenses, ils n'auront aucune chance.

"J'espère qu'ils en auront bientôt assez de se battre et que la cour fera la paix. Nous ne voulions pas nous battre avec eux - ce sont eux qui nous ont attaqués mais, maintenant que nous avons supporté tous les frais liés à notre venue ici, nous " Nous continuerons à nous battre jusqu'à ce que l'empereur accepte de faire la paix ; mais je ne pense pas que nous sortirons un jour de Rangoon et croirons que nous détiendrons également les ports de Tenasserim que nous avons capturés. "

"L'empereur n'acceptera jamais cela", a déclaré Meinik en secouant positivement la tête.

"Alors s'il ne le fait pas, il veillera à ce que nous remontions la rivière jusqu'à Ava et, à la fin, s'il continue à combattre, nous prendrons tout le pays et y régnerons, tout comme nous l'avons fait la plus grande partie. de l'Inde."

"Je pense que ce serait bien pour nous", dit l'homme avec philosophie. « Peu nous importait à qui nous payions nos impôts — et vous ne voudriez pas nous taxer plus lourdement que nous ne le faisons actuellement — car, en descendant, vous avez vu de nombreux villages déserts et des terres incultes, parce que les gens pouvaient Ce n'est pas le roi, il n'en reçoit pas beaucoup, mais il donne une province, ou un district, ou une douzaine de villages à quelqu'un à la cour, et dit : « Vous devez me payer ainsi. beaucoup, et tout ce que vous pouvez en tirer, d'ailleurs, c'est pour vous-même ; alors ils amoncellent les impôts, et les gens sont toujours dans une grande pauvreté et, quand ils découvrent qu'ils ne peuvent pas payer ce qui est demandé et vivre, alors ils s'en vont tous dans un autre endroit, où le seigneur n'est pas si dur.

"Je suis sûr que ce serait une bonne chose pour eux, Meinik. Le peuple indien est bien mieux loti, sous notre régime, que sous ses dirigeants indigènes. Il y a un impôt fixe, et personne n'est autorisé à le faire." demander plus, ou opprimer le peuple de quelque manière que ce soit.

"Mais maintenant, il faut y aller. J'ai dit que je serais de retour à l'endroit d'où nous sommes partis, dans une demi-heure."

# Chapitre 7
## Sur le bâton.

Le capitaine Cooke avait fait de son mieux, avant le début des enchères, pour désarmer l'opposition ; en se promenant parmi les officiers qui passaient, avec l'intention d'enchérir, leur racontant quelque chose de la capture, des aventures et de l'évasion de Stanley ; et disant que le général lui-même lui avait conseillé de se procurer un équipement en achetant une partie considérable de l'équipement du jeune officier.

"Je n'ai aucun doute sur le fait qu'il le mettra dans son équipe", a-t-il déclaré. "D'après sa connaissance du pays et le fait qu'il parle bien la langue, il serait très utile et, comme il a traversé tout cela en tant que volontaire, sans salaire, j'espère que vous ne vous précipiterez pas les prix, sauf pour les choses que vous voulez vraiment.

Son histoire a eu l'effet escompté ; et lorsque le capitaine Cooke rencontra Stanley, il put lui dire qu'il lui avait acheté la plus grande partie du kit, y compris tout ce qui était absolument nécessaire.

"Y a-t-il des vêtements civils ?" » demanda Stanley, après l'avoir chaleureusement remercié pour la peine qu'il s'était donné.

"Non. Bien sûr, il a laissé tout ce genre de choses à Calcutta. Personne sensé ne songerait à emmener un mufti avec lui, surtout dans un pays comme celui-ci."

— Alors je devrai me rendre en uniforme chez le général, dit Stanley d'un ton consterné. "Il me semble que ce serait une chose terriblement impudente que d'aller en uniforme d'état-major dîner avec le général, alors que je n'ai aucun droit de le porter."

"Eh bien, comme le général vous a conseillé lui-même d'acheter ces choses, il ne peut pas vous reprocher de les porter ; et je n'ai aucun doute qu'il va vous proposer une sorte de poste d'état-major."

« Cela me plairait beaucoup, aussi longtemps que durerait la guerre, capitaine Cooke ; mais je ne pense pas que je devrais me soucier de rester dans l'armée de façon permanente. Vous voyez, mon oncle fait de très bonnes affaires. Cela fait maintenant sept ou huit ans que j'y travaille ; et il disait la dernière fois que j'étais avec lui que, dès que ces troubles seraient terminés et que le commerce reprendrait, il m'en donnerait un quart ; et faites-en une troisième part, quand j'arriverai à vingt et un.

"Alors vous seriez vraiment idiot d'y renoncer", dit chaleureusement le capitaine Cooke. "Un homme qui a de bonnes affaires, ici, aurait un revenu égal à celui de tous les officiers d'un régiment réunis. Il est son propre maître, il peut prendre sa retraite quand il veut et profiter de son argent en Angleterre.

" Pourtant, comme le commerce est actuellement au point mort, je pense qu'il serait sage de votre part d'accepter toute offre que le général pourrait vous faire. Cela pourrait même être à votre avantage, par la suite. Avoir servi dans l'état-major de Campbell serait être une introduction à tous les mess des officiers du pays ; et vous pouvez être sûr que non seulement nous occuperons Rangoon à l'avenir, mais qu'il y aura beaucoup plus de stations britanniques entre l'Assam et ici qu'il n'y en a actuellement ; et ce serait être un attrait pour vous, même dans le domaine du commerce, pour que vous soyez partout sur de bonnes bases. »

"Je le vois bien", a reconnu Stanley, "et si le général a la gentillesse de me proposer un rendez-vous, je l'accepterai certainement."

" Vous avez presque droit à un, Brooke. Dans la péninsule, beaucoup d'hommes ont obtenu leur commission en servant pendant un certain temps comme volontaires ; et en ayant été blessés à Ramoo, et en étant l'un des rares survivants de ce combat ; et en ayant traversé une captivité, au risque non négligeable d'être mis à mort la première fois que le roi serait de mauvaise humeur, vos prétentions sont en effet très fortes. D'ailleurs, il n'y a presque personne ici qui parle birman, et vos services seront très précieux.

"Voici cinquante roupies", poursuivit-il en remettant l'argent à Stanley. " Ce n'est pas beaucoup de monnaie sur cinq cents ; mais je peux vous assurer que vous avez obtenu ces choses à un prix avantageux, car vous auriez dû les payer plus que cela, en Angleterre ; et j'imagine que la plupart des choses sont en très bon état, car Hitchcock n'est sorti qu'il y a quatre mois environ. Certes, les vêtements ne sont pas du tout neufs, mais en tout cas, ils sont dans un bien meilleur état que ceux de tous ceux qui sont venus ici il y a trois mois.

" J'ai ordonné qu'ils soient tous envoyés dans mes quartiers où, bien entendu, vous établirez votre demeure jusqu'à ce que quelque chose soit réglé à votre sujet, ce qui sera probablement ce soir. Dans ce cas, un logement vous sera attribué demain. ".

"Merci beaucoup. Je consacrerai la meilleure partie de cet après-midi à essayer de me débarrasser le plus possible de cette tache, au moins sur mon visage et mes mains. Le reste n'a pas d'importance, d'une manière ou d'une autre, et cela s'atténuera progressivement ; mais j'aimerais avoir un visage décent. "

"Eh bien, tu es plutôt un objet, Stanley," dit-il. "La couleur n'a pas beaucoup d'importance, mais toutes ces marques de tatouage sont pour le moins singulières. Bien sûr, elles n'ont pas l'air si rum, maintenant, dans cette petite tenue indigène; mais quand vous recevez votre uniforme allumé, l'effet sera saisissant.

"Nous discuterons avec le médecin. Il a peut-être quelque chose dans sa pharmacie qui les adoucira au moins un peu. Bien sûr, s'il s'agissait de vraies marques de tatouage, il n'y aurait rien pour cela, mais comme ce ne sont que des colorants , ou de la peinture quelconque, ils doivent s'user d'eux-mêmes avant très longtemps.

"J'essaierai tout ce qu'il me donnera. Je m'en fiche si cela enlève la peau."

De retour aux quartiers du capitaine Cooke, Stanley fut présenté aux autres officiers du régiment ; parmi eux le médecin, à qui il s'adressa aussitôt à un moyen d'enlever la teinture.

"Avez-vous demandé à l'homme que vous avez amené avec vous ?" dit le chirurgien. "Vous dites qu'il l'a mis, et il sait peut-être quelque chose qui l'enlèvera à nouveau."

"Non; je lui ai demandé, et il ne sait rien. Il a utilisé certaines des teintures du pays, mais il a dit qu'il n'a jamais entendu parler de quelqu'un qui veuille enlever la teinture des choses qui avaient été colorées."

" S'il s'agissait seulement de coton ou de tissu, " dit le docteur, " je suis sûr qu'une solution très forte de soude enlèverait la plus grande partie de la teinture ; mais la peau humaine ne supporte pas l'eau bouillante. Cependant, je devrais dites que si vous avez de l'eau aussi chaude que vous pouvez la supporter, avec beaucoup de soude et de savon, cela fera quelque chose pour vous. Sans doute, si vous preniez une poignée ou deux de sable très fin, cela aiderait beaucoup affaire ; mais si vous utilisez cela, je ne devrais pas mettre de soda avec l'eau, sinon vous enlèverez pratiquement toute la peau et laisserez votre visage comme un steak de bœuf cru ; ce qui sera pire que la tache et, en effet, en un soleil aussi brûlant que celui que nous avons pourrait être dangereux et provoquer l'érysipèle. Il faut donc être très prudent, et il vaudra bien mieux pour vous supporter d'être un peu singulier dans votre apparence, pendant un moment, plutôt que de rester couché. relevez-vous en prenant des mesures énergiques pour vous en débarrasser.

Après une heure passée à un lavage vigoureux et aidé par plusieurs frottements avec du sable très fin, Stanley réussit, à sa grande satisfaction, à se débarrasser presque des marques de tatouage sur son visage. La teinture générale s'était un peu fanée, mais pas beaucoup ; mais celui avec lequel les marques avaient été faites était évidemment d'un caractère moins stable et cédait au savon et au frottement.

Avant d'avoir terminé son travail, deux malles arrivèrent et, constatant que son visage commençait à lui faire beaucoup de mal, il s'abstint pour le moment de poursuivre ses efforts ; et se tourna pour inspecter ses achats, avec beaucoup d'intérêt. Les uniformes se composaient de deux costumes de déshabillage ; l'un avec un pantalon, l'autre avec une culotte et des bottes hautes, pour monter à cheval. Il y avait aussi une veste de mess, un gilet et un pantalon ; trois costumes de foret blanc ; une demi-douzaine de chemises blanches pour le mess, et autant de chemises en flanelle fine ; et un bon stock de sous-vêtements généraux, une paire de bottes épaisses et une paire légère pour le désordre. Il y avait aussi l'épée, la ceinture et d'autres équipements ; en fait, tout le nécessaire dont il aurait besoin pour une campagne.

Avant de commencer à s'habiller, il commença à débarrasser ses cheveux de la cire avec laquelle ils avaient été enduits. Il avait obtenu du médecin de l'essence de térébenthine et, grâce à cela, il trouva la tâche moins difficile qu'il ne l'avait prévu et, le barbier du régiment étant envoyé chercher par le capitaine Cooke, ses cheveux furent bientôt raccourcis à l'ordinaire. longueur.

"Vous vous en sortirez très bien, maintenant", dit le major en descendant dans la salle générale. "Vous avez certainement réussi bien mieux que je ne le pensais. Bien sûr, vous avez l'air très brun, mais il y en a beaucoup d'autres presque aussi sombres que vous; car entre les averses de pluie, le soleil a une puissance énorme, et certains d'entre eux les visages des hommes sont presque écorchés, tandis que d'autres sont merveilleusement brunis. Je suis sûr que beaucoup d'entre eux sont aussi foncés que le vôtre. Vous passerez donc très bien le test.

Avant de commencer à se laver et à se changer, Stanley avait donné à Meinik les vêtements qu'il avait emportés avec lui ; et quand il sortit pour jeter un bref coup d'œil devant le tiffin, pour lequel les domestiques étaient déjà en train de préparer le tissu, il trouva l'homme, ressemblant maintenant à un Birman respectable, debout près de la porte. Il passa lentement devant lui, mais l'homme ne bougea pas, ne le reconnaissant pas du tout dans sa tenue actuelle.

Puis Stanley se tourna et lui fit face.

"Alors tu ne me connais pas, Meinik."

Le Birman eut un sursaut de surprise.

"Je ne vous connais certainement pas, monseigneur", dit-il. "Qui aurait pu te connaître ? Avant tu étais un pauvre paysan birman, maintenant tu es un seigneur anglais."

"Pas du tout un seigneur, Meinik. Je suis simplement un officier anglais et je suis habillé à peu près de la même manière que lorsque vos gens m'ont frappé à la tête, à Ramoo."

"Je connais votre voix", a déclaré Meinik; "Mais même maintenant que je sais que c'est toi, j'ai du mal à reconnaître ton visage. Bien sûr, les marques de tatouage ont fait une grande différence, mais ce n'est pas tout."

"Je pense que ce sont les cheveux qui ont fait le plus de différence, Meinik. Vous voyez, ils étaient tous arrachés du front et du cou auparavant; et il faudra un certain temps avant qu'ils repoussent naturellement. J'ai eu beaucoup de mal à les obtenir. à s'allonger, même lorsqu'il est mouillé ; et il aura certainement tendance à se dresser, pendant longtemps.

"La robe a également beaucoup changé chez toi."

"Ce sont de très bons vêtements", a déclaré Meinik. "Je n'en ai jamais porté d'aussi bons auparavant. J'ai eu assez d'argent pour les acheter; mais les gens m'auraient demandé d'où je les tenais, et ce n'est jamais le cas pour faire semblant d'être mieux loti que son voisin. Un homme est sûr d'être escroqué, s'il le fait.

« Que puis-je faire pour mon seigneur ?

"Rien, pour le moment, Meinik. Je vais déjeuner avec les officiers ici, et dîner avec le général, et dormir ici. Demain, j'ose dire, j'emménagerai dans mon propre appartement.

"Vous feriez mieux d'acheter ce que vous voulez, pour aujourd'hui, au marché. Je ne sais pas si c'est bien approvisionné mais, comme nous avons vu certains de vos gens, il doit y avoir de la nourriture à obtenir."

"Ils m'ont donné beaucoup à manger quand je suis arrivé", dit-il, "mais je vais acheter quelque chose pour le dîner.

"Non, je ne veux pas d'argent, il me reste beaucoup de plomb."

" Vous feriez mieux de prendre quelques roupies, de toute façon. Il y a sûrement des commerçants indiens qui ont ouvert des boutiques ici, et ils ne se soucieront pas de prendre du plomb pour payer. Vous devez vous procurer de la mousseline fraîche pour votre turban ; et tu ferais mieux de le fermer par le haut, cette fois. Il ira mieux avec tes vêtements.

Meinik sourit.

"J'aurai l'air d'un personnage important. On me prendra au moins pour le chef d'un grand village."

Il prit les deux roupies et partit en direction de la ville, pendant que Stanley entrait déjeuner. Il y eut de nombreuses remarques sur son apparence altérée.

"Savez-vous, Brooke", dit l'un des jeunes lieutenants, "je n'étais pas du tout sûr que Cooke ne nous faisait pas de mensonges lorsqu'il nous présentait, et que vous n'étiez pas vraiment un Birman qui avait voyagé, et d'une manière ou d'une autre, j'avais appris à parler extraordinairement bien l'anglais.

"Les vêtements, le savon et l'eau font une merveilleuse différence", rit Stanley, "mais je serai beaucoup plus clair lorsque le reste de la teinture se dissipera. En tout cas, je peux me promener, maintenant, sans que personne ne me regarde." moi."

Après Tiffin, Stanley a dû raconter à nouveau son histoire, beaucoup plus longuement qu'auparavant.

« Vous avez certainement vécu de drôles d'aventures, dit le major après avoir terminé son récit ; " et il ne fait aucun doute que vous avez eu une chance merveilleuse. En premier lieu, si cette balle était descendue d'un demi-pouce plus bas, vous n'auriez pas été l'un des quatre survivants blancs de cette vilaine affaire de Ramoo ; alors vous avez eu de la chance. qu'ils ne vous ont pas coupé la tête, ni lorsqu'ils vous ont emmené pour la première fois, ni lorsqu'ils vous ont amené à Ava. Là encore, c'était une chance que Bandoola ait envoyé un message spécial qu'il voulait que vous gardiez comme interprète pour lui-même, et que le Le fonctionnaire qui vous dirigeait s'est révélé être un homme honnête et vous a aidé à vous échapper.

" Quant à avoir obtenu les services de l'homme que vous avez amené avec vous, je ne considère pas cela comme une question de chance. Vous avez sauvé la vie de cet homme par un acte de la plus grande bravoure, un acte que pas un homme sur dix ne ferait. jouer, ou essayer de jouer, pour la vie d'un parfait inconnu. J'espère que j'aurais fait l'effort, si j'avais été à votre place ; mais je dis franchement que je ne suis nullement sûr de l'avoir fait.

"Le pari était de vingt contre un contre un succès. Si la brute avait entendu vos pas, cela aurait été une mort certaine et, même lorsque vous l'auriez atteint, les chances étaient fortes contre votre capacité à porter un coup à l'animal qui l'immobiliserait un instant, et vous donnerait ainsi le temps de vous emparer d'un des fusils, qui n'aurait peut-être pas, après tout, été chargé.

"C'était une action merveilleusement vaillante, mon garçon. Tu ne nous en as pas beaucoup parlé toi-même mais, pendant que tu enlevais la teinture, j'ai mis la main sur un des commerçants d'ici, qui passait par hasard et qui a compris leur langue ; et avec son aide, j'ai interrogé votre camarade et obtenu tous les détails de lui. Je le répète, c'était une chose aussi courageuse que j'ai jamais entendu parler. "

Quelques minutes plus tard, un infirmier arriva avec un mot du général, demandant au major et au capitaine Cooke de dîner également avec lui ce soir-là. Stanley était très heureux que les deux officiers l'accompagnent, car cela lui enlevait le sentiment de timidité qu'il ressentait à l'idée de se présenter en uniforme d'état-major chez le général.

Sir Archibald Campbell le mit immédiatement à l'aise par la bonté avec laquelle il le reçut. Stanley commença à s'excuser pour sa tenue vestimentaire, mais le général l'arrêta immédiatement.

"J'avais bien sûr l'intention que vous le portiez, M. Brooke. Je suis sûr que vous ne trouverez pas de tailleur dans le camp. Cependant, nous arrangerons les choses demain. À en juger par ce que vous avez dit, comme vous ne pouvez pas rejoindre votre oncle pour le moment, vous seriez prêt à rester ici, votre nom figurera dans les ordres, demain matin, comme ayant obtenu une commission dans le 89e, en attendant l'arrivée d'une confirmation de chez vous ; ce qui bien sûr, dans un tel un cas, n'est qu'une simple forme. Vous figurerez également dans les arrêtés comme étant nommé mon aide de camp, à la place de M. Hitchcock, avec une rémunération supplémentaire comme interprète.

"Non, ne me remerciez pas. Ayant servi comme volontaire, pris part à une action sévère, et ayant été blessé et emprisonné, vous aviez presque droit à une commission. Après le dîner, j'espère que vous nous donnerez à tous un message complet. récit de vos aventures ; ce n'est qu'un très léger croquis que j'ai entendu de vous, ce matin. »

Le général présenta ensuite Stanley aux autres membres de son état-major.

« Si vous l'aviez vu comme je l'ai vu ce matin, dit-il en souriant, vous ne le reconnaîtriez certainement pas maintenant. Il était nu jusqu'à la taille et ne portait que l'habit paysan habituel d'une pièce. de drap noir, arrivant jusqu'aux genoux. Je savais, bien sûr, que la question du costume serait bientôt réglée, mais j'avoue que je ne pensais pas pouvoir l'employer, pendant un certain temps. Sa tache était beaucoup plus foncée qu'elle ne l'est maintenant, mais il était profondément tatoué jusqu'aux yeux, et on ne pouvait guère envoyer de messages à un aide de camp d'apparence aussi singulière ; mais je vois que, d'une manière ou d'une autre, il a Je me suis entièrement débarrassé des marques de tatouage ; et sa peau est maintenant très peu, voire pas du tout, plus foncée que celle de beaucoup d'entre nous, de sorte que je pourrai le harnacher immédiatement. "

Une fois le dîner terminé et les cigares allumés, Stanley raconta son histoire comme auparavant, passant légèrement sur la manière dont il avait gagné l'amitié du Birman. Cependant, lorsqu'il eut terminé, le major Pemberton dit :

"Avec votre permission, général, je compléterai un peu l'histoire. M. Brooke m'a dit un peu plus que ce qu'il vous a dit, mais j'ai tiré tous les faits de la bouche même de son guide."

"Non, major, s'il vous plaît," dit Stanley en colorant, même sous sa teinture. "Cela ne vaut pas la peine d'être raconté."

« Vous devez nous permettre d'en juger, M. Brooke, » dit le général en souriant à l'interruption du jeune homme à son officier supérieur.

"Je vous demande pardon, Major Pemberton," balbutia Stanley avec une certaine confusion. "Seulement--"

"Seulement vous préféreriez que je ne parle pas de votre lutte avec le léopard. Je pense que cela devrait être raconté, et je suis presque sûr que Sir Archibald Campbell sera d'accord avec moi", et le major Pemberton a ensuite donné un récit complet de l'aventure. dans la foret.

" Merci, major. Vous aviez certainement tout à fait raison de raconter cette histoire, car c'est une histoire qui mérite d'être racontée et, si M. Brooke me permet de le dire, c'est un de ces cas dans lesquels c'est une erreur pour un l'homme à essayer de cacher sa lumière sous le boisseau.

" Vous voyez, cela ne peut que faire une différence dans l'estime que nous vous accordons. La plupart des jeunes gens auraient, comme vous l'avez fait, rejoint leurs compatriotes lorsqu'ils étaient menacés par un ennemi bien supérieur et, encore une fois, la plupart, s'ils étaient prisonniers, auraient saisi toute occasion qui s'offrait pour opérer leur évasion. C'est pourquoi, dans le bref récit que vous m'avez fait ce matin, il m'est apparu que vous aviez agi courageusement et astucieusement, et que vous aviez bien mérité une commission, d'autant plus que vous avez une connaissance de Vous m'avez simplement dit que vous aviez pu rendre certains services au Birman qui voyageait avec vous, mais ce service aurait pu consister simplement en l'aidant lorsqu'il était dans le besoin, en pansant une blessure, ou tout autre autre service. petite affaire.

"Maintenant, nous constatons que vous avez accompli un acte d'un courage singulier, un acte dont même le plus vieux shikaree aurait des raisons d'être fier. Un tel acte - accompli également pour un étranger, et cet étranger un ennemi -, en soi, donnerait à tout homme un droit à l'estime et à la considération de tous ceux parmi lesquels il pourrait être jeté, et les amènerait à le considérer sous un jour entièrement différent de celui sous lequel ils l'auraient autrement tenu.

"Je pense que vous serez tous d'accord avec moi, messieurs."

"Certainement."

Il y eut un chœur d'assentiment de la part du cercle des officiers. Son récit avait, comme le disait le général, montré que le jeune homme était doué de sang-froid, de fermeté et de courage ; mais cet exploit était tout à fait hors du commun et, réalisé par un simple garçon, semblait tout simplement merveilleux.

"Vous aurez bien sûr les quartiers d'Hitchcock", dit le quartier-maître général à Stanley, alors que la fête se divisait. "C'est une petite pièce, mais elle a l'avantage d'être étanche, ce qu'on ne peut pas dire de la plupart de nos logements. C'est une pièce à l'étage supérieur de la maison voisine. J'imagine que la carte du pauvre garçon est sur la porte encore. Les bureaux du commissariat sont dans la partie basse de la maison, et ils occupent toutes les autres pièces du haut ; mais nous avons gardé cela pour un des aides de camp, afin que le général puisse envoyer immédiatement un message. , la nuit ou le jour."

"Bien sûr, j'aurai besoin d'un cheval, monsieur."

"Oui, vous devez avoir un cheval. Je vais réfléchir à ce que nous pouvons faire pour vous, de cette façon. Il n'est pas possible d'en acheter un ici, à moins qu'un officier supérieur ne soit tué ou meure.

" À propos, les chevaux d'Hitchcock ne sont pas encore vendus. Ils n'ont pas été hébergés hier. Je ne doute pas qu'un arrangement puisse être fait à leur sujet, ainsi qu'à la sellerie. "

" Ce serait excellent, monsieur. Comme je l'ai dit au général ce matin, j'ai des rubis et d'autres pierres. Je n'ai aucune idée de leur valeur. Ils m'ont été donnés par ces hommes avec qui j'étais, dans la forêt. Ils ont dit qu'il était très difficile de s'en débarrasser, car les mines sont des monopoles du gouvernement. Ainsi, lorsque mon homme Meinik l'a proposé, ils ont immédiatement accédé à sa demande et m'en ont remis un certain nombre.

"Je ne les ai même pas regardés. Il y a peut-être quelqu'un, ici, qui pourrait me dire ce qu'ils valent."

"Oui, je suis sûr que certains de ces marchands Parsis, qui ont récemment ouvert des magasins, pourraient vous le dire. Je ne leur rapporterais que deux ou trois pierres, si j'étais vous. Si elles ont vraiment de la valeur, vous pourriez être mais j'ai bien peur que vous ne trouviez pas qu'ils le sont. Les brigands n'auraient guère été susceptibles de vous donner quelque chose de très précieux.

"Je ne pense pas qu'ils les aient regardés eux-mêmes; ils étaient le produit d'une attaque d'une journée contre un certain nombre de marchands. Ils les trouvèrent cachés sur eux, et ils étaient si satisfaits du butin qu'ils obtinrent, en marchandises, qu'ils ils pouvaient s'en débarrasser, et je doute qu'ils aient même ouvert les petits paquets de ce qu'ils considéraient comme les marchandises les plus dangereuses à conserver ; car s'ils étaient capturés et que des pierres précieuses étaient trouvées sur eux, il suffirait de les condamner sur-le-champ.

"Parlez-vous hindoustani ? Sinon, j'enverrai un des employés avec vous."

"Oui, monsieur, et trois ou quatre autres langues indiennes."

"Ah ! Alors tu peux te débrouiller par toi-même.

"Quand vous aurez vu un de ces Parsis, venez à mon bureau. J'aurai vu le trésorier à ce moment-là et j'aurai discuté avec lui de la manière dont nous pouvons nous arranger pour les chevaux. Je pense que le meilleur moyen serait de Ayez un comité de trois officiers pour les évaluer, ainsi que la sellerie ; et vous pourrez alors l'autoriser à recevoir votre salaire supplémentaire en tant qu'interprète et à le placer sur le compte d'Hitchcock. Vous trouverez ici la rémunération de votre propre personnel plus que suffisante ; comme il n'y a aucune dépense, quoi qu'il en soit, sauf votre part du désordre.

"Merci beaucoup, vraiment, Colonel."

Le matin, Stanley sortit un des petits paquets du sac et l'ouvrit. Il contenait trente pierres, dont vingt rubis, six saphirs et quatre émeraudes. Ils lui semblaient de bonne taille mais, comme ils étaient à l'état brut, il n'avait aucune idée de leur taille une fois coupés.

Il y avait trois marchands Parsis. Le premier auquel il s'est adressé lui a immédiatement déclaré qu'il ne faisait pas de commerce de pierres précieuses. La fois suivante, il examina attentivement les pierres.

« Il est impossible de dire avec certitude, dit-il, combien ils valent jusqu'à ce qu'ils soient coupés, car ils peuvent contenir des défauts qui ne peuvent être détectés. Maintenant, si je devais les acheter ainsi, je pourrais Je ne donnerai pas plus de cent roupies chacun. S'ils étaient tous impeccables, ils vaudraient bien plus ; mais ce serait une pure spéculation, et je n'irai pas au-delà de cette somme.

Stanley a ensuite visité le troisième magasin. Le commerçant les examinait ici avec un peu plus de soin que le précédent, les examinait à la loupe , les présentait à la lumière ; puis il pesa chaque pierre et nota quelques chiffres. Enfin, il dit :

"Les pierres valent cinq mille roupies. Si elles sont impeccables, elles vaudraient le double. Je vous en donnerai moi-même cinq mille ou, si vous voulez, je les enverrai à un de mes amis, à Madras. Il en est un. des meilleurs juges de pierres précieuses en Inde. Il dira ce qu'il donnera pour elles, et vous me paierez une commission de cinq pour cent. C'est un honnête commerçant ; vous pouvez demander à n'importe lequel des officiers de Madras.

"J'accepterai cette offre, si vous me faites une avance de quinze cents roupies sur eux ; et vous paierez, au taux de dix pour cent par an, des intérêts jusqu'à ce que vous receviez l'argent pour eux."

Le Parsi reprit les pierres précieuses et les examina attentivement.

"Etes-vous d'accord pour accepter l'offre du bijoutier, quelle qu'elle soit ?"

"Oui, c'est-à-dire si c'est plus de cinq mille. Si c'est moins de cinq mille, je vous les vendrai à cette somme."

"Je suis d'accord avec ça", a déclaré l'homme. "Mais ne craignez rien : si les deux plus grosses pierres sont sans défaut, elles valent à elles seules cinq mille."

"Rédigeons immédiatement l'accord", a déclaré Stanley.

Et, en conséquence, les termes ont été rédigés en hindoustani et signés par les deux parties. Le Parsi s'est ensuite rendu dans un coffre-fort, l'a ouvert et a compté les roupies, d'une valeur de 150 livres. Il les plaça dans un sac et les remit à Stanley qui, ravi de la somme qu'il avait obtenue pour une petite partie des pierres précieuses, se rendit au bureau du quartier-maître général.

"Nous venons de terminer votre affaire", a déclaré le colonel Adair en entrant. "Le major Moultrie, le payeur, le colonel Watt et moi-même avons examiné les chevaux. Je sais qu'Hitchcock les a payés soixante livres chacun, à Calcutta. Ils sont tous deux Arabes et bons, et n'étaient pas chers pour l'argent. Notre avis c'est que, s'ils étaient mis aux enchères ici, ils coûteraient 40 livres chacun, et que la selle et la bride, les étuis et les accessoires en coûteraient encore 20 livres. Il y a aussi une paire de pistolets bien finis dans les étuis. Ils ont été oubliés, sinon ils auraient été mis en vente hier. Ils les évaluent à 8 livres le corset, soit en tout 108 livres.

" Cela vous conviendra-t-il ? Le major supprimera, comme je l'ai proposé, l'argent de votre salaire d'interprète de première classe, soit deux cent cinquante roupies par mois, de sorte que, dans quatre mois et demi, vous l'aurez effacé.

« Je vous suis très obligé, colonel ; mais je viens de recevoir une avance de quinze cents roupies sur quelques-unes de mes pierres précieuses que le Parsi va envoyer à un bijoutier du nom de Burragee, à Madras.

" Je vous félicite, car je n'espérais guère qu'ils valent autant. Burragee est un homme de premier ordre, et vous pouvez compter sur un juste prix de sa part. Eh bien, cela évite toute difficulté.

"Au fait, je devrais vous recommander d'acheter un châlit et un lit légers, ainsi que quelques couvertures, dans l'un des magasins Parsee. Bien sûr, vous n'y avez pas pensé hier, ou vous auriez peut-être acheté ceux d'Hitchcock. Cependant , j'ai remarqué dans l'une des boutiques des Parsis un certain nombre de sommiers en bambou clair, qui sont les plus frais et les meilleurs dans un climat comme celui-ci. Si vous posez quelques couvertures sur les bambous, vous constaterez que vous n'avez pas besoin d'un matelas."

"Je ne sais pas quelles sont mes fonctions, monsieur, ni si le général aura besoin de moi."

"Il ne voudra pas de vous aujourd'hui. De toute façon, il saura que vous prendrez vos dispositions et emménagerez dans vos quartiers.

"Au fait, Hitchcock a amené une personne avec lui. Vous devez avoir un homme pour vos chevaux, et je suis sûr qu'il sera heureux de rester avec vous."

Deux heures plus tard, Stanley était installé dans ses quartiers, une pièce d'environ douze pieds de long sur huit de large. Un lit se trouvait dans un coin. Il y avait une table pour écrire, deux chaises en bambou clair et une chaise longue indienne. Dans le coin se trouvait une petite table en bambou, sur laquelle se trouvait une grande vasque en laiton ; tandis qu'une grande jarre en terre cuite pour l'eau se trouvait à côté, et un morceau de natte indienne recouvrait le sol.

Il apprit que le personnel s'amusait ensemble, dans une grande pièce de la maison voisine ; et qu'il y prendrait une tasse de café et un biscuit, à six heures du matin, un petit-déjeuner à huit heures et demie, un déjeuner et un dîner ; afin qu'il n'ait pas à faire la cuisine, quoi que ce soit, pour lui-même. Il avait donné à Meinik une petite somme à mettre dans des marmites et des ustensiles de cuisine pour son propre usage.

Le secrétaire était volontiers entré à son service. Stanley avait inspecté les chevaux qui, bien que légers à l'œil, seraient tout à fait capables de supporter son poids pendant une longue journée de travail. Ils étaient piquetés, avec ceux du général et de l'état-major, en ligne derrière la maison consacrée au quartier général. Après le déjeuner, il se rendit chez le général et se présenta comme prêt à prendre son service.

"Je n'aurai pas besoin de vous cet après-midi, M. Brooke. Voici un plan indiquant la position des différents corps. Vous feriez mieux de le noter par cœur. Quand il fera plus frais, cet après-midi, je vous conseillerais de sortir et d'examiner la position et les routes ; de sorte que même la nuit, vous pouvez, si nécessaire, transmettre un message à n'importe lequel des régiments. Les Birmans se faufilent constamment et poignardent nos sentinelles, et parfois ils attaquent avec une force considérable. Quand quelque chose comme un tir nourri commence, il sera de votre devoir de vous renseigner immédiatement sur ce qui se passe, et de me prévenir, car il pourrait être nécessaire d'envoyer des renforts.

« Le matin, vous aurez à examiner les prisonniers qui auront été faits pendant la nuit, ainsi que les indigènes qui se sont introduits dans la ville ; afin de vous assurer si une date a été fixée pour leur prochaine attaque, et quelle sera la date de leur prochaine attaque. des forces sont susceptibles d'y prendre part. Vous pouvez rendre votre homme utile à ce travail.

" À propos, je dirai au colonel Adair de l'inscrire sur la liste des partisans indigènes du quartier-maître. Il n'a rien d'autre à faire que cela. Mais il est probable que les indigènes lui parleront plus librement qu'à un autre. officier blanc, et il pourrait tout aussi bien gagner trente roupies par mois et toucher des rations, que de traîner toute la journée sans rien faire.

Remerciant le général, Stanley prit le plan et, regagnant ses quartiers, l'étudia attentivement. Il informa Meinik de l'arrangement qui avait été pris pour lui, ce dont le Birman était très satisfait. Trente roupies par mois lui semblaient une grosse somme, et il était heureux de ne pas coûter de l'argent à Stanley pour sa nourriture.

Trois heures plus tard, un de ses chevaux fut ramené et il commença sa promenade à travers le camp. Il y avait deux routes menant à la grande pagode à travers la ville. Tous deux étaient densément bordés de maisons religieuses et de pagodes, ces dernières étant pour la plupart dans un état de délabrement. Les maisons et les pagodes avaient été transformées en quartiers pour les troupes et avaient été d'une valeur inestimable pendant la saison des pluies.

La terrasse de la grande pagode était occupée par le 89ème Régiment et l'Artillerie de Madras. C'était la position la plus avancée et la clé de la défense. Laissant son cheval en charge de son siège, au pied de la colline de la pagode, Stanley monta sur la terrasse et entra bientôt en conversation avec quelques officiers britanniques ; qui le reconnut aussitôt comme ayant été, le matin même, mis aux ordres comme aide de camp du général. Comme il était inconnu de tous et qu'aucun navire n'était arrivé depuis quelques jours, on était naturellement très curieux de savoir qui était l'étranger nommé à une commission et au poste convoité d'aide de camp, en un jour.

Après avoir bavardé deux ou trois minutes, ils conduisirent Stanley au quartier du colonel, un petit bâtiment au pied de la pagode.

"Voici M. Brooke, colonel, le gentleman qui nous a été publié ce matin."

"Je suis heureux de vous voir, M. Brooke; mais je serais encore plus heureux si vous étiez venu nous rejoindre, car nous avons perdu plusieurs officiers à cause de la maladie, et il y en a d'autres inaptes au service. Quand êtes-vous arrivé ?"

"Je suis arrivé hier matin seulement, monsieur. Je suis venu ici déguisé, après avoir quitté Ava."

"Oh, en effet ! Nous avons entendu un rapport selon lequel un homme blanc était arrivé, déguisé, sur les lignes du 45e d'infanterie indigène ; mais nous n'avons eu aucun détail, au-delà de cela."

"J'ai été capturé à Ramoo, monsieur, alors que j'agissais comme officier de la levée indigène. Heureusement, j'ai été assommé par le frôlement d'une balle de mousquet et, étant supposé mort, je n'ai pas été tué; comme tous les autres officiers tombés. entre les mains des Birmans. Leur fureur s'était apaisée au moment où je revins à moi-même, et je fus transporté jusqu'à Ava avec une vingtaine de prisonniers cipayes. Après un certain temps, je m'échappai de la prison et me dirigeai vers la forêt ; où je J'y suis resté quelques semaines, jusqu'à ce que mes recherches aient quelque peu diminué. Ensuite, j'ai traversé le pays, la plupart du temps sur un bateau de pêche, voyageant seulement de nuit, et j'ai ainsi réussi à arriver ici. Heureusement, je parle le dialecte Mug , qui ressemble beaucoup aux Birmans."

" Eh bien, " dit le colonel, " j'espère que vous considérerez le régiment comme votre maison ; même si je suppose que, jusqu'à la fin de la campagne, vous ne pourrez nous rendre qu'une visite occasionnelle. Vous avez de la chance d'avoir " La nomination du personnel. Sans aucun doute, votre capacité à parler birman y est pour beaucoup. "

"Tout, je pense, monsieur. Le général n'avait personne dans son état-major qui parlât la langue et, à moins qu'il n'ait avec lui l'un des très rares hommes ici capables de le faire, il devait souvent attendre un certain temps avant qu'un appel soit lancé." le prisonnier pourrait être interrogé.

Il resta à causer une demi-heure, puis retourna à cheval vers la ville ; prendre l'autre chemin vers celui qu'il avait parcouru auparavant.

# Chapitre 8
# La Pagode.

Deux jours plus tard, un prisonnier fut capturé alors qu'il tentait de gravir la colline de la pagode, après avoir dépassé les avant-postes, et fut envoyé au quartier général. Stanley l'interrogea attentivement ; mais il ne put obtenir de lui aucune information. Lui disant de s'asseoir près de la maison, il plaça une sentinelle britannique au-dessus de lui.

« Gardez un oeil, dit-il, sur la porte de la maison voisine. Vous verrez sortir un Birman. Vous devez le laisser parler avec le prisonnier, mais que personne d'autre ne lui parle. si vous aviez des ordres à son sujet, mais restez négligemment à l'écart. Cet individu ne nous dira rien, mais il est probable qu'il parlera à un de ses compatriotes.

"Je comprends, monsieur."

Stanley est entré chez lui et a dit à Meinik ce qu'il voulait faire.

"Je vais le découvrir", dit Meinik avec assurance et, une minute ou deux plus tard, il sortit et passa devant le prisonnier. Ce faisant, il lui fit un petit signe de tête et, revenant peu après, le salua en birman. La troisième fois qu'il passa, il regarda la sentinelle d'un air interrogateur, comme pour lui demander s'il pouvait parler au prisonnier. Le soldat, cependant, ne parut pas lui prêter attention ; mais il resta debout, le mousquet au sol, appuyé contre le mur, et Meinik s'approcha de l'homme.

"Vous n'avez pas de chance", dit-il. « Comment avez-vous fait pour tomber entre les mains de ces gens ?

" Cela ne vous importe pas, " dit le Birman avec indignation, " puisque vous êtes passé vers eux. "

"Pas du tout, pas du tout", répondit Meinik. " Ne savez-vous pas qu'il y en a beaucoup ici qui, comme moi, sont arrivés en fugitifs, avec des instructions sur ce qu'il faut faire lorsque notre peuple attaque ? J'attends des nouvelles du moment où les devins déclareront que ce jour est un jour heureux. Alors nous serons tous prêts à faire notre part dès que les tirs commenceront.

"Ce sera le quatrième jour après", a déclaré le Birman. "Nous ne savons pas si ce sera la veille ou la nuit d'après. Les devins disent que les deux nuits seront heureuses ; et les Invulnérables attaqueront alors la pagode et balayeront les barbares. Les princes et les woongees célébreront le grand fête annuelle là-bas, deux jours plus tard.

"C'est bon!" » dit Meinik. "Nous serons aux aguets, n'ayez crainte."

"Que vont-ils me faire. Vont-ils me couper la tête ?"

"Non, vous n'avez pas à avoir peur de cela. Ces hommes blancs ne tuent jamais les prisonniers. Une fois capturés, ils sont en sécurité. Vous serez gardés pendant un certain temps et, lorsque nos compatriotes auront détruit les barbares et pris la ville, ils vous libérera de prison.

"Des officiers blancs arrivent. Je dois m'enfuir, sinon ils poseront des questions."

Alors qu'il s'éloignait, la sentinelle mit son mousquet sur son épaule et commença à marcher vivement de haut en bas. Un instant plus tard, le général s'approcha de lui.

" Que fais-tu, mon homme ? Qui t'a mis sur la garde de ce prisonnier ? "

"Je ne connais pas son nom, monsieur", dit la sentinelle au garde-à-vous. "C'était un jeune officier d'état-major. Il est venu à la tente de garde et a appelé une sentinelle et, comme j'étais le prochain de service, le sergent m'a envoyé avec lui. Il m'a mis pour surveiller cet homme."

« Très bien, surveillez-le attentivement.

"Je me demande pourquoi Brooke a laissé cet homme ici, au lieu de l'envoyer en prison", a déclaré le général au colonel Adair. "Nous l'avons examiné, mais nous n'avons rien pu en tirer, même lorsque j'ai menacé de le pendre."

"Je vais juste courir jusqu'à ses quartiers et lui demander, monsieur."

Au moment où il entrait dans la maison, Stanley descendait les escaliers.

« Le général veut savoir, M. Brooke, pourquoi vous avez placé un prisonnier sous garde près de sa maison ; au lieu de l'envoyer à la prison, comme d'habitude ?

"Je venais juste lui dire, monsieur."

"Ah, eh bien, il est dehors ; alors tu peux nous le dire tous les deux ensemble."

"Eh bien, M. Brooke, qu'est-ce qui vous a poussé à placer une sentinelle sur cet homme et à le laisser ici ? Les hommes travaillent assez dur, sans avoir à faire de sentinelle inutile."

"Oui, monsieur; je ne l'ai quitté que quelques minutes. J'étais convaincu que l'homme savait quelque chose, par son attitude lorsque je l'ai interrogé; et j'ai pensé que je ferais aussi bien d'essayer si mon homme ne pouvait pas en tirer plus que moi. J'ai donc placé une sentinelle autour de lui et je lui ai donné l'ordre de laisser un Birman qui sortirait de cette maison parler au prisonnier, mais que personne d'autre ne devait l'approcher.

"Puis j'instruis mon homme du rôle qu'il devait jouer. Il passa deux ou trois fois, faisant un signe d'amitié au prisonnier. Puis, comme la sentinelle n'avait apparemment aucune objection à ce qu'il lui parle, il s'approcha. Au début, l'homme ne voulait rien lui dire, mais Meinik lui dit qu'il faisait partie de ceux qui avaient été envoyés à Rangoon pour porter secours, au moment de l'assaut, et qu'il attendait avec impatience des nouvelles du moment où le jour favorable serait venu. déclaré par les astrologues, afin que lui et ceux qui étaient avec lui seraient prêts à commencer leur travail, dès que l'attaque commencerait. Le prisonnier tomba dans le piège et lui dit que cela serait fait soit la veille au soir, soit le nuit du quatrième jour à compter de cette date, lorsque les Invulnérables avaient entrepris de prendre d'assaut la pagode. Il semble que la date ait été fixée en partie parce qu'elle était heureuse, et aussi afin que les princes et les hauts fonctionnaires puissent célébrer convenablement la grande fête annuelle. de la pagode ; qui tombe, semble-t-il, dans le sixième jour.

" Excellent en effet, M. Brooke. C'est un grand soulagement pour moi de savoir quand l'assaut va avoir lieu et à partir de quel moment il sera lancé. Mais qu'est-ce qui vous a fait penser à l'histoire selon laquelle le Birman était l'un des une fête qui était venue faire quelque chose ? »

"C'est ce que le colonel Adair a mentionné au dîner, hier soir, monsieur. Il disait combien il serait gênant si certains de ces indigènes qui sont venus tiraient sur la ville, juste au moment où une forte attaque était en cours, et que la plupart des habitants Les troupes engageaient l'ennemi. Il n'était pas improbable que, si un tel plan avait été formé, le prisonnier le saurait, et qu'il pourrait très bien croire ce que mon homme disait, que des hommes avaient été envoyés dans la ville. avec cette intention ou une intention similaire.

"C'est vrai. L'idée était capitale, M. Brooke, et nous serons prêts à les recevoir, quelle que soit la nuit où ils viendront.

« Pourriez-vous, s'il vous plaît, traverser jusqu'à la tente des gardes et dire au sergent d'envoyer un caporal vers l'homme de garde, avec l'ordre d'emmener le prisonnier à la prison et de le remettre à l'officier qui commande là-bas ? Ceci fait, allez-vous vous rendre à la pagode et informer votre colonel de ce que vous avez découvert ? Ce sera un soulagement pour lui et pour les hommes car, la date de l'attaque étant incertaine, il a été obligé d'augmenter considérablement ses patrouilles, et de garder une partie de sa force, toute la nuit, sous les armes. Il pourra en diminuer le nombre, et laisser les hommes dormir autant qu'ils le pourront, pour les deux nuits suivantes.

"Les nuages s'amoncellent et j'ai très peur que la pluie ne revienne. On dit que nous en aurons encore deux mois."

Après avoir vu le prisonnier s'éloigner, Stanley se rendit à cheval à la pagode et, disant qu'il était venu avec un message du général, fut immédiatement conduit dans les quartiers du colonel.

« Des nouvelles, M. Brooke ?

" Oui, colonel ; le général m'a prié de vous faire part immédiatement des nouvelles que j'ai obtenues d'un prisonnier ; à savoir que, soit dans la nuit du 30, soit dans la nuit du 31, votre position sera attaquée par les hommes. qu'on appelle les Invulnérables."

"Nous leur donnerons l'occasion de prouver si leur titre est justifié", dit gaiement le colonel. "C'est une très bonne nouvelle. Les hommes sont complètement épuisés par le travail de nuit supplémentaire causé par cette incertitude. Pensez-vous que la nouvelle est sans aucun doute exacte ?"

"Rien du tout, monsieur. Je ne pouvais rien faire avec le prisonnier; mais mon Birman prétendait avoir une mission ici, pour provoquer une bagarre dans la ville lorsque l'attaque commençait; et l'homme, croyant à son histoire, lui dit aussitôt que l'attaque sera faite sur la pagode, par les Invulnérables, au petit matin du quatrième jour à partir de celui-ci - ou la nuit suivante - les astrologues ayant déclaré que le moment serait propice, et aussi parce qu'ils étaient très inquiets avoir la pagode entre leurs mains, afin que les princes puissent célébrer la grande fête annuelle qui se tient, semble-t-il, le surlendemain.

Le colonel rit.

"Je crains qu'ils ne soient obligés de reporter cela d'un an supplémentaire. Le général n'a donné aucun ordre spécial, je suppose ?"

"Non, monsieur; il venait juste de recevoir la nouvelle et m'a ordonné de venir immédiatement chez vous, car il était sûr que vous seriez heureux de savoir qu'il ne serait pas nécessaire de garder autant d'hommes en service de nuit. pour les deux prochains jours. »

" Merci, M. Brooke. Auriez-vous la gentillesse de dire au général que je suis très heureux de la nouvelle ? Nul doute qu'il sera ici lui-même cet après-midi ou demain. "

Stanley revint vite et fut juste à temps pour échapper à une énorme averse de pluie, qui commença quelques minutes après son retour. Il entra aussitôt chez le général, mais on lui dit qu'il avait affaire au quartier-maître et aux adjudants généraux. Il entra donc dans l'antichambre où Tollemache, son camarade aide de camp, se tenait à la fenêtre, regardant la pluie.

"C'est un climat bestial", grogne-t-il. "C'est affreux de penser que nous aurons probablement encore deux mois, et que nous devrons ensuite attendre au moins encore un autre avant que le pays ne soit suffisamment sec pour agir. Vous avez eu de la chance d'entrer, tout à l'heure, avant ça a commencé."

"En effet," acquiesça Stanley, "car j'étais parti sans ma cape et j'aurais dû être trempé si cela avait commencé deux minutes plus tôt."

"Je t'ai vu galoper et je me suis demandé pourquoi tu étais si pressé. Était-ce comme ça quand tu étais dans les bois ?"

"Pas du tout. Il pleut très peu près d'Ava, bien que le pays soit beaucoup inondé, là où il est plat, à cause des rivières gonflées par les pluies dans les collines. Nous avons toujours eu un temps magnifique."

"J'aimerais voir un peu de beau temps ici. La semaine dernière a été presque pire que la pluie - la chaleur torride est comme être dans un bain de vapeur. Si ce n'était que je suis de service, j'aimerais me déshabiller. , et sortez et profitez d'un bain-douche pendant une demi-heure.

Stanley rit.

"Ce serait vraiment agréable", a-t-il déclaré. "Je ne pense pas avoir gagné grand-chose en revenant en toute hâte, car le galop m'a mis dans une telle transpiration que je pourrais presque aussi bien être trempé par la pluie, sauf que mes vêtements n'en souffriront pas autant."

"Ah, tout va très bien pour toi", grommela l'autre. " Bien sûr, après avoir erré une fois dans la forêt, maquillé comme un nègre, on se sent gai en presque toutes circonstances ; mais pour nous qui avons été enfermés, sans rien faire, dans cet endroit bestial, il est impossible de regarder les choses avec gaieté. »

"Avez-vous entendu dire que l'ennemi allait attaquer, mardi ou mercredi soir ?"

"Non!" s'écria l'autre avec une animation soudaine. "Le général est arrivé il y a seulement un quart d'heure et, comme il était accompagné des deux gros bonnets, bien sûr je ne lui ai pas parlé. Est-ce sûr ? Comment l'avez-vous entendu ?"

" C'est bien certain, à moins que les Birmans ne changent d'avis, ce qui est peu probable. Les princes veulent célébrer la grande fête annuelle à la pagode, le vendredi ; et ainsi les Invulnérables vont, comme ils le pensent, à capturez-le mardi ou mercredi soir. Je viens juste d'être là-haut pour le dire au colonel.

"Quant à votre autre question, comment l'ai-je apprise, je l'ai eue, ou plutôt mon Birman, de ce prisonnier que nous interrogeions ce matin. Il n'a alors rien dit, mais mon homme l'a contourné et, croyant qu'il était un espion, ou quelque chose de ce genre, le prisonnier lui a tout raconté.

« Vont-ils seulement attaquer la pagode ?

"Cela, je ne peux pas le dire ; c'est le seul point que l'homme a mentionné. Je devrais dire que ce ne serait que là."

"Pourquoi devrait-il être seulement là ?"

"Parce que j'imagine que même les Birmans doivent commencer à douter de leur capacité à vaincre l'ensemble de nos forces et, comme ils souhaitent particulièrement occuper la pagode vendredi, ils ne risqueraient guère une attaque sur d'autres points, qui pourrait se terminer par un désastre pendant que , avec le caractère propice du jour et le fait que les Invulnérables ont entrepris de s'emparer de la pagode, ils considèrent sans doute cela comme certain.

"Je suppose que tu as raison, Brooke. Eh bien, j'espère que le général nous laissera monter pour voir la fête."

"Quoi, même s'il pleut ?"

"Bien sûr", dit l'autre avec indignation. " Qu'importe la pluie, quand il y a quelque chose à faire ? Eh bien, je crois que si elle tombait en un drap et que les hommes devaient patauger dans les marécages jusqu'à la taille, ils marcheraient tous de la plus haute humeur. , s'il y avait une chance d'un combat avec les Birmans en fin de compte.

"Cependant, je crains qu'il n'y ait aucune chance que nous puissions nous en sortir, à moins que le chef ne s'en aille lui-même. Il peut y avoir des attaques dans d'autres endroits. Comme vous le dites, ce n'est pas probable, mais c'est possible. Par conséquent, bien sûr, il faudrait que nous soyons à portée de main pour porter les ordres. Bien sûr, s'il prend son poste à la pagode, tout ira bien, même si le pari est que nous devrons galoper, juste au moment le plus intéressant.

Bientôt les deux officiers quittèrent le général. La cloche de ce dernier sonna et Stanley entra.

"Vous avez vu le colonel, M. Brooke ?"

"Oui, monsieur ; et il m'a prié de vous dire qu'il était extrêmement heureux d'avoir reçu la nouvelle, et qu'il vous est très reconnaissant de l'avoir envoyée si promptement."

" Il n'y a aucune raison pour vous et M. Tollemache de rester ici plus longtemps, maintenant ; mais à cinq heures, je me rendrai à la pagode. En tout cas, si je vous veux avant cette date, je saurai où envoyer pour toi."

C'était l'ordre général, car l'après-midi, quand tout était calme, il y avait un silence de deux ou trois heures. Le travail des aides de camp était en effet généralement très léger car, comme il n'y avait pas de mouvements de troupes, pas de défilés inutiles et très peu d'ordres militaires à porter, ils avaient beaucoup de temps libre ; et se relayaient généralement pour être de service pour la journée, celui qui n'était pas en service étant libre de rendre visite à des connaissances dans les différents camps ou à bord du navire. Cependant, pendant la saison des pluies, très peu d'officiers ou d'hommes sortaient de leur abri, à moins d'y être obligés, et, de deux à quatre ou cinq, une bonne partie passait son temps à dormir.

Stanley avait eu l'intention de rendre visite au Larne ; car le capitaine Marryat, qui avait dîné la veille au mess, l'avait invité à monter à bord, quand cela lui conviendrait. Le Larne avait rendu de bons services dans les opérations contre les palissades ; et ses bateaux avaient été particulièrement actifs et prospères. Son capitaine était l'un des officiers les plus populaires, ainsi que l'un des plus énergiques du service ; et allait devenir aussi populaire, auprès des générations futures, que le plus brillant de tous les écrivains d'histoires maritimes.

Cependant, la journée n'était pas propice à une excursion sur l'eau. Stanley retourna donc dans sa chambre où, se débarrassant de sa veste, il s'assit à la fenêtre ouverte et lut un lot des derniers journaux d'Angleterre que lui avait prêtés le colonel Adair.

A cinq heures, Meinik entra pour dire que son cheval était à la porte du général. Stanley enfila précipitamment sa veste et son manteau et sortit. Le général descendit au bout de quelques minutes, suivi de Tollemache et, montant à cheval, ils se dirigèrent vers la pagode.

Ici, Sir Archibald eut un entretien avec le colonel du 89e et l'officier commandant la batterie de l'artillerie de Madras. Tous deux estimaient que leur force était largement suffisante pour résister à toute attaque. La seule façon d'y accéder depuis la forêt était une longue route entre deux marécages qui, à peu de distance, étaient devenus des lacs depuis l'arrivée du temps pluvieux.

"S'ils nous avaient pris par surprise", dit le colonel, "certains d'entre eux auraient pu passer avant que nous soyons tout à fait prêts à les affronter, et nous auraient peut-être causé quelques ennuis mais, comme nous serons préparés, je ne pense pas que n'importe lequel d'entre eux atteindra le pied de cette colline et, s'ils le faisaient, aucun d'eux n'atteindrait cette terrasse. Si une attaque était faite de l'autre côté, elle serait bien sûr beaucoup plus grave, car le terrain est fermes et ils pourraient attaquer tout le long du pied de la colline ; mais comme ils ne peuvent y arriver avant d'avoir vaincu le reste de l'armée, j'estime que, même sans le secours des canons, nous pourrions tenir la colline avec le mousquet et baïonnette contre toute force qu'ils sont susceptibles d'opposer à nous. »

" Très bien alors ; je ne vous renforcerai pas, colonel. Bien entendu, nous garderons sous les armes un nombre considérable de troupes, au cas où elles attaqueraient sur toute la ligne, en même temps qu'elles font ici leur principal effort.

"J'espère plutôt que la pluie continuera jusqu'à ce que cette affaire soit terminée."

Le colonel parut surpris.

« J'ai bien plus peur, continua le général, du feu dans la ville que d'une attaque au dehors. Le nombre des indigènes y augmente constamment. Sans doute la plupart de ceux qui entrent sont des indigènes de la ville. l'endroit, qui ont réussi, depuis que nous avons débarrassé leurs galères de guerre de quelques criques et canaux, à échapper aux autorités et à s'introduire, soit à pied, soit dans des bateaux de pêcheurs ; mais certains d'entre eux peuvent être envoyés dans comme espions, ou pour nous faire du mal. J'en ai eu une longue conversation avec le colonel Adair, cet après-midi, et il est tout à fait d'accord avec moi qu'il faut compter sur la probabilité d'une tentative d'incendie de la ville. Ce serait un s'ils réussissaient, ils nous porteraient un coup terrible, car la perte de nos provisions nous paralyserait complètement. Ils choisiraient naturellement l'occasion d'une attaque contre nos lignes pour tenter cette tentative, car, en premier lieu, la plupart des troupes seront sous les armes et en dehors de la ville ; et en deuxième lieu, la vue de la place en feu causerait beaucoup de confusion, encouragerait nos assaillants et nécessiterait le retrait d'une force considérable du champ de bataille pour combattre l'incendie.

" Si les pluies continuent, nous n'aurons aucune inquiétude d'aucune sorte, car il n'y aura rien à brûler ; tandis que par temps sec, un homme avec une torche pourrait allumer le chaume aussi vite qu'il pourrait courir, et une rue entière brûlerait. serait en feu dans deux ou trois minutes et, si un vent soufflait, il pourrait balayer toute la place, malgré tous nos efforts.

"Je vois cela, monsieur. J'avoue que je n'y avais jamais pensé auparavant."

« Je viendrai ici, colonel, à moins que nous n'obtenions avant le moment des nouvelles sûres que l'attaque va être générale ; en effet, c'est en tout cas le meilleur endroit pour me poster, car je vois par-dessus tout le pays, et envoyer des ordres à n'importe quel point où l'ennemi peut progresser, ou où nos hommes peuvent avancer avec avantage. La ligne de tir des éclairs sera aussi bon guide, la nuit, que la fumée de jour.

"Je vais vous installer un lit de camp, Général, car nous ne savons pas quelle nuit nous serons."

" Merci. Oui, autant me coucher debout, comme disent les matelots, et dormir quelques heures ; car dans ce climat on ne peut pas continuer nuit et jour, comme il fallait le faire en Espagne."

Les deux aides de camp furent tenus en haleine sur les intentions du général, et ce n'est que mardi matin qu'il leur dit :

« Je monte à la pagode ce soir, monsieur Tollemache ; vous feriez donc mieux de mettre quelques provisions et une bouteille d'eau-de-vie dans vos étuis.

A neuf heures du soir, ils partirent. La pluie avait cessé ; la lune brillait à travers les nuages.

"Il sera terminé à midi", a déclaré Tollemache. "Je pense qu'ils attendront très probablement cela. Ils penseront que nous ne pourrons pas les viser, dans l'obscurité, et qu'ils parviendront à arriver au pied de la colline, sans perte. "

Lorsqu'ils atteignirent la plate-forme devant la pagode, leurs agents prirent leurs chevaux. Meinik avait supplié Stanley de le laisser prendre la place de son palefrenier à cette occasion et, laissant de côté la robe qu'il portait habituellement, avait pris l'habit léger d'un syce indien et avait couru derrière les chevaux avec les autres. Il avait un fort désir d'assister aux combats, mais la principale raison pour laquelle il demandait à être autorisé à accompagner Stanley était que, bien que très impressionné par ce qu'il avait vu de l'exercice et de la discipline des régiments blancs et autochtones, il ne pouvait pas s'en débarrasser. sa foi dans les Invulnérables ; Il était convaincu que la pagode serait capturée et souhaitait donc être à portée de main pour élever le cheval de Stanley au moment critique et l'aider à échapper aux assaillants.

Des incendies brûlaient, comme d'habitude, en plusieurs points de la terrasse. Deux compagnies étaient sous les armes et se tenaient bien en retrait du bord de la plate-forme, afin d'être hors de vue de ceux qui étaient dans la forêt. Le reste des hommes était assis autour du feu. Leurs mousquets étaient empilés en rangées tout près.

Lorsqu'il descendit, le général se dirigea vers la batterie.

« Avez-vous tout prêt, major ? » demanda-t-il à l'officier qui commandait.

"Oui, monsieur. Les canons sont tous chargés de raisin et, comme il fera très sombre lorsque la lune se couchera, j'ai attaché un ruban blanc, juste sous chaque canon, afin qu'ils puissent être pointés sur la chaussée, cependant. il fait peut-être sombre."

"C'est une très bonne idée", a déclaré le général. "Il n'y a rien de plus difficile que de poser des armes avec précision dans l'obscurité."

Le colonel arriva, un soldat lui ayant apporté la nouvelle, aussitôt que le général fut arrivé sur le quai.

"Je vois que vous êtes bien préparé à leur réserver un accueil chaleureux, Colonel."

"Je l'espère, monsieur. J'ai une forte patrouille au-delà de la chaussée. Mes ordres sont qu'ils doivent résister vigoureusement, pendant une minute ou deux, afin de nous donner le temps d'avoir toute notre force prête ici. Ensuite, ils se retireront au pas de course jusqu'au pied de la colline, puis ouvriront de nouveau le feu, afin que nous sachions qu'ils sont à l'écart et que nous puissions commencer quand nous le voudrons. des feux cet après-midi, et j'ai une douzaine d'hommes à mi-pente et, dès que les avant-postes seront en sécurité, ils allumeront les feux de port, ce qui nous permettra de viser. Ces rubans blancs serviront de guide à l'artillerie ; mais mes hommes tireraient très mal s'ils ne pouvaient distinguer les bouches de leurs canons. Quoi qu'il en soit, je ne pense pas qu'il soit probable que l'ennemi traversera la chaussée, aussi nombreux soient-ils.

"Je ne pense pas qu'ils le feront, colonel. Certes, jusqu'à présent, ils se sont montrés méprisables dans leurs attaques et n'ont jamais réussi à tenir tête, même pendant une minute, lorsque nous sommes entrés dans leurs palissades, bien qu'ils les défendent assez courageusement. jusqu'à ce que nous ayons pris pied à l'intérieur.

"Cependant, ces gars-là devraient bien se battre ce soir car, s'ils sont battus, ce sera un coup mortel pour leur réputation auprès de leurs compatriotes. En outre, beaucoup d'entre eux croient au pouvoir qu'ils revendiquent et, comme nous l'avons constaté auparavant. , en Inde, les fanatiques sont toujours redoutables."

Après avoir fait un tour avec le colonel, le général l'accompagna jusqu'à ses quartiers ; tandis que les deux aides de camp restaient sur la terrasse, causant avec les officiers ; puis, après un certain temps, ils allèrent avec certains d'entre eux à la tente du mess, où ils restèrent assis à fumer et à discuter jusqu'à minuit, quand tout le monde sortit.

Les troupes étaient rassemblées sous les armes et tous attendaient avec impatience quelque chose qui montrerait que l'assaut si longtemps retardé aurait lieu cette nuit-là. A midi et demi, un coup de feu retentit qui provoqua un frémissement électrique dans les troupes. Elle fut suivie presque immédiatement par d'autres. Les troupes furent immédiatement dirigées vers le bord de la plate-forme. Une bagarre de cris sauvages s'éleva au bruit des premiers coups de feu, suivis d'une rafale de coups de feu.

Les deux aides de camp s'étaient placés près du général, qui se tenait dans l'espace entre l'infanterie et les canons ; et regardait attentivement, à travers ses lunettes de nuit, la forêt.

"Ils forment une masse dense", a-t-il déclaré. "Je ne peux pas voir s'ils sont dans un ordre régulier, mais ils sont certainement beaucoup plus serrés que je ne les ai jamais vus auparavant. Ceux qui sont devant ont des lanternes. Ils arrivent vite."

L'ennemi était encore à un demi-mille de distance, mais les lanternes et les éclairs de ses canons indiquaient leur position exacte, tandis que le feu des avant-postes était maintenu sans relâche. À mesure que ces dernières reculaient le long de la chaussée, l'intervalle entre les deux forces diminuait ; puis le feu des avant-postes cessa tandis que, conformément à leurs ordres, ils faisaient irruption dans le double.

Le tumulte de la foule qui avançait était prodigieux. Tout le monde criait à pleine voix des imprécations contre les défenseurs de la pagode ; qui se tenaient dans un silence absolu, attendant avec impatience le mot d'ordre. Soudain, la fusillade éclata de nouveau au pied de la colline et, aussitôt, une lumière vive jaillit de sa face.

La lisière de la masse dense des Birmans n'était plus qu'à une cinquantaine de mètres du mur qui entourait le pied de la colline, et la chaussée derrière était occupée par une masse solide d'hommes. Puis vint l'ordre sec aux artilleurs, et canon après canon déversa sa charge de raisin sur la foule tandis qu'au même moment l'infanterie commençait à tirer, par compagnies, en volées régulières. Un instant, le vacarme des assaillants se tut, puis leurs cris reprirent et, après un moment d'hésitation, ils poursuivirent leur avance.

Mais pas pour longtemps. Seuls les soldats les plus disciplinés auraient pu avancer sous cette tempête de raisins et de balles et, en dix minutes, ils s'enfuirent dans une confusion folle, laissant la chaussée couverte d'une épaisse couche de morts. À maintes reprises, les acclamations britanniques s'élevaient, fortes et triomphales ; alors on dit à l'infanterie de se retirer, mais les canons continuèrent leur feu jusqu'à ce que les fugitifs soient bien dans la forêt.

Entre les coups de feu, le général écoutait attentivement et examinait avec ses lunettes la campagne vers la ville.

"Tout est calme", a-t-il déclaré. " Il est probable que, si ces gens-là avaient emporté la colline, ils auraient fait un signal, et il y aurait eu une attaque générale. En l'état, l'affaire est terminée pour la nuit ; et les Invulnérables auront quelque peine à s'y rendre. expliquant leur échec et leur perte.

"Maintenant, messieurs, autant monter les chevaux et rentrer. Nous ne nous attendions pas à pouvoir nous enfuir aussi tôt."

"Eh bien, Meinik, que penses-tu de tes Invulnérables, maintenant ?" dit Stanley, alors que le Birman, après avoir piqueté son cheval, montait dans sa chambre pour voir s'il voulait quelque chose, avant de s'allonger sur son lit dans le couloir.

"Je ne sais pas", répondit gravement le Birman. "Ils sont peut-être des hommes saints et à l'épreuve, peut-être, des armes indigènes; mais ils ne valent rien contre vos canons et vos mousquets. Je comprends maintenant comment il se fait que vous nous ayez battus si facilement. Vos hommes sont tous restés silencieux, et dans l'ordre ; on n'entendait que les voix des officiers et le fracas lorsqu'ils tiraient ensemble.

"Alors, vos canons sont terribles. J'ai vu les nôtres tirer mais, bien que nos pièces soient plus petites que les vôtres, vos hommes tirent cinq coups contre le nôtre. Je suis resté là pendant qu'ils chargeaient. C'était merveilleux. Personne ne parlait et personne n'a donné. Chaque homme savait ce qu'il devait faire : l'un faisait quelque chose et, directement, un autre faisait quelque chose et, presque avant que la fumée du dernier coup ne soit sortie de l'arme, celle-ci était prête à tirer à nouveau.

"Il est clair pour moi que nous n'avons pas appris à nous battre, et que votre manière d'avoir seulement quelques hommes, bien instruits et sachant exactement ce qu'ils ont à faire, est meilleure que la nôtre d'avoir un grand nombre et de laisser tout le monde se battre. C'est mauvais dans tous les sens. Les braves arrivent au front et sont tués, puis les autres s'enfuient.

"Vous aviez raison. Nous ne vous chasserons jamais de Rangoon jusqu'à l'arrivée de Bandoola. Il a toutes nos meilleures troupes avec lui et il n'a jamais été battu. Toutes les troupes le connaissent et se battront pour lui comme elles ne se battront pas. car ces princes, qui ne connaissent rien à la guerre, et qui ne sont choisis que parce qu'ils sont les frères du roi. Quand il viendra, vous verrez.

" Sans aucun doute, nous le ferons, Meinik ; et vous verrez que, même s'ils peuvent faire un meilleur combat que ce soir, ce sera toujours la même chose, à la fin. "

Pendant les deux mois suivants, le temps passa lentement. Aucune attaque ne fut entreprise par l'ennemi après l'échec de l'assaut contre la pagode. Les paysans et les déserteurs qui sont arrivés ont rapporté qu'il régnait une profonde dépression parmi les troupes birmanes. Un grand nombre de soldats avaient quitté les drapeaux et il n'était pas question d'une autre attaque.

Les troupes étant donc soulagées d'une grande partie de leur pénible service de nuit, les Anglais passèrent à l'offensive. Les palissades de la rivière Dalla et celles du bras de Panlang, principal passage vers le cours principal de l'Irrawaddy, furent attaquées et emportées, l'ennemi souffrant lourdement et de nombreuses pièces d'artillerie capturées.

Les pluies continuèrent presque sans cesse et la santé des troupes souffrit terriblement. À peine trois mille restèrent aptes au service, et la plupart d'entre eux étaient si émaciés et épuisés, par les effets du climat, qu'ils étaient tout à fait inaptes aux opérations actives.

Trois semaines après le combat de la pagode, un navire remonta le fleuve, porteur d'une lettre de l'officier commandant les troupes rassemblées pour barrer l'avancée de Bandoola contre Chittagong, disant que l'armée birmane avait mystérieusement disparu. Il s'était déclenché la nuit, si doucement et si silencieusement que nos avant-postes, qui n'en étaient qu'à une courte distance, n'entendirent aucun signe ni aucun mouvement. Les Birmans avaient emporté avec eux leurs malades, leurs tentes et leurs provisions ; et rien d'autre qu'une grande quantité de grain n'avait été trouvé dans leurs palissades désertes.

La nouvelle fut accueillie avec satisfaction par les troupes. Il ne faisait aucun doute que la cour d'Ava, constatant que ses généraux n'étaient pas parvenus à faire la moindre impression sur nos lignes et avaient perdu un grand nombre d'hommes, s'était finalement tournée vers le chef qui avait conquis province après province pendant des années. il lui avait envoyé l'ordre de marcher avec toute son armée pour mettre fin à la lutte. Les soldats se réjouissaient à l'idée de rencontrer enfin une véritable armée birmane. Jusqu'ici, ils s'étaient généralement tenus sur la défensive et avaient dû lutter contre le climat plutôt que contre l'ennemi ; et il leur semblait que la campagne risquait d'être interminable.

La marche des Birmans de Ramoo à Sembeughewn, le point de la rivière le plus proche de l'ancienne ville, a dû être terrible. La distance était de plus de deux cents milles, les pluies étaient incessantes et le pays couvert de jungles et de marais et coupé de rivières. Aucune autre armée n'aurait pu accomplir un tel exploit. Cependant les Birmans, habitués au climat malsain, légèrement vêtus et ne portant que leurs armes et seize jours de riz, le traversèrent rapidement.

Tout le monde était habitué à l'usage de la hache et à la formation de radeaux et, en un temps incroyablement court, des rivières furent traversées, des marécages profonds traversés sur des routes faites de fagots serrés et, quelques jours seulement après avoir appris que Bandoola avait Commencé, le général apprit, par des paysans, que la nouvelle était tombée que lui et une partie de son armée étaient arrivés à Sembeughewn.

Presque au même moment, d'autres groupes qui descendaient le long de la côte atteignirent Donabew, une ville sur l'Irrawaddy, à une quarantaine de milles en ligne directe de Rangoon. Ceci avait été désigné comme le rendez-vous de la nouvelle armée, et une proportion considérable des forces de Bandoola y arrivait directement de Ramoo ; c'est l'habitude des Birmans, lors d'une marche à travers un pays où aucune opposition ne devait être attendue, en détachements séparés, chacun sous la direction de son propre chef, choisissant sa propre route et se dirigeant vers un rendez-vous général. En voyageant de cette manière, ils effectuaient le voyage beaucoup plus rapidement qu'ils n'auraient pu le faire en se déplaçant seuls, et pouvaient mieux trouver un abri et de la nourriture.

On savait que d'autres forces de Prome, Tannoo et d'autres quartiers marchaient vers Donabew. On rapporta bientôt que les forces abattues autour de Rangoon avaient repris courage et confiance, à la nouvelle que Bandoola et son armée venaient à leur secours et que les déserteurs revenaient en grand nombre de leurs villages. Les malades britanniques furent envoyés par bateau à Mergy et à Tavoy, deux villes côtières dont nous avions pris possession et qui toutes deux étaient sainement situées.

Le changement eut un effet merveilleux, et des hommes qui auraient rapidement succombé aux exhalaisons empoisonnées des marais autour de Rangoon reprirent rapidement leurs forces dans leurs nouveaux quartiers.

# Chapitre 9
# Victoires.

Entre-temps, des négociations se poursuivaient avec le Siam, entre lequel existait la plus grande inimitié avec la Birmanie. On pensait que le Siam aurait volontiers saisi l'occasion de se venger des nombreuses pertes de territoire qu'il avait subies aux mains de la Birmanie. Il ne faisait aucun doute qu'il aurait été heureux de le faire, mais notre occupation de plusieurs points de la côte de Tenasserim éveilla les craintes du Siam et l'inclina à croire que nous pourrions nous révéler un voisin encore plus dangereux que la Birmanie.

La cour d'Ava avait, de son côté, envoyé des messages urgents au roi de Siam - lorsque les malheurs avaient, dans une certaine mesure, abaissé son orgueil - l'invitant à faire cause commune avec la Birmanie et à se joindre à elle pour repousser un ennemi qui serait sans doute aussi dangereux pour lui que pour la Birmanie.

Le Siam, cependant, était déterminé à suivre une voie médiane. Une armée était rassemblée, prête à toute éventualité ; mais le Siam croyait aussi peu que la Birmanie elle-même que les Britanniques pouvaient éventuellement remporter la victoire sur cette puissance ; elle craignait sa vengeance si elle s'alliait à nous, tandis que, d'un autre côté, le Siam avait une longue côte maritime, et craignait le mal que notre flotte pourrait lui faire si elle se joignait à la Birmanie. Le roi donna donc aux deux puissances l'assurance de son amitié ; et fit marcher son armée jusqu'à la frontière de la province de Martaban, qui bordait le grand fleuve Salween sur la côte de Tenasserim, et se trouvait à environ deux cents milles de Rangoon, de l'autre côté du golfe de Martaban.

Les intentions du roi étant si douteuses, l'avancée de l'armée siamoise dans cette direction ne pouvait être considérée avec indifférence par les Britanniques. La ville de Martaban était le centre de la puissance militaire birmane dans le Tenasserim, et l'avancée vers elle de l'armée siamoise la mettrait en communication directe avec celle de Birmanie. Le 13 octobre donc, une force composée d'une aile du 41e régiment et du 3e d'infanterie de Madras partit de Rangoon contre la ville. L'expédition fut retardée par des vents légers et, lorsqu'elle arriva à l'embouchure de la rivière, elle constata que tous les préparatifs avaient été faits pour une défense obstinée. Ils apprirent, par un paysan, que des ouvrages forts avaient été élevés sur toutes les éminences autour de la ville ; et que la route menant à la côte avait été coupée et palissade.

L'approche par cette route était impossible, car il y avait vingt milles de pays à parcourir ; et une grande partie était sous l'eau à cause des inondations. On résolut donc de remonter la rivière, quoique celle-ci fût si peu profonde et si pleine de hauts-fonds que la navigation en fût extrêmement difficile. Finalement, après un grand travail - encouru par les navires qui débarquaient constamment - ils réussirent à se frayer un chemin jusqu'à Martaban et à jeter l'ancre au large de la ville.

Une lourde canonnade se fit pendant quelque temps entre les navires et les ouvrages ennemis. Ensuite, les troupes furent embarquées dans des bateaux qui ramèrent vers le rivage sous un feu très nourri de l'ennemi. Dès qu'ils débarquèrent et s'avancèrent pour attaquer les palissades, les Birmans perdirent courage et se retirèrent précipitamment ; tandis que les habitants reçurent les troupes à leur entrée avec le plus chaleureux accueil, car ils étaient pour la plupart originaires de Pegu, et entretenaient toujours une profonde haine pour les Birmans, à cause de la longue oppression qu'ils avaient subie de leurs mains. .

Cependant, dans le reste du Tenasserim ; et en effet, dans tout le pays traversé plus tard par les troupes, les habitants semblaient avoir entièrement oublié leur ancienne nationalité et la conquête de leur pays par les Birmans ; et avoir été complètement absorbé par eux. Pendant tout le temps que nous avons occupé Martaban, le peuple n'a posé aucun problème et a même proposé de lever des forces pour nous servir si nous le souhaitions.

Fin octobre, les pluies cessèrent, pour le plus grand plaisir des troupes, et la saison froide s'installa. Novembre fut cependant un mois exceptionnellement meurtrier, les quelques jours de beau temps attirant les exhalaisons des marécages. --et le nombre de décès était plus élevé qu'il ne l'avait jamais été auparavant. Il n'y a pas non plus de perspective d'avancée à l'heure actuelle. L'expédition était venue sans bateaux ni autres moyens de transport, assurant ainsi un approvisionnement abondant dans un pays où tout le commerce se faisait par les fleuves. La rapidité avec laquelle les autorités indigènes avaient, dès la première apparition de la flotte, renvoyé tous les bateaux, avait déçu cette anticipation et, bien que l'ouverture de quelques autres rivières ait permis aux pêcheurs locaux d'amener leurs bateaux à Rangoon, où le poisson était avidement acheté, les troupes britanniques étaient encore, jusqu'à la fin de novembre, sans moyen d'envoyer une centaine d'hommes sur le fleuve, sinon dans les bateaux de la flotte.

Les autorités indiennes, croyant que, lorsque les Birmans se trouveraient incapables de nous expulser de Rangoon, la cour d'Ava serait heureuse de négocier, n'avaient pas pensé, jusqu'à la fin de l'automne, à faire des préparatifs pour approvisionner l'armée en transports d'eau. Mais maintenant ils commencèrent à s'agiter. Cinq cents bateliers furent envoyés de Chittagong, emmenant avec eux de nombreux bateaux et en construisant d'autres à Rangoon. Des transports de bétail de trait arrivèrent du Bengale, et un renfort considérable de troupes était sur le point de les rejoindre à la fin de décembre, car tous les indigènes étaient d'accord qu'aucun mouvement ne pourrait être effectué par terre avant la fin de janvier.

En novembre, même l'armée de Bandoola a été obligée de s'approcher par voie maritime. Au début de ce mois, on apprit que le général birman avait donné des ordres pour l'avancée, et les préparatifs furent immédiatement commencés pour faire face à ce qui, nul ne doutait, serait une attaque très sérieuse. Les renforts n'étaient pas encore arrivés et les forces considérablement diminuées étaient bien trop petites pour la longueur de la ligne à défendre. Des redoutes furent donc érigées, des pagodes et autres bâtiments fortifiés ; et deux lignes complètes d'ouvrages construites, depuis la grande pagode jusqu'à la ville, l'une tournée vers l'est et l'autre vers l'ouest.

Le poste de Kemmendine fut renforcé et soutenu par le HM sloop Sophie, un croiseur de compagnie et une forte division de canonnières. Le maintien de ce poste était d'une grande importance, car il barrait l'approche fluviale de Rangoon et empêchait l'ennemi d'envoyer une énorme flotte de galères de guerre et de radeaux de pompiers pour attaquer la ville et mettre le feu à la marine marchande qui s'y trouvait.

Au cours de la dernière semaine de novembre, de la fumée s'est élevée de nombreux points de la forêt. De nombreux fugitifs sont venus de leurs villages et ont rapporté que l'armée de Bandoola était toute en route vers le bas de la rivière ; et à la fin du mois, quelque soixante mille hommes, avec un important train d'artillerie et un corps de cavalerie, étaient rassemblés autour de notre position. De cette force, trente mille étaient armés de mousquets. Ils avaient aussi avec eux un grand nombre de jingals. Ces petits canons portaient des balles de six à douze onces et étaient montés sur un affût léger, que deux hommes pouvaient conduire facilement. Les canons ont été transportés sur les lieux de l'action contre les éléphants. La cavalerie comptait sept cents hommes, tirés des frontières du Manipur.

Le reste de l'armée était armé d'épées et de lances et portait des outils pour constituer des palissades et se retrancher. La force était accompagnée d'un certain nombre d'astrologues ; et par les Invulnérables, qui avaient sans doute expliqué de manière satisfaisante leur échec à capturer la pagode.

Un grand demi-cercle de fumée légère, s'élevant des arbres, montrait que la position prise par Bandoola s'étendait depuis la rivière en amont de Kemmendine jusqu'aux environs de Rangoon. Dans la nuit du 31, les troupes à la pagode entendirent un bruit fort et continu dans la forêt. Il s'approcha peu à peu et, au matin, de grandes masses de troupes s'étaient rassemblées à la lisière de la jungle, à portée de mousqueton du poste. La garnison était là, prête à repousser une ruée soudaine, mais, juste au moment où le soleil se levait, un vacarme fait par des milliers d'hommes occupés à abattre les arbres commença, et il était évident que les Birmans allaient adopter leur plan habituel. de se retrancher derrière des palissades.

Pendant le temps qui s'était écoulé entre la repoussée des Invulnérables et l'arrivée de l'armée de Bandoola, le travail de Stanley était léger et sa vie terne et monotone. On passait une heure, chaque matin, à examiner les fugitifs qui, grâce à la retraite des Birmans, avaient pu regagner la ville ; et des femmes qui avaient échappé à la vigilance de la police birmane et étaient venues des villages où elles avaient été retenues comme otages de leurs maris. Une ou deux fois par semaine, il se rendait avec le général au navire-hôpital pour s'enquérir de l'état des malades et visiter la longue rangée de lits de camp le long du pont principal et inférieur. Presque chaque jour, malgré le temps, il se rendait à cheval à l'un ou l'autre des camps régimentaires ; et fit bientôt la connaissance de la plupart des officiers de la force. Son expérience antérieure sur les rivières avait beaucoup contribué à son acclimatation et sa santé restait bonne.

Le 30 au soir, sur l'ordre du général, il s'était rendu à cheval à la pagode. Il était considéré comme probable que l'attaque aurait lieu là-bas en premier lieu et, à trois heures du matin, lorsqu'il devint évident qu'un grand nombre d'hommes approchaient à travers la forêt, il retourna au galop à Rangoon avec la nouvelle. et, à cinq heures, je repartis avec Sir A. Campbell.

Au sein de la garnison, la déception fut grande lorsque le bruit du bois coupé annonça que les Birmans n'avaient pas l'intention d'attaquer ; mais le général, qui surveillait la lisière de la jungle avec ses lunettes, les baissa et les rangea dans leur étui avec une expression de satisfaction.

"Je ne veux pas qu'ils attaquent, Colonel", dit-il. " S'ils le font et que nous les repoussons, nous ne sommes pas plus près de la fin qu'avant. Ce genre de chose pourrait durer des mois ; aussi longtemps, en fait, qu'il reste un homme à élever. Ce que nous voulons, c'est leur infliger un coup si violent que même la cour d'Ava pourrait être convaincue qu'ils ne peuvent espérer nous chasser de Rangoon ; auquel cas ils pourraient consentir à négocier et nous pourrions mettre un terme à la guerre.

" Dieu sait que nous avons subi suffisamment de pertes à l'heure actuelle ; et je ne veux pas avoir à entreprendre une opération aussi difficile qu'une avancée contre Ava. Je suis heureux de voir qu'ils ont commencé à construire des palissades. Je n'ai pas l'intention de le faire. " d'intervenir jusqu'à ce qu'ils aient complètement terminé leur travail et acquis suffisamment de confiance pour nous attaquer en général : alors nous pourrons leur donner une lourde leçon.

"Ah, les voilà, au travail !"

Tandis qu'il parlait, un rugissement de mousqueterie et d'artillerie éclata soudain de Kemmendine, et tous les regards furent tournés dans cette direction. L'endroit était éloigné de deux milles, mais la forêt masquait également la vue sur la rivière et sur les ouvrages que nous tenions. La position exacte était cependant indiquée par les mâts des deux navires de guerre, s'élevant au-dessus des arbres.

Bientôt, de grandes volutes d'épaisses fumées blanches s'élevèrent au-dessus de la forêt, dans et autour de Kemmendine, cachant toute vue. Le feu s'est poursuivi sans relâche et il était évident que l'attaque était chaude et déterminée. Confiants, comme tous pensaient que le petit fort serait capable de se défendre avec succès, les grands nuages de fumée étaient observés avec un certain sentiment d'anxiété ; car la garnison n'était, après tout, qu'une poignée. À certains intervalles momentanés des tirs, les cris et les cris des indigènes pouvaient être distinctement entendus et, une ou deux fois, après une lourde bordée des navires de guerre, les acclamations des marins britanniques pouvaient être clairement reconnues.

Après deux heures de combat, le vacarme cessa peu à peu. Les nuages de fumée s'éloignèrent, les mâts des navires devinrent visibles, et la garnison de la pagode poussa trois acclamations chaleureuses pour dire aux défenseurs que leur défense réussie avait été surveillée et accueillie.

Bientôt quelques lourdes colonnes ennemies sortirent de la forêt, de l'autre côté de la rivière ; et traversa la plaine jusqu'à Dalla, qui faisait face à Rangoon. Ils se déplaçaient avec beaucoup de régularité et d'ordre, menés par leurs chefs à cheval, leurs parapluies dorés scintillant aux rayons du soleil. En arrivant sur la rive du fleuve en face de Rangoon, ils commencèrent à se retrancher et à ériger des palissades et des batteries ; avec l'intention évidente d'ouvrir le feu sur le navire. Peu de temps après, de grands groupes d'hommes sortirent de la forêt face à la pagode et, marchant le long d'une légère crête qui s'étendait de ce point jusqu'au ruisseau en aval de Rangoon, prirent position là et commencèrent à se retrancher tout le long de la ligne. Ainsi, la position britannique était désormais complètement encerclée ; il ne faisait cependant aucun doute que le gros de l'ennemi faisait toujours face à la pagode.

"Nous devons voir ce qu'ils font", a déclaré le général. "C'est un point trop important pour que nous leur permettions d'ériger une position fortement fortifiée, à proximité."

En conséquence, Tollemache fut envoyé avec l'ordre au 18e d'infanterie de Madras - appuyé par un détachement du 13e régiment, sous les ordres du major Sale - d'avancer contre l'ennemi dans la jungle. Les mouvements de cette force étaient suivis avec attention depuis la terrasse de la pagode. À un rythme rapide, ils traversèrent le terrain intermédiaire, et un bruit de mousqueterie éclata de la jungle à leur approche. Les Britanniques ne répondirent pas ; mais ils chargèrent avec acclamations et furent bientôt perdus de vue dans les arbres. Leurs volées régulières s'entendaient, à de courts intervalles, au-dessus du râle épars des mousquetaires birmans ; et leurs acclamations s'élevaient fréquemment, fortes et triomphales. Au bout d'une demi-heure, la ligne rouge ressortit de la jungle, après avoir détruit les palissades érigées par les Birmans ; capturé plusieurs fusils, une quantité de mousquets et des outils de retranchement jetés par les Birmans ; et tua un grand nombre d'ennemis.

Pendant la journée, l'ennemi fit des efforts répétés pour envoyer des radeaux de pompiers sur la rivière depuis le dessus de Kemmendine. Ces radeaux étaient construits avec des bambous, sur lesquels étaient placés un grand nombre de pots en terre cuite remplis de pétrole. Ces radeaux étaient habilement construits et fabriqués en sections de telle sorte que, lorsqu'ils dérivaient contre une chaîne d'ancre, ils se divisaient, ceux de chaque côté se retournant, de manière à envelopper le navire des deux côtés de feu.

Les marins des sloops et des canonnières ramèrent à la rencontre des radeaux et, malgré un feu nourri de l'ennemi, depuis les jungles bordant les rives, ils réussirent à remorquer la plupart d'entre eux en toute sécurité jusqu'au rivage ; tandis que le reste s'est échoué sur une flèche en saillie, au large de Kemmendine.

Les Birmans travaillèrent avec tant de diligence à tout moment de la journée que, dans l'après-midi, toute leur ligne de circonvallation était recouverte de travaux de terrassement ; derrière lequel ils gisaient, entièrement cachés aux regards.

« S'ils pouvaient combattre aussi bien qu'ils creusent et construisent des palissades », remarqua Sir A. Campbell, « ils seraient l'un des ennemis les plus redoutables du monde. Aucune armée européenne n'a jamais accompli le travail de se retrancher aussi rapidement qu'elle l'a fait. Leurs dispositions ont été admirables. Tout s'est fait sans confusion, et chaque corps a pris la position qui lui était assignée, comme le prouve le fait qu'il n'y a aucune brèche dans leurs lignes.

" Quant à la tactique de Bandoola, je ne peux pas en dire grand-chose. En premier lieu, il a divisé ses forces en deux parties, séparées par une rivière, et incapables de s'entraider. Ensuite, aussi grand que soit son nombre. , ses lignes sont bien trop étendues.

"Eh bien, nous allons les laisser agir pendant un moment, puis leur montrer l'erreur qu'ils ont commise."

Les rapports du major Sale sur les retranchements indiquaient qu'ils consistaient en une longue ligne de trous, chacun pouvant contenir deux hommes. La terre était creusée d'un côté de manière à former une sorte de grotte. Il y avait là un lit de paille ou de broussailles, sur lequel un homme pouvait dormir pendant que l'autre regardait. Chaque trou contenait une quantité suffisante de riz, d'eau et même de carburant pour ses détenus. Une série de ces trous était terminée et une autre était en train d'être creusée un peu à l'avance.

Les Birmans ne relèvent pas leurs hommes dans les tranchées. Ceux qui occupent la première ligne faite y restent. Des hommes frais creusent et occupent la ligne suivante, et ainsi l'avance se poursuit jusqu'à l'approche de l'ouvrage à attaquer. Le système présente le grand avantage qu'un obus tombant dans l'un de ces trous ne tue que ses deux occupants ; au lieu d'en détruire beaucoup, comme cela pourrait le faire s'il tombait dans une tranchée continue.

Dans l'après-midi, le général retourna à Rangoon, laissant Stanley à la pagode, avec l'ordre de descendre en cas de changement d'importance. Dans la soirée, une force considérable de Birmans sortit de la jungle et se prépara à se retrancher près de l'angle nord-est de la colline de la pagode. Le major Piper prit donc deux compagnies du 38e et, descendant la colline, repoussa les Birmans, en confusion, vers la jungle.

Dans la matinée, on constata que l'ennemi s'était retranché sur un terrain élevé et découvert, à portée de mousqueton de la porte nord de la pagode. Elle était séparée de la porte par un grand réservoir ; mais comme leurs jingals et leurs mousqueteries purent, du point qu'ils occupaient, balayer le plateau et les cabanes occupées par les troupes, un détachement des 38e et 28e d'infanterie de Madras sortit et les chassa. Cependant, dès que nos troupes se retirèrent, les Birmans réoccupèrent la position et, pendant les jours suivants, une escarmouche constante se poursuivit à cet endroit ; tandis qu'un feu d'artillerie était maintenu, par les assaillants et les défenseurs, sur toute la ligne jusqu'à Rangoon, et les batteries ennemies de Dalla maintenaient un feu incessant sur les navires. Kemmendine a été attaqué à maintes reprises et de nombreuses tentatives ont été faites pour lancer des radeaux de pompiers sur la rivière.

Le travail était très pénible pour les troupes. Nuit et jour, ils s'attendaient à une attaque en force ; et il y eut un sentiment général de joie lorsque, le 4 au soir, l'ordre fut donné d'un mouvement général contre l'ennemi.

Ceux-ci avaient déjà ramené de la jungle la plus grande partie de leurs canons et les avaient placés dans leurs retranchements ; et il était donc au pouvoir des Britanniques de porter un coup dur. Une division de la flottille de canonnières fut ordonnée de remonter le ruisseau par la ville. Ceux-ci ouvrirent un feu nourri sur le flanc ennemi, attirant ainsi leur attention sur ce point et, après que la canonnade eut continué pendant un certain temps, les deux colonnes d'attaque, la forte de huit cents, commandée par le major Sale ; les cinq cents autres, sous les ordres du major Walker de l'armée de Madras, furent libérés. Ce dernier devait attaquer l'ennemi faisant face à la ville, le premier se frayer un chemin par le centre de leur position. Il avait avec lui une troupe de chevaux débarqués la veille seulement.

Les forces du major Walker furent les premières à rencontrer l'ennemi. Leur résistance fut, pendant un temps, obstinée. Le major Walker et plusieurs autres officiers tombèrent dans l'attaque de la première ligne de retranchements ; mais les soldats le portèrent à la pointe de la baïonnette et, tandis que l'ennemi se brisait et battait en retraite, ils le suivirent si vivement que les ouvrages à l'arrière tombèrent entre leurs mains avec une légère opposition.

La colonne du major Sale commença alors son attaque sur le centre ennemi. Ici, la résistance fut plus faible et, faisant irruption à travers les lignes ennemies, les Britanniques les repoussèrent devant eux dans une fuite en avant. Puis, se retournant, ils suivirent la ligne de retranchements ; emportant tout devant eux jusqu'à ce qu'ils effectuent une jonction avec l'autre colonne, qui s'avançait à leur rencontre. Ils chassèrent ensuite les Birmans de toutes les parties de leurs ouvrages vers la jungle, laissant le sol derrière eux couvert de morts et de blessés.

Sauf au point attaqué pour la première fois par le major Walker, la résistance des Birmans fut très faible et la perte britannique insignifiante ; et un grand nombre de fusils, d'outils de retranchement et de mousquets tombèrent entre les mains des vainqueurs. Le lendemain, Bandoola rassembla les troupes chassées de la plaine et rassembla la plus grande partie de ses forces dans la forêt autour de la pagode, où elles continuèrent à faire avancer leurs travaux avec une énergie sans relâche.

Les Britanniques bénéficièrent d'un jour de repos et, le 7, se préparèrent à attaquer l'ennemi à ce stade. Quatre colonnes d'attaque furent formées, composées de détachements tirés de tous les corps de l'armée. Le matin, une lourde canonnade fut ouverte sur la jungle ; l'artillerie était assistée de plusieurs canons lourds qui avaient été, avec beaucoup de travail, amenés par les marins des navires à la pagode. L'ennemi lui répondit avec un feu constant d'artillerie légère, de jingals et de mousqueterie.

Tandis que le feu continuait, les quatre colonnes étaient déjà en mouvement. L'un était entré dans la jungle à gauche de l'ennemi, l'autre à droite. L'une des colonnes centrales avançait du pied de la colline de la pagode, tandis que le 38e régiment descendait les escaliers de la porte nord et avançait, une aile de chaque côté du char, contre les retranchements ennemis sur les hauteurs. A mesure que les quatre colonnes s'approchaient de l'ennemi, nos tirs d'artillerie cessèrent.

Les Birmans parurent un instant déconcertés à la vue de leurs ennemis avançant contre eux de tant de directions, mais ils ouvrirent bientôt un feu très nourri sur les assaillants ; et nous le maintenâmes avec une fermeté intacte jusqu'à ce que nos troupes, avançant à la charge, se précipitèrent dans leurs retranchements et les poussèrent tête baissée devant eux dans l'épaisse forêt derrière, où la poursuite, qui eût à tout moment été difficile, était désormais impossible ; les troupes, épuisées par leurs sept jours et nuits de veille, étant totalement incapables de suivre leurs ennemis actifs et légèrement armés.

Il ne restait plus que la force à Dalla à gérer et, le soir, une force composée des 89e et 43e d'infanterie de Madras, sous les ordres du colonel Parlby, s'embarqua dans des bateaux. La nuit était sombre et les troupes traversèrent sans être remarquées. L'alarme ne fut donnée que lorsque les Britanniques pénétrèrent dans les retranchements et ouvrirent le feu sur l'ennemi ; qui étaient assis, sans se douter du danger, autour de leurs feux. On ne rencontra presque aucune opposition, et tous les ouvrages, avec les canons et les magasins, furent bientôt entre nos mains ; tandis que l'ennemi volait vers la forêt.

Dans les combats de ces trois jours, les Birmans perdirent environ 5,000 hommes, 240 pièces d'artillerie de toutes sortes, un grand nombre de mousquets et de vastes provisions de munitions ; tandis que les Britanniques n'avaient que 50 tués et 300 blessés. Un grand nombre d'hommes de Bandoola n'ont jamais rejoint l'armée et l'ensemble des forces a été dispersé à travers le pays.

Bandoola lui-même se retirait vers Donabew, avec seulement un reste de son armée, lorsqu'il rencontra des renforts considérables en route pour le rejoindre. Durant ses opérations, il avait laissé un corps de réserve au village de Kokein, à quatre milles de la pagode ; et ceux-ci s'étaient occupés de retrancher la position qui commandait la route menant de Rangoon à Donabew. Le terrain était surélevé et, à son arrivée là-bas, Bandoola envoya ses troupes – aujourd'hui au nombre de 25 000 – pour aider aux travaux. En un temps merveilleusement court, les hauteurs furent entièrement palissades de troncs d'arbres ; et avec un fossé large et profond devant. Au-delà se trouvaient des rangées d'arbres abattus, leurs têtes pointées vers l'extérieur et chaque branche aiguisée - formant un abattis très redoutable - et, le croyant imprenable, Bandoola attendait l'attaque des Britanniques.

Dès que son armée fut dispersée, un grand nombre de déserteurs et d'habitants des villages affluèrent à Rangoon. Aux déserteurs se mêlaient une bonne partie des troupes envoyées par Bandoola lui-même, avec instruction de tirer sur la ville. Afin d'apaiser les soupçons des Britanniques, il fit répandre le bruit qu'un commissaire impérial de la cour d'Ava arriverait, dans quelques jours, pour négocier les conditions de paix.

Le général, cependant, résolut d'attaquer Bandoola avant que le commissaire puisse arriver ; car il était évident qu'on pourrait obtenir de meilleures conditions, après la dispersion totale des Birmans, que si leur fameux général restait, avec 25,000 hommes, dans une position redoutable à portée de main. Il était inquiet de la présence d'un si grand nombre d'indigènes dans la ville, et les précautions qu'on avait prises contre le feu, quelque temps auparavant, redoublaient maintenant. En cas d'éclatement, non seulement l'ensemble des provisions rassemblées pour l'avancée de l'armée pourrait être détruit, mais, si Bandoola avait rassemblé ses forces prêtes à l'orée de la jungle, il pourrait profiter de la confusion qui en résulterait. causés par l'incendie, et se précipitent à l'attaque de la ville.

De nombreuses troupes et matelots de la flotte patrouillaient la nuit dans les rues dans toutes les directions mais, malgré leurs efforts, une semaine après la retraite de Bandoola, le redoutable cri de feu retentit. En une douzaine de points, du côté au vent de la ville, des incendies avaient été allumés par des incendiaires et, comme le vent soufflait fort, le danger était extrême. Les tambours battirent en armes sur l'ensemble des lignes britanniques. Des ordres avaient déjà été donnés sur ce qu'il fallait faire en cas d'urgence et, tandis qu'une partie des troupes alignait les tranchées, le reste marchait immédiatement vers la ville et se formait entre elle et la jungle, pour repousser tout ennemi. attaque qui pourrait y être menée ; laissant les troupes cantonnées dans la ville et les matelots de la flotte lutter contre les flammes.

Pendant un certain temps, il sembla que tout l'endroit allait être balayé, mais, en nivelant les rangées de huttes et en éteignant les flammes au niveau de la barrière ainsi formée, leur progression fut enfin arrêtée ; mais pas avant que plus de la moitié de la ville ait été détruite. Heureusement, c'était la moitié la plus éloignée du fleuve et, à l'exception des magasins du commissariat pour le ravitaillement des troupes de la présidence de Madras, les bâtiments contenant les vivres, les munitions et le nécessaire pour l'armée s'en sont sortis indemnes.

Ce qui s'était produit autrefois pourrait cependant se reproduire, malgré toutes les précautions. Le général résolut donc d'attaquer Bandoola immédiatement car, si ses forces une fois dispersées, le motif de ces incendies incendiaires cesserait de fonctionner.

Les difficultés étaient formidables. Une ou deux pièces de champ léger pourraient, au maximum, être emportées avec la colonne. Il leur faudrait marcher par un sentier étroit et sinueux, à travers une forêt épaisse, exposée à tout moment à une attaque désespérée de l'ennemi. De plus, il serait nécessaire de laisser une force importante pour la défense de Rangoon, car

Bandoola serait sûr d'apprendre, de ses espions, le mouvement prévu et, ayant avec lui des hommes au courant de chaque piste forestière, pourrait se précipiter. sur la ville en l'absence de tant de ses défenseurs.

Le général jugea cependant impératif d'attaquer sans tarder et, tôt le matin du 15, il partit avec une force de 1 500 hommes contre Kokein. Ils marchèrent sans être inquiétés à travers la forêt et, arrivés aux confins, purent constater le caractère véritablement redoutable des ouvrages qu'ils allaient attaquer. Dès qu'ils sortirent de la forêt, un feu nourri fut ouvert sur eux par des groupes ennemis, en flanc et en arrière ; et on ne perdit pas de temps pour préparer l'assaut.

Le 13e d'infanterie légère et le 18e Madras, avec 60 cavaliers, sous les ordres du général de brigade Cotton, reçurent l'ordre de contourner la palissade et de l'attaquer sur l'arrière gauche ; tandis que le reste des troupes, environ 800 hommes, avec 100 cavaliers sous les ordres du général lui-même, devaient attaquer de front. Les ouvrages de l'ennemi consistaient en un retranchement central, relié à deux grandes palissades retranchées sur son flanc, mais quelque peu avancé en avant.

Dès que les forces du général Cotton eurent pris position à l'arrière de l'ennemi, un coup de canon fut tiré et toute la force se lança à l'assaut. Les Birmans considérèrent l'attaque d'une force si insignifiante sur leurs ouvrages avec une telle mépris de n'avoir pas tiré un coup de feu pendant un certain temps ; mais ils continuaient à chanter un chant de guerre, se balançant sur sa cadence, frappant et battant la mesure avec leurs mains sur leur poitrine.

Ce retard leur fut fatal. Lorsqu'ils ouvrirent le feu, leurs assaillants étaient déjà près du fossé et, s'y précipitant, se trouvèrent à l'abri du feu des défenseurs. Des échelles d'escalade furent rapidement placées et les troupes, les gravissant en courant, sautèrent dans le retranchement. Stupéfaits de cette entrée soudaine dans les ouvrages qu'ils avaient jugés imprenables, les Birmans hésitèrent ; et les assaillants, rejoints par derrière par leurs camarades, se précipitèrent impétueusement sur l'ennemi.

La colonne à l'arrière eut plus de difficultés, car elle avait plusieurs palissades solides à transporter avant d'atteindre l'ouvrage central, et perdit quatre officiers et huit hommes tués, et quarante-neuf officiers et hommes blessés, dans le seul 13e régiment. Quinze minutes après le premier coup de feu, l'ensemble des ouvrages était en notre possession et les Birmans, rassemblés en une masse confuse, avaient été décimés par nos volées. Ils étaient maintenant en pleine fuite, beaucoup étant abattus par la cavalerie avant d'atteindre l'abri des bois. Les troupes britanniques retournèrent à Rangoon ; tandis que les Birmans se retiraient sur Donabew, laissant de forts postes sur les deux rivières menant dans cette direction.

Leur retraite laissa aux gens de la campagne la liberté de retourner à Rangoon, et un très grand nombre de personnes arrivèrent, y compris un très grand nombre de villageois qui avaient été contraints de se battre contre nous. Tous avaient souffert de la famine et de la misère. Même les femmes avaient été contraintes de travailler aux travaux de palissade, et les souffrances de toutes avaient été terribles. Les travaux de reconstruction de la ville commencèrent aussitôt, et les cabanes en bois surgirent avec une grande rapidité ; les marchés s'ouvrirent et, en peu de temps, les approvisionnements en poisson, fruits, gibier et légumes affluèrent ; suffisant non seulement pour la population indigène, mais pour effectuer un changement très apprécié dans le régime alimentaire des troupes.

Comme la plupart des indigènes étaient habitués à la construction et à la conduite de bateaux, les travaux de préparation de la flottille par laquelle les troupes devaient remonter les rivières se poursuivirent rapidement ; et un grand nombre d'hommes furent embauchés comme domestiques et chauffeurs pour le commissariat, dont la force était très insuffisamment fournie, car les indigènes de l'Inde de cette classe refusaient pour la plupart, en raison de leurs préjugés de caste, de s'engager pour le service. À travers la mer. Des renforts sont arrivés ; et Rangoon, qui, six semaines auparavant, présentait un aspect misérable et désert, était, vers le début de janvier, une ville gaie et animée.

Des préparatifs étaient en cours ailleurs pour assumer l'offensive. Quelque 3 000 hommes chassaient les Birmans d'Assam ; et une force de 7 000 hommes marchait depuis Sylhet, pour les expulser de Cachar et capturer Manipur ; tandis que 11 000 hommes étaient rassemblés à Chittagong et avançaient vers Aracan avec l'intention de chasser les Birmans de cette province – et ils avaient l'intention, si possible, de traverser les montagnes et d'effectuer une jonction avec les forces de Sir Archibald Campbell. La première partie des opérations fut menée avec un succès complet, et Aracan arracha à la Birmanie ; mais il fut impossible d'accomplir le terrible voyage à travers les montagnes et les marais, ni d'apporter une quelconque aide à l'expédition principale.

# Chapitre 10
## L'avance.

Mais pendant que s'effectuaient les préparatifs de l'avancée, les aides de camp du général avaient travaillé du matin au soir. Il y avait des communications constantes entre les autorités militaires et navales, car l'expédition devait être mixte. Des transports arrivaient quotidiennement avec des troupes et des provisions ; d'innombrables questions liées à l'organisation des transports terrestres et fluviaux devaient être réglées ; et le général lui-même était infatigable à surveiller chaque détail des travaux. Il avait été convenu que l'avancée ne pourrait avoir lieu que la deuxième semaine de février, les routes étant impraticables jusque-là, et le 11 fut fixé pour le commencement des opérations.

Le lendemain de son arrivée à Rangoon, Stanley avait écrit une lettre à son oncle ; lui faisant un bref récit de ses aventures et précisant qu'il avait été nommé un des aides de camp du général. Il a dit qu'il devait, bien sûr, se laisser guider par les souhaits de son oncle ; mais que maintenant qu'il était entré en campagne comme officier, il aimerait certainement y rester jusqu'à la fin, lorsqu'il renoncerait aussitôt à sa commission et le rejoindrait.

Il l'envoya à l'agent de son oncle à Calcutta, mais ne reçut de réponse qu'à la fin décembre. Après avoir exprimé sa joie d'apprendre que Stanley n'avait pas été tué à Ramoo, comme il l'avait supposé, mais qu'il se trouvait désormais en sécurité dans le camp britannique, il poursuivit :

" Je n'ai reçu votre lettre que ce matin, car j'ai voyagé d'un point à l'autre et, en raison de la baisse du commerce, je n'ai pas eu jusqu'à présent l'occasion d'aller à Calcutta ; et j'ai été vraiment étonné de trouver votre lettre. mentir pour moi ici, car ils ne l'avaient pas transmis, n'ayant aucune idée de l'endroit où j'étais et sachant que les chances qu'une lettre envoyée parvienne à moi étaient extrêmement faibles.

"Bien sûr, mon garçon, arrête là où tu es. Le commerce s'améliore à nouveau car, maintenant que l'armée de Bandoola s'est éloignée de Ramoo, la peur parmi les indigènes s'est plutôt apaisée. Pourtant, je peux très bien me débrouiller sans toi, et ça Ce sera certainement pour vous un grand avantage de servir un an dans l'armée, et avoir été un des aides de camp de Campbell sera une plume à votre chapeau et vous donnera une bonne position dans tous les postes militaires.

" Je suis très heureux, maintenant, de m'être abstenu d'écrire à votre mère après la bataille de Ramoo. J'y ai réfléchi encore et encore et j'ai conclu qu'il valait mieux laisser l'affaire tranquille pendant un certain temps ; non que j'aie dû le faire. " la moindre idée, ou même l'espoir, que vous étiez en vie, mais parce que je pensais que la cessation de vos lettres préparerait, dans une certaine mesure, son esprit au coup, lorsqu'il viendrait. Il serait très improbable qu'elle le fasse . " Voyez la gazette, avec la liste des tués et des blessés à Ramoo et, même si elle le faisait, elle n'associerait en aucune façon la mort de l'enseigne Brooke avec vous. Lorsque nous avons traversé le pays, il y a eu, une fois ou deux fois, aucun moyen d'envoyer une lettre pendant quelques mois et, par conséquent, elle ne pouvait pas avoir commencé à s'inquiéter sérieusement à votre sujet avant de recevoir votre lettre de Rangoon.

" Tout le monde dit que vous ne pourrez avancer qu'en février ; de sorte que, sans doute, cette lettre vous parviendra bien avant votre départ. J'ai entendu dire que les pertes ont été très lourdes, à cause de la fièvre ; mais je ne m'inquiète pas pour vous pour le moment. ce score, car je pense que vous êtes parfaitement acclimatés. J'essaie d'obtenir un contrat pour la fourniture de quelques milliers de bœufs, pour l'usage de l'armée ; et comme je connais si bien tout le pays, de Chittagong à Sylhet , et que je peux acheter à des prix inférieurs aux prix indiens, je pense que non seulement j'obtiendrai le contrat, mais que j'en ferai une très bonne chose, et que cela pourrait conduire à d'autres choses.

Après cela, Stanley ne fut guère surpris lorsque, dans la dernière semaine de janvier, son oncle entra dans ses appartements. Une fois passé le premier plaisir de la rencontre, Stanley dit :

"Je suppose que tu as le contrat, mon oncle ?"

"Oui, mon garçon. Je suis descendu de Ramgur avec six boutres pleins à craquer. J'en ai descendu mille têtes et, aussitôt que je les ai débarqués, je repars pour le reste; qui sera prêt pour moi au moment où je y arriver.

"J'ai mis la main sur un homme d'une qualité hors du commun. Il était établi comme petit commerçant à Chittagong. Ses affaires y étaient ruinées et il était heureux d'accepter mon offre de place; et il s'est avéré être un homme très énergique et dynamique. ... Il descendra avec le prochain envoi.

"Je vais moi-même remonter le long de la lisière de la forêt de Tipperah ; et je ramasserai mille autres têtes, avant que j'arrive au Goomtee, et je les enverrai par eau jusqu'à Sylhet ; puis je remonterai par voie terrestre, j'en ramasserai davantage en cours de route. J'ai un contrat de cinq mille hommes à envoyer, mille par mois, pour la force qui doit se déplacer contre Manipur, tandis que Johnson doit en envoyer deux mille autres ici. Ainsi, vous voyez, pour le moment, les affaires du magasin peuvent attendre. C'est une bonne ligne dans laquelle je me suis engagé. J'en tirerai un gros profit et j'ai l'espoir qu'elle sera, dans une certaine mesure, permanente; car je peux obtenir le bétail est si bon marché dans l'intérieur, sur les rivières que nous connaissons, que je peux les expédier à Calcutta à des conditions inférieures à celles qu'ils peuvent acheter en Inde ; et on m'a presque dit que, si j'exécutais mes contrats actuels de manière satisfaisante, Je devrais y ravitailler les troupes. Bien sûr, ce ne serait pas une très grande chose en soi, mais, comme je pourrais l'exploiter sans problème dans le cadre de mes propres affaires, cela constituerait une belle augmentation des bénéfices.

"Mais qu'en est-il de l'argent, mon oncle ?"

" Tout va bien, mon garçon. Je n'ai eu aucune difficulté du tout à obtenir une avance à Calcutta, sur la base de mon contrat et de la garantie de mes agents ; de sorte que je vais bien, à cet égard. "

"J'ai demandé, mon oncle, parce que je peux te donner dix-huit cents livres, si tu les veux."

Tom Pearson le regarda avec étonnement.

"Pourquoi, qu'est-ce que tu as fait ? Voler le trésor du roi d'Ava ?"

"Non, mon oncle. Des bandits birmans m'ont donné un sac de pierres précieuses. Quand je suis arrivé ici, j'en ai apporté quelques-unes à un marchand. Il a avancé quinze cents roupies sur elles et les a envoyées à Burragee, le bijoutier à Madras et, six semaines après, il m'en paya encore trois mille cinq cents. J'en envoyai un autre lot et, la semaine dernière, j'ai reçu une commande des bijoutiers pour quinze cents livres ; de sorte que j'en ai plus de dix-huit cents en main. maintenant, et je ne pense pas avoir renvoyé plus d'un tiers des pierres précieuses.

"Eh bien, c'est une chance, Stanley ! Pourquoi diable les brigands t'ont-ils donné les pierres précieuses ?"

"Eh bien, mon oncle, ce sont des choses dont, d'après ce qu'ils m'ont dit, il est très difficile et risqué d'essayer de s'en débarrasser. C'est un monopole royal et personne n'ose les acheter ou, s'ils le font, ne donnera presque rien." pour eux, à cause du risque de la transaction et parce qu'ils savent que les vendeurs sont dans le pétrin et doivent vendre. En outre, il y a de fortes chances qu'ils livrent aux autorités quiconque propose de telles choses. raison pour laquelle ils me les avaient donnés. Puis aussi ils avaient fait une bonne partie de marchandises qui leur étaient bien plus précieuses, car il n'y avait aucune difficulté à s'en débarrasser. Enfin, ils avaient eu envie de moi, parce que j'ai sauvé la vie d'un de leurs camarades, l'homme qui vous a amené ici.

"Eh bien, mon garçon, tu me raconteras tout ça ce soir. Je dois descendre à la cour du commissariat pour arranger le débarquement de mes bêtes. Je suis venu tout droit te voir, aussitôt débarqué. Nous avons jeté l'ancre ici à aube."

"Je vais vous accompagner, mon oncle. Je vais d'abord courir voir le chef et prendre congé pour la journée. J'ai mérité des vacances, car j'ai été au travail assez bien matin, midi et soir pendant la journée. deux derniers mois. Vous voyez, j'ai non seulement les fonctions d'aide de camp, mais d'interprète, et j'ai aidé le département du quartier-maître et le commissariat à prendre leurs dispositions avec les indigènes. J'ose dire que je pourrai aider pour accélérer vos affaires, plus vite que vous ne seriez capable de les faire tout seul. »

Le général accorda immédiatement la permission à Stanley, et il se rendit avec son oncle au bureau du commissariat et le présenta à l'officier supérieur.

"Nous serons heureux de faire tout ce qui est en notre pouvoir pour vous aider, M. Pearson", a déclaré l'officier. "Nous attendions votre arrivée depuis une semaine. Bien sûr, nous avons appris de Calcutta que vous aviez un contrat de deux mille têtes ; au moins la moitié devait être livrée avant le 10 février. Nous étions plutôt inquiets à l'idée de La force voudra probablement démarrer avant ce moment-là ; et nous devrons ravitailler à la fois les colonnes de terre et d'eau. Bien sûr, je ne savais pas que vous étiez un parent de M. Brooke, ou j'aurais dû le mentionner à lui que tu étais susceptible de venir.

"Je voudrais descendre le plus tôt possible", a déclaré Tom Pearson; "car au moment où je reviendrai à Ramgur, le reste du bétail sera prêt pour moi."

"Je vais vous écrire immédiatement une commande pour quatre grands bateaux. Si vous étiez venu trois semaines plus tôt, vous auriez pu attendre quelques jours; mais un tel nombre de bateaux indigènes ont récemment descendu les rivières que nous sommes en mesure d'obtenir suffisamment d'argent pour notre travail.

L'officier lui a remis une note à l'intention du responsable des modalités d'atterrissage.

"C'est une chance que vous soyez venu juste à ce moment", dit ce dernier. "Nous venons de faire notre dernier voyage avec les bagages du 47e, et j'ai six bateaux désengagés. Autant les prendre tous."

Les embarcations en question faisaient partie de celles qui avaient été capturées : des embarcations encombrantes qui transportaient du poisson et du sel en amont de la rivière. Ils étaient presque aussi grands que les boutres dans lesquels le bétail avait été descendu, mais ils tiraient beaucoup moins d'eau. Ils furent remorqués jusqu'aux boutres, un à un, par deux canots de guerre capturés, comportant chacun trente rameurs. Un a été emmené à chaque boutre et le travail de transbordement du bétail a immédiatement commencé. Ceux-ci étaient en bon état car, bien que serrés, ils avaient été bien approvisionnés en nourriture et en eau pendant la descente ; et un berger avec quatre hommes sous ses ordres avait été envoyé, dans chaque bateau, pour s'occuper d'eux, car Tom Pearson tenait beaucoup à ce que son premier envoi soit accueilli favorablement. Les animaux furent tous débarqués dans le courant de l'après-midi et, avec l'accusé de réception, en excellent état, dans sa poche, l'entrepreneur repartit, avec Stanley, vers son propre boutre.

" Je leur ai dit d'avoir tout prêt pour pouvoir descendre la rivière avec la marée, demain matin. La rivière tournera juste vers le lever du soleil. C'est une affaire rare, Stanley ; et je doute qu'un entrepreneur ait jamais accompli son travail . si vite, auparavant. Bien sûr, c'est principalement grâce à vous. Ils n'auraient jamais fait avancer les choses aussi vite si vous n'aviez pas été avec moi. J'ai pensé que très probablement je pourrais être détenu ici une semaine, avant d'avoir pu obtenir tous le bétail à terre - et à ce moment-là, si tout va bien, je serai de nouveau à Ramgur.

"Maintenant, nous pouvons avoir une conversation agréable le soir, ce qui est bien mieux que d'aller dîner avec vous au mess; car il y a beaucoup de choses à entendre, et j'ose dire que je peux vous offrir un aussi bon dîner que nous le devrions. j'ai eu, à terre.

"Beaucoup mieux", a déclaré Stanley. "Les choses se sont énormément améliorées au cours du dernier mois; néanmoins, notre cuisinier du mess n'est certainement pas aussi bon que votre homme et, en tout cas, le calme de votre cabine apporte un changement très agréable, après toujours être assis avec une grande fête."

Après le dîner, Stanley raconta en détail ses aventures depuis le moment où il avait été fait prisonnier.

"Tu as merveilleusement bien réussi pour toi-même, mon garçon; merveilleusement bien. Certainement, lorsque tu as récupéré le birman de mon homme, nous n'avions aucune idée que cela pourrait s'avérer un jour aussi utile. J'ai pensé que cela aurait été d'une grande aide parmi les autres. Des tasses sur la côte ; et j'avais aussi l'idée que la guerre pourrait conduire à l'ouverture d'un commerce sur l'Irrawaddy ; mais cela s'est avéré infiniment plus utile que cela. Si vous n'aviez pas pu parler birman, Bandoola ne l'aurait jamais fait. aurait pensé à demander qu'on vous épargne comme interprète et, s'il ne l'avait pas fait, vous auriez eu la tête tranchée, à Ava.

"Bien sûr, cette affaire de léopards a été le tournant de votre fortune mais, même si cela s'est si bien passé, je dois dire que je ne pense pas que vous ayez eu le droit de risquer votre vie dans un acte aussi désespéré pour un indigène ; qui pourrait, pour autant que vous le sachiez, soyez déjà mort. Bien sûr, c'était une action des plus vaillantes; mais le pari était de dix contre un contre votre succès. Cependant, il s'est avéré que c'était une affaire tout à fait heureuse. Je ne dis pas que vous n'auriez peut-être pas réussi à vous rendre à Rangoon sans aide ; mais les chances auraient été très faibles. Cependant, ces rubis étaient en effet une aubaine. "

"Voulez-vous prendre le reste, mon oncle, et les vendre à Calcutta, ou dois-je les envoyer à Madras, ou chez moi en Angleterre ?"

« Je les emmènerai avec moi à Calcutta, si tu veux, Stanley. Je ne dis pas qu'il y a de meilleurs hommes là-bas que celui que tu as envoyé à Madras ; mais je pense que certains d'entre eux font de plus grandes affaires à l'intérieur du pays. avec les princes indigènes, qui ne se soucient pas de ce qu'ils donnent pour de bonnes pierres précieuses. Quoi qu'il en soit, je les y emmènerai et les ferai évaluer par un expert, puis j'essaierai deux ou trois des principales maisons et j'obtiendrai leurs offres. Si ceux-ci sont à la hauteur de la valeur que leur attribue l'expert, je les enverrai en Angleterre, par l'intermédiaire de mes agents, qui feront de leur mieux pour vous.

"Pour nous, mon oncle. Bien sûr, tout est une question de partenariat. Vous venez de décrocher des contrats qui vont bien rapporter et, pendant que vous faisiez cela, je me suis procuré ces rubis."

"Je ne pense pas que ce soit juste, Stanley," dit gravement son oncle.

" Cela me semble parfaitement juste ; et d'ailleurs, l'argent investi dans l'entreprise fera une grande différence, et me paiera certainement beaucoup mieux qu'il ne le ferait de toute autre manière. J'ai envoyé chez moi 100 livres pour ma mère, directement l'argent venait de Calcutta ; et je lui ai dit que j'espérais pouvoir en envoyer au moins autant à la maison chaque année.

"Beaucoup plus, mon garçon, si tu veux. Je calcule que ces contrats que j'ai signés rapporteront une livre par tête, de sorte que, le temps que la guerre soit terminée, j'espère avoir dégagé 8 000 livres, ce qui sera sur ce que vous gagnerez avec vos rubis ; et lorsque le commerce reprendra, nous serons en mesure de le faire à grande échelle. Mais je pense toujours qu'il ne sera pas juste de prendre cet argent. "

" Eh bien, mon oncle, si vous ne le prenez pas, je n'aurai certainement rien à voir avec l'argent que vous gagnez pendant mon absence ; alors s'il vous plaît, ne nous permettons pas d'en dire plus. Dois-je donner vous en avez dix-huit cents maintenant ; ou aurez-vous un ordre auprès du payeur, à Calcutta ? »

" Ce serait le meilleur moyen, si tu le veux, mon garçon. J'ai laissé de l'argent à Johnson, à Ramgur, pour le prochain troupeau qui doit descendre ici ; et j'ai des ordres de mon agent sur leurs agents, à Dalla. , pour ceux que je vais acheter pour la colonne Manipur. Donc je ne veux pas d'argent maintenant et, supposons que le boutre soit perdu en montant, l'argent pourrait aller avec. Alors, recevez-vous la commande. Vous feriez mieux de l'envoyer directement à Bothron, de lui dire de le récupérer et de le créditer sur mon compte.

"Combien de temps pensez-vous que cette affaire va durer ?"

"Cela dépend jusqu'où nous devons aller avant que les Birmans décident qu'ils en ont assez. À l'heure actuelle, l'espoir général est que, dès notre arrivée à Prome, ils céderont. S'ils ne le font pas, nous pourrions nous devrons monter à Ava et, dans ce cas, nous ne pourrons peut-être pas le terminer avant cette époque de l'année prochaine ; car je suppose que les opérations devront s'arrêter lorsque la saison des pluies recommencera, et nous pourrions difficilement atteindre Ava avant cela. ".

« Je pense qu'un jour, nous devrons prendre tout le pays, Stanley. Vous pouvez effrayer la cour et la soumettre lorsque vous approcherez de la capitale ; mais j'imagine qu'ils ne respecteront jamais les conditions sur lesquelles nous insisterons, et que il faudra qu'il y ait une autre expédition. C'est généralement notre façon de faire - c'était ainsi à Mysore, cela a été ainsi dans une douzaine d'autres endroits. Lorsque nous avons fait tout le travail et que nous les avons mis à notre merci, nous leur donnons termes relativement faciles. Dès qu'ils se sont remis des effets de leur défaite, ils se remettent au travail pour préparer une autre lutte ; et alors nous avons toutes les dépenses et toutes les pertes en vies humaines à engager, à nouveau, et puis finir par annexer leur territoire. , ce que nous aurions tout aussi bien pu faire en premier lieu. C'est peut-être très bien d'être indulgent quand on a affaire à un ennemi européen, mais la magnanimité ne paie pas quand on a affaire à des Orientaux, qui ne le font pas. se soucient peu des engagements pris dans les traités et qui considèrent toujours les concessions comme une simple preuve de faiblesse.

« Il n'y aurait pas la moitié de la difficulté d'annexer la Birmanie qu'il y aurait dans le cas d'une grande province de l'Inde ; car toutes les villes, et même la plupart de leurs villages, se trouvent sur des rivières, et quelques douzaines de canonnières suffiraient. maintenir tout le pays en ordre. Vous verrez que c'est ce que nous devrons faire un jour ; mais il nous en coûtera deux ou trois expéditions pour faire ce qui pourrait tout aussi bien être fait maintenant.

"Eh bien, mon oncle, il est presque midi et, comme je serai de service à six heures, je pense que je ferais mieux de partir. J'aurais aimé que vous puissiez rester encore deux ou trois jours et rendre visite à la pagode et les camps. Je suis très heureux de vous avoir revu, bien que ce soit très court.

« Je serais heureux de rester encore un jour ou deux, Stanley ; mais il est vraiment important pour moi de descendre à Ramgur le plus tôt possible et d'envoyer Johnson avec le bétail ; car je veux commencer à acheter le des troupeaux pour l'autre colonne, le plus rapidement possible. Je crois m'être laissé une assez bonne marge de temps, mais il n'y a rien de tel que la rapidité de livraison, et je veux me faire une bonne réputation, pour les affaires futures; et si cette affaire ici va durer encore douze mois, des approvisionnements réguliers doivent être envoyés, car la viande de bœuf est interdite par la religion birmane, ils n'élèvent aucun bétail sauf à des fins de trait, et l'armée doit acheminer ses bœufs par mer. "

Cinq minutes plus tard, Stanley fut ramené à terre. Le lendemain matin, il accompagna le général et descendit inspecter le bétail nouvellement arrivé.

«Ils constituent un lot capital», dit-il à Stanley, «sans aucun doute le meilleur que nous ayons eu jusqu'à présent. Vous voyez, le voyage est beaucoup plus court depuis Ramgur que depuis Calcutta ou Madras; un voyage terrestre beaucoup plus court avant leur expédition. Puis aussi, comme votre oncle est descendu lui-même, ils ont sans doute été beaucoup mieux soignés que d'habitude pendant le voyage. Cependant, je prendrai soin de mentionner, lorsque j'écrirai à côté de Calcutta, que le bétail est bien au-dessus de la moyenne ; et je serai heureux s'ils prennent des dispositions pour nous fournir les approvisionnements supplémentaires dont nous pourrions avoir besoin de la même source.

" Merci, monsieur ; cela sera d'une grande aide pour mon oncle. Jusqu'à présent, il a eu un travail très pénible ; bien qu'il commençait à s'en sortir très bien, lorsque la guerre a mis un terme au commerce. Il connaît tout le pays . si bien qu'il peut certainement acheter du bétail dans de nombreux endroits où aucun commerçant européen, à part lui-même, n'a jamais pénétré.

" Sans aucun doute, Brooke ; et j'espère, pour vous, qu'il réussira bien dans cette affaire de sous-traitance. Il a certainement pris un excellent départ et, comme il est le premier sur le terrain dans la région entre Assam et Ramgur, il devrait de tirer profit de cette opportunité qui s'est présentée sur son chemin. Je sais qu'il faut beaucoup de temps pour créer une entreprise, mais lorsque les bases sont posées et qu'un homme est prompt à profiter d'une opportunité, il peut faire autant en un an qu'il pourrait en faire en vingt, sans cela.

"Maintenant, je me dirige vers les lignes du 47e, pour voir comment elles se sont ébranlées."

Ce régiment avait sorti des tentes car, comme tous les bâtiments étaient déjà occupés, il fallait les mettre sous toile. Le général trouva que tout était en ordre, et le campement présentait certainement un agréable contraste avec les quartiers irréguliers et souvent bondés des troupes qui y avaient passé la saison des pluies. Le colonel et trois de ses officiers dînèrent ce soir-là avec le général ; le parti étant composé de l'état-major militaire, dont les deux aides de camp.

Deux jours plus tard, Stanley et quelques autres membres du personnel dînèrent au 47e mess. Stanley a été présenté à plusieurs officiers; et ceux-ci étaient particulièrement désireux de faire sa connaissance, car ils avaient appris qu'il avait été prisonnier à Ava, et pouvaient donc leur en dire beaucoup plus qu'ils n'en avaient appris jusqu'ici sur le pays dans lequel ils étaient sur le point d'avancer.

Parmi eux se trouvait un jeune lieutenant, également du nom de Brooke. Stanley avait atteint, trois semaines auparavant, le même rang. Au moment où il fut nommé au 83e, il y avait déjà plusieurs postes vacants dans le régiment, et la maladie et les combats avaient emporté six autres officiers. L'ensemble des enseignes avait donc obtenu son pas. Au dîner, il se retrouva placé à côté de son homonyme.

"C'est curieux que nous ayons le même nom", remarqua l'autre en s'asseyant. "Ce n'est pas très courant."

"Non, je n'ai rencontré personne du même nom auparavant", a déclaré Stanley. "En effet, jusqu'à l'affaire de Ramoo, j'ai fait du commerce pendant près de trois ans avec un de mes oncles, en amont des rivières, et je n'étais pas vraiment en mesure de tomber en contact avec des hommes blancs. Mais, avant cela, j'avais été avec mon père à un bon nombre de stations en Inde ; mais je ne me souviens pas, autant que je me souvienne, d'avoir rencontré quelqu'un du même nom. "

"Alors ton père était aussi au service ?"

"Oui. Il était capitaine dans la 15e infanterie indigène."

"En effet", dit l'autre surpris, "alors nous sommes liés. Mais je n'avais aucune idée que le capitaine Brooke avait jamais été marié."

"Il s'est marié juste après son arrivée en Inde", a déclaré Stanley ; " Il est donc fort probable que vous n'en ayez jamais entendu parler. Il est décédé il y a trois ans et ma mère et mes sœurs sont maintenant en Angleterre. Quel est le lien entre nous ? Je n'ai jamais entendu mon père parler beaucoup de sa famille. "

« Votre père était un de mes cousins, un cousin germain, je crois. J'imagine qu'il y a eu une querelle entre votre grand-père et le reste de la famille. Je ne sais rien du bien ou du mal de cette affaire ; Bien entendu, bien des années avant notre naissance ; et je n'ai jamais entendu parler de l'existence de votre père jusqu'à quinze jours avant mon départ d'Angleterre. Ensuite, des enquêtes ont été faites sur la famille, à cause de divers décès qui y sont survenus. Savez-vous que votre père était apparenté – de loin bien sûr – au comte de Netherly ?

"Je me souviens qu'il en a parlé une fois. Je sais qu'il a dit qu'il s'agissait d'un lien lointain et qu'il ne savait rien du tout du comte ou de sa famille."

"Eh bien, curieusement, ce n'est plus si loin maintenant", dit l'autre. "J'étais un de ses parents assez éloignés. Il n'avait pas d'enfants et la famille, en général, ne semble pas avoir été prolifique. Un bon nombre d'entre eux sont morts; et le résultat fut que, l'année avant mon départ d'Angleterre, un mon oncle a succédé au titre. Il n'a pas de fils, et mon père était son prochain frère. Mon père est décédé il y a deux ans; et le résultat est qu'à mon grand étonnement, j'ai découvert que j'étais le prochain héritier du titre. Ils voulaient que je quitte l'armée lorsque mon régiment reçut l'ordre de partir pour l'Inde ; mais bien sûr, je n'allais pas le faire, car ma tante pourrait mourir et mon oncle se remarier et avoir des enfants. En outre, je n'allais pas le faire. partez, de toute façon, au moment où le régiment reçut l'ordre de partir à l'étranger, et pourrait y servir.

" Cependant, les avocats ont fait une grande chasse dans l'arbre généalogique ; et je sais qu'il a été décidé que, au cas où quelque chose m'arriverait, votre père aurait été le prochain héritier s'il avait été en vie. Je ne sais pas si d'autres enquêtes ont été faites, ou si elles ont jamais établi qu'il s'était marié. Je ne suppose pas qu'il y en ait eu, car, bien sûr, aussi longtemps que je vivrai, la question n'a aucune importance.

"Ainsi, dans l'état actuel des choses, si une balle birmane met fin à ma carrière, vous serez le prochain héritier du titre."

"En effet, vous me surprenez", a déclaré Stanley. "D'après la façon dont mon père en parlait, je suis sûr qu'il n'avait pas la moindre idée qu'il y avait la moindre chance qu'il ait une chance de remporter le titre."

"Cela, je l'imagine bien, car ce n'est qu'il y a quelques années, lorsque survint la mort de plusieurs de ceux qui s'opposaient à sa succession, que mon oncle considéra son entrée dans la succession comme une question méritant d'être réfléchie ; et bien sûr, tout notre famille se tenait entre elle et votre père. Cependant, comme vous le voyez, nous avons diminué et, si je ne m'en sors pas en toute sécurité, vous êtes le prochain héritier.

"C'est une nouvelle curieuse à entendre lors d'un dîner en Birmanie", dit Stanley pensivement. " Quoi qu'il en soit, je peux vous assurer honnêtement que cette nouvelle ne me procure aucune satisfaction particulière. Je suppose que ce serait une bonne chose de prétendre à la pairie ; mais mes perspectives ici sont bonnes. Je n'ai pas l'intention de rester ici. l'armée, après la fin de la guerre, et je suis vraiment en partenariat avec mon oncle, avec qui je travaille depuis trois ans dans des affaires qui se passent très bien. J'aime la vie et j'ai toutes les chances de réussir. assez pour prendre ma retraite, avec de vastes moyens. Certes, je n'aimerais pas accéder au titre par la mort de quelqu'un que je connais.

"C'est la chance de la guerre", dit l'autre en souriant. "Nous obtenons nos pas en cas de vacance de décès. Nous sommes désolés pour les décès, mais les pas ne sont pas indésirables.

"Au fait, je m'appelle Harry. Je sais que le vôtre est Stanley. Je vote pour que nous nous appelions par leur nom. Nous sommes cousins, vous savez, et je suppose que comme vous êtes mon héritier, vous devez être mon homme le plus proche. relation, à l'heure actuelle ; donc je vote pour que nous nous appelions par nos prénoms, au lieu de toujours nous appeler."

"Je serai très heureux de le faire", dit cordialement Stanley. "J'espère que nous serons des amis proches ainsi que des relations lointaines."

Puis, alors qu'il y avait une accalmie momentanée dans la conversation, Harry éleva la voix et dit au colonel :

" Une chose très curieuse vient de se produire, colonel. Brooke et moi venons de découvrir que nous sommes cousins et, ce qui est encore plus curieux, que s'il m'arrive quelque chose, il prend ma place comme prochain héritier de mon oncle, un fait évident. " ce qu'il ignorait totalement.

"C'est certainement une coïncidence très curieuse, Brooke ; très singulière. Alors vous ne vous êtes jamais rencontrés auparavant ?"

« Je ne connaissais même pas son existence, colonel, et je n'avais en effet aucune idée que le capitaine Brooke, son père, avait été marié. en succession à moi-même à la pairie.

La découverte excita l'intérêt général ; et il détourna complètement la conversation, pour le moment, du sujet de la guerre et de leur avancée prochaine. Une fois le dîner terminé, de nombreux officiers se rassemblèrent autour de Stanley, lui posant des questions sur la nature du pays et sur ses expériences de captif aux mains des Birmans. Bientôt, le colonel Adair, qui avait également dîné au mess, rejoignit le groupe.

"Je suppose, M. Brooke," dit-il, "votre nouveau cousin vous a raconté son aventure avec le léopard ?"

"Non, Colonel, il n'a rien dit à propos d'un léopard."

« Il est gravement atteint de pudeur, reprit le colonel ; " et c'est pourquoi je vais le lui dire, car je pense que vous devez savoir qu'il est non seulement capable de parler une demi-douzaine de langues, mais qu'il est capable d'accomplir des actes d'une bravoure exceptionnelle.

"Vous pouvez aller discuter avec le colonel, Brooke. Il a hâte d'entendre votre rapport sur le pays, et je serai votre trompettiste ici."

Stanley s'éloigna volontiers et entra en conversation avec le colonel du 47e ; tandis que le colonel Adair racontait ses aventures avec le léopard à son cousin et aux officiers qui l'entouraient.

"Par Jupiter, c'était une chose courageuse !" » dit Harry Brooke avec admiration.

"C'était en effet!" » acquiesça le colonel, tandis que des exclamations similaires parcouraient le cercle. "Je ne pense pas qu'un homme sur cent aurait attaqué un léopard avec pour seule arme un couteau, sauf pour sauver la vie d'un camarade ; même dans ce cas, ce serait une action des plus désespérées. J'ai fait beaucoup de choses. chasse au gros gibier, en Inde ; mais je suis certain que seule une forte affection, pour un camarade en proie à un léopard, m'inciterait à risquer une mort presque certaine comme l'a fait votre cousin. Nous n'aurions jamais dû entendre parler de si nous n'avions pas obtenu les détails de l'homme qu'il a sauvé et qui s'est depuis attaché à lui comme serviteur ; et c'est l'homme qui, comme j'ose le dire, vous l'a dit, lui a servi de compagnon et de guide pour faire son En tout cas, voyez-vous, Brooke, votre cousin est un jeune homme exceptionnellement bien, et vous avez des raisons d'être fier de votre relation.

— Je le sens, colonel ; et c'est vraiment un plaisir de savoir que, si quelqu'un tombe, c'est un très bon garçon qui en bénéficiera, au lieu d'un inconnu qui pourrait être un représentant très répréhensible de la famille.

Pendant les trois ou quatre jours suivants, les préparatifs se poursuivirent et, le cinquième, un détachement fut envoyé, avec un sloop et des canonnières, pour attaquer une position avancée de l'ennemi sur la rivière Lyne. Bien que les 3 000 Birmans, postés dans une forte palissade, fussent appuyés par trente-six canons ; les travaux furent emportés d'assaut, avec peu de pertes.

Les deux bras de la rivière Pellang (ou Rangoon), par lesquels la force devait avancer contre Donabew, furent, le lendemain, reconnus sur une certaine distance. Un certain nombre de radeaux de pompiers ont été détruits, mais les Birmans étaient trop découragés pour opposer la moindre résistance.

À la grande déception des troupes, le général ne put emporter avec lui qu'une force limitée ; car les difficultés du transport étaient énormes et, comme l'expérience l'avait montré, le pays risquait d'être désert et dévasté à leur approche ; il était donc impossible d'engager le gros de l'armée par voie terrestre. Il y avait cependant d'autres points où les troupes restées sur place pouvaient être employées avec profit. La prise de l'importante ville de Bassein, sur le bras principal de l'Irrawaddy, ouvrirait le fleuve au passage de nos navires et mettrait un terme complet au commerce d'Ava.

La force chargée de l'avancée contre Donabew était divisée en deux colonnes. Le premier, fort de 2 400 hommes, composé des 38e, 41e et 47e régiments, de trois bataillons indigènes, de la troupe de gardes du corps ; une batterie d'artillerie à cheval du Bengale et une partie de la compagnie de fusées devaient marcher par voie terrestre.

La deuxième colonne, qui devait avancer par eau, comptait 1,169 hommes ; et il se composait du 89e régiment, du 10e Européen de Madras et de 250 hommes du 18e infanterie indigène ; un corps d'artillerie débarquée et le reste de la compagnie de fusées. Cette force était commandée par le général de brigade Cotton. Il devait être transporté par une flottille de soixante-deux bateaux, chacun armé d'un ou deux canons ; et les bateaux de tous les navires de guerre à Rangoon, sous le commandement du capitaine Alexander, RN

Le major Sale devait, en même temps, s'avancer contre Bassein ; avec 600 hommes du 13e régiment et du 12e infanterie indigène de Madras, avec un peu d'artillerie. Après avoir occupé la ville, il devait traverser le pays compris entre les deux bras principaux de l'Irrawaddy et rejoindre les forces du général près de Donabew.

Le reste de la force - près de 4 000 hommes, principalement des régiments indigènes et européens qui n'avaient pas encore récupéré suffisamment de forces pour prendre part aux opérations sur le terrain - devait rester à Rangoon, sous les ordres du général de brigade M'Creigh ; qui devait former une colonne de réserve, prête à se déplacer selon les instructions, dès qu'un moyen de transport suffisant serait rassemblé.

C'est à la force maritime que fut confiée la prise de Donabew, car elle se trouvait sur la rive opposée de l'Irrawaddy ; tandis que les forces du général étaient dirigées contre Tharawa, à la jonction des deux principaux bras du fleuve. Ici, ils devaient être rejoints par les forces du général Cotton, après la prise de Donabew ; puis, à moins que la cour d'Ava ne demande la paix, une avance unie devait être faite sur l'importante ville de Prome.

# Chapitre 11
# Donabew.

Stanley Brooke n'accompagnait pas la colonne terrestre, comme le lui avait dit le général, deux jours auparavant :

"J'ai parlé avec le général Cotton, et il a dit qu'il serait heureux que je vous attache à son état-major, jusqu'à ce que les forces s'unissent à nouveau. Aucun de ses officiers d'état-major ne parle birman et, bien qu'il ait deux ou trois interprètes avec lui, il vaudrait mieux, si Bandoola envoie un officier proposant de se rendre, qu'il soit accueilli par un officier britannique.

" Ensuite, il lui sera peut-être nécessaire de communiquer avec moi et, assurément, avec votre expérience du pays, vous vous en sortirez mieux que quiconque. Je ne crois pas qu'il y ait un grand danger. , car nous savons que tous les combattants disponibles ont été impressionnés par Bandoola ; et le passage de notre colonne intimidera complètement les villageois se trouvant entre nous et la rivière.

« Je suppose, » dit-il en souriant, « que vous n'y voyez aucune objection, puisque cela vous épargnera une marche longue et, j'en suis sûr, très désagréable ; et vous aurez également une vue sur les affaires de la capitale. palissades à Pellang et Donabew.

La colonne de terre partit le 13 février, la colonne d'eau le 16 et le détachement pour Bassein s'embarqua le lendemain. Stanley était ravi d'avoir été nommé pour accompagner la colonne des bateaux. La marche à travers le pays ne présenterait pour lui aucune nouveauté, et il était probable que la colonne terrestre ne rencontrerait aucune résistance sérieuse jusqu'à ce qu'après avoir été rejointe par les forces du général Cotton, elle s'avançait vers Prome. Ses chevaux partaient, avec ceux du général Cotton et de son état-major, sous la direction du Syce et du Meinik.

L'unique bateau à vapeur se tenait, au départ, en arrière de la grande flottille de bateaux, de sorte que, au cas où l'un d'entre eux heurterait un banc de sable, il pourrait immédiatement se porter à son secours et l'enlever. La scène était très lumineuse puisqu'au total, plus d'une centaine d'embarcations, de différentes tailles, avançaient ensemble. Devant se trouvaient une demi-douzaine de canonnières ; à côté d'eux venaient les deux sloops de guerre ; suivi du reste des bateaux, avançant dans un ordre irrégulier. Il y avait très peu de cours d'eau, car les rivières étaient maintenant assez basses et, bien que le plat pays ne soit encore qu'un marécage, les pluies dans les collines qui leur fournissaient la principale masse d'eau avaient cessé depuis longtemps. Les bateaux des navires étaient, bien entendu, ramés par les gilets bleus. Les autres embarcations étaient, pour la plupart, pilotées par des indigènes ; même si les soldats à bord donnaient parfois un coup de main.

Deux jours après le départ, les bateaux détruisirent trois palissades nouvellement érigées, qui furent trouvées inoccupées ; et le 19 il atteignit Pellang, où trois palissades très solides avaient été érigées. Le lendemain, une batterie fut créée, d'où, ainsi que du bateau à vapeur et des sloops de guerre, des obus furent lancés dans la palissade ; avec un tel effet que deux des ouvrages ennemis furent évacués dès que les troupes prirent l'offensive, et que la palissade principale de Pellang fut également abandonnée, sans résistance. Les deux ouvrages les plus petits furent détruits et une partie du 18e d'infanterie de Madras fut laissée ici pour maintenir la communication avec Rangoon.

Le 27, la flottille entra dans le cours d'eau principal et, le lendemain, l'avance arriva en vue de Donabew. Il fallut encore cinq jours avant que toute la force ne soit en position, car plusieurs des embarcations les plus lourdement chargées restèrent bloquées sur les bancs de sable à l'embranchement de la rivière. Le lendemain, Donabew fut sommé de se rendre. Bandoola, qui était à la tête de 15 000 hommes, refusa ; ce qui fut prononcé dans des termes courtois, très différents du langage hautain et péremptoire dans lequel toutes les communications précédentes avaient été rédigées.

Le lendemain, un groupe du 89e débarqua sur les basses terres situées entre la palissade principale et la rivière et, malgré le feu nourri, réussit à vérifier la force et la nature des défenses. L'ouvrage principal avait la forme d'un parallélogramme d'environ un mille de long et se dressait sur un terrain s'élevant au-dessus du niveau général ; et cinquante pièces de canon, de diverses grosseurs, étaient en position sur le bord de la rivière. Deux ouvrages avancés, construits avec des poutres carrées en bois, avec un fossé extérieur et un épais abbatis, défendaient la face sud contre une attaque d'un ennemi débarquant en dessous.

Il était nécessaire de laisser une forte garde à bord de la flottille, de peur qu'une attaque ne soit entreprise par des canots de guerre et des radeaux de pompiers. Le général ne disposait donc pas de plus de 600 hommes disponibles pour l'assaut. Comme les canons ennemis dominaient entièrement la rivière, il fallut débarquer en aval ; et le 7 au matin, les troupes furent débarquées, avec deux canons de six livres et un détachement de fusées. Formant deux colonnes, ils s'avancèrent contre la plus basse des deux palissades de couverture et, après un échange de tirs avec l'ennemi, se précipitèrent et y enfoncèrent l'entrée ; bien que l'ennemi ait résisté avec plus de détermination qu'il n'en avait montré depuis quelque temps. 280 prisonniers furent faits et le reste des défenseurs s'enfuit vers le deuxième ouvrage.

Deux autres canons et quatre mortiers furent débarqués et mis en position et, après que les palissades eurent été bombardées pendant une courte période, une équipe d'assaut - dirigée par le capitaine Rose - s'avança à l'assaut. Un feu si violent fut ouvert sur eux que la petite colonne fut arrêtée et forcée de se replier ; avec la perte de son commandant et du capitaine Cannon du 89e, tandis que la plupart des marins du groupe d'assaut furent soit tués, soit blessés.

Ce manque de succès, contre un simple travail extérieur, montra au général Cotton que, avec la petite force dont il disposait, il serait pire qu'inutile de renouveler l'attaque car, si le travail extérieur était réussi, la perte serait si grande qu'elle il serait inutile d'envisager d'attaquer la position principale de Bandoola. Il décida donc de s'abstenir de toute nouvelle attaque, jusqu'à ce qu'il soit renforcé.

"Maintenant, M. Brooke," dit-il, dès que les troupes furent de nouveau remontées à bord des bateaux, "je dois faire appel à vos services. C'est exactement l'éventualité que nous pensions pouvoir se produire. Je ne peux pas avancer. la rivière jusqu'à ce que Donabew soit pris, et je ne peux pas attaquer la place avec les forces dont je dispose. C'est pourquoi j'écrirai immédiatement une dépêche au général Campbell, pour que vous la portiez. Vous serez accompagné des deux hommes de la garde du corps, qui sont venus avec moi comme aide-soignants. Je n'en aurai aucune utilité ici ; et trois d'entre vous, ensemble, n'aurez à craindre aucune agression de la part des quelques personnes restant dans leurs villages, et pourrez peut-être vous frayer un chemin à travers n'importe lequel des villages. des bandes de déserteurs ou de troupes battues se sont dispersées à travers le pays.

" Très bien, général. Je prendrai aussi mon Birman, sur mon deuxième destrier. Il pourra être utile pour obtenir des nouvelles des routes des indigènes ; qui, très probablement, s'envoleront dans la jungle lorsqu'ils nous verront approcher. Cependant, nous ne craignons pas beaucoup de nous perdre, car ce sera le long du fleuve, jusqu'à Tharawa.

Un bateau fut aussitôt envoyé vers l'embarcation transportant les deux aides-soignants et les chevaux du personnel. Dès que la dépêche fut rédigée, Stanley, après avoir serré la main de ses compagnons, fut également conduit jusqu'à la barge à chevaux. Celui-ci fut, au signal du général, pris en remorque par le paquebot et piloté sur la rive opposée. Un bateau, sondant devant lui, trouva bientôt un endroit où il y avait suffisamment d'eau pour que la barge puisse accoster la berge. Les chevaux furent conduits à terre ; et Stanley, les deux soldats et Meinik montèrent.

Les Birmans sont de mauvais cavaliers mais, pendant la saison des pluies, Stanley avait souvent emmené Meinik, sur son cheval de réserve, lorsqu'il se promenait dans le camp ; en partie parce qu'il pouvait lui faire confiance pour soigner soigneusement les chevaux, et en deuxième lieu pour l'habituer à monter à cheval afin d'agir, si nécessaire, comme infirmier. Meinik était tout à fait d'avis qu'il n'y aurait aucun risque à traverser des villages ; mais il pensait qu'il était probable qu'ils pourraient tomber sur des troupes dissoutes, car on savait que la colonne terrestre avait, peu après son départ, capturé le fort de Mophi ; et que sa garnison, forte de deux à trois mille hommes, s'était enfuie dans la jungle et s'était dispersée.

« Pourtant, maître, dit-il, je ne pense pas qu'ils nous attaquent. Ils n'attendront personne et nous les surprendrons par surprise ; ils courront alors dans les buissons, pensant que vous Il doit y avoir beaucoup plus de troupes derrière vous. Non, il est peu probable qu'ils aient beaucoup d'armes, ils les jetteraient en fuyant, en partie pour courir plus vite à travers la forêt, en partie parce que la plupart d'entre eux s'enfuiraient vers les villages. , dans l'espoir de rester caché jusqu'à la fin de la guerre ; tandis que s'ils avaient des fusils à la main, on saurait qu'ils sont des déserteurs, et ils pourraient être capturés et envoyés de l'autre côté du fleuve jusqu'à Bandoola, ou jusqu'à Prome.

Ils parcoururent environ quinze milles avant la nuit, puis s'installèrent dans un village. Les quelques vieillards, femmes et enfants qui l'habitaient s'enfuirent à leur approche ; mais lorsque Meinik se rendit à la lisière de la jungle et cria haut et fort qu'ils n'avaient rien à craindre, car aucun mal ne serait fait à aucun d'eux et que de bons prix seraient offerts pour la nourriture, deux ou trois revinrent et, trouvant le Ces déclarations étant vraies, l'un d'eux retourna dans la jungle et ramena les autres. Des volailles et des œufs furent apportés dans la hutte qu'occupait Stanley, et une bonne quantité de céréales pour les chevaux fut également achetée. Ainsi, Stanley a pu éviter de s'introduire dans le petit stock de provisions qu'ils avaient emporté avec eux.

Les habitants de cette partie de la Birmanie formaient une tribu connue sous le nom de Cariens. Ils cultivaient la terre et constituaient une race industrieuse et robuste. Le pays était si riche que non seulement ils en récoltaient suffisamment pour leurs propres besoins, mais qu'ils envoyaient également de grandes quantités de céréales et de riz à Ava. Ils étaient très lourdement imposés mais, en règle générale, étaient exemptés de conscription. Néanmoins, ils avaient été contraints, dans cette occasion, de travailler aux palissades et de transporter des vivres pour les troupes.

Leurs villages forestiers étaient petits. Il s'agissait de petites cabanes érigées soit dans des arbres débarrassés de leurs branches, soit sur des poteaux très solides. Ces demeures n'étaient accessibles que par des échelles grossières, formées en clouant des morceaux de bois sur les arbres ou les poteaux. Cela était absolument nécessaire, compte tenu du nombre de tigres qui infestaient la forêt. Le village où ils s'étaient arrêtés était pourtant bâti sur le terrain ;

mais il était entouré d'une forte palissade. Les gens assurèrent à Stanley qu'aucun des fugitifs de Mophi n'était venu par là.

Il y en avait eu, disaient-ils, beaucoup après la défaite de Bandoola ; mais ils n'en avaient vu aucun ces derniers temps. Ils déclarèrent qu'ils avaient bien plus peur de ces derniers que des Anglais ; pour cela, ils pillaient partout où ils allaient et, s'ils ne pouvaient obtenir de quoi satisfaire leurs attentes, incendiaient les maisons et tuaient souvent de nombreux habitants. Les villageois se portèrent volontaires pour veiller toute la nuit, à la porte de la palissade ; bien qu'ils disaient qu'il n'y avait aucune crainte que quiconque s'approche, car les étrangers ne pouvaient pas trouver leur chemin à travers la forêt, dans l'obscurité et, même s'ils le pouvaient, la peur des tigres les empêcherait de faire cette tentative. Stanley a accepté de payer certains d'entre eux pour surveiller, mais a également posté l'un de ses propres hommes comme sentinelle, le remplaçant toutes les trois heures.

Une heure après avoir atteint le village, ils aperçurent un des bateaux de guerre qui remontait rapidement le cours d'eau ; et il ne doutait pas qu'il portait un message de Bandoola, disant qu'il avait repoussé l'attaque des Britanniques. Au-delà des hurlements des tigres dans la forêt, Stanley passa la nuit sans être dérangé, sauf lorsqu'il alla changer de sentinelle. Meinik a pris sa part de surveillance ; et Stanley lui-même le releva une heure avant le lever du jour.

Au moment où le soleil se levait, les chevaux avaient été nourris et le petit-déjeuner pris. Après avoir parcouru quelques kilomètres, le pays est devenu plus ouvert. Les champs cultivés succèdent à la forêt dense. Le terrain était plus élevé et on apercevait de petits groupes de cabanes partout où une petite élévation s'élevait au-dessus du niveau général. Le changement était très bienvenu, car ils pouvaient voyager plus vite et il y avait moins de chance qu'ils tombent soudainement sur un groupe de troupes dissoutes.

Bientôt, alors qu'ils atteignaient un village plus grand que d'habitude, au bord de la rivière, une épaisse fumée s'échappa d'une des maisons, et ils purent entendre des cris de femmes.

"Allez!" Cria Stanley aux trois hommes qui le suivaient. "Veillez à ce que vos pistolets soient à portée de main et dégainez vos épées."

Ce village n'était pas, comme le précédent, palissadé ; étant à quelques kilomètres de la forêt. En s'y précipitant, ils aperçurent une vingtaine de Birmans. Deux femmes gisaient mortes devant une maison ; et l'un des hommes, avec une torche, était sur le point d'en tirer une autre. Absorbés par leurs propres affaires, les Birmans ne remarquèrent l'arrivée des cavaliers que lorsque ceux-ci furent proches d'eux. Puis, avec un cri de consternation, ils se tournèrent pour fuir ; Mais c'était trop tard. Stanley abattit l'homme qui était sur le point de tirer sur la cabane, puis lui et les autres tombèrent sur les Birmans, avec une épée et un pistolet. Six d'entre eux ont été tués. Les autres furent poursuivis mais, se précipitant vers la rivière, ils s'y enfoncèrent, des coups de pistolet étant envoyés après eux.

Stanley resta sur la rive jusqu'à ce qu'il s'aperçoive qu'ils avaient presque commencé à traverser la rivière, puis il rentra dans le village. Deux ou trois personnes effrayées sortirent de leurs cachettes lorsque Meinik leur cria que tout était en sécurité.

"Ils sont tous partis", dit-il, "vous n'avez pas à craindre d'être de nouveau dérangés. Voyez, il y a six fusils qui traînent sur la route, et vous trouverez beaucoup de munitions sur ceux qui sont tombés. Il y a quelques lances. et des épées aussi. Bien sûr, vous ne pouvez rien faire si un certain nombre de ces hommes viennent ; mais s'il n'y en a que deux ou trois, vous et les femmes devriez pouvoir vous en débarrasser. Maintenant, nous devons continuer notre route.

Le troisième jour, ils arrivèrent à Tharawa et découvrirent que Sir A. Campbell, qui avait été assuré par les indigènes que Bandoola s'était retiré, avait continué sa marche la veille. L'endroit était si grand que Stanley pensa qu'il était dangereux pour eux d'y dormir, et ils se rendirent à cheval jusqu'à un petit village, à trois kilomètres de là. Ici, ils furent reçus avec beaucoup de déférence, le passage des troupes la veille ayant profondément impressionné les villageois. Après avoir attendu trois heures pour reposer les chevaux, ils remontèrent à cheval et, chevauchant toute la nuit, arrivèrent le matin à Yuadit, un village situé à vingt-six milles de Tharawa, et trouvèrent l'armée sur le point de partir.

"Pas de mauvaises nouvelles, j'espère, M. Brooke ?" » dit le général en s'approchant de lui.

"Je suis désolé de vous dire, monsieur, que mes nouvelles ne sont pas bonnes. Voici la dépêche du brigadier."

"C'est vraiment regrettable", a déclaré le général après avoir examiné le document.

"M. Tollemache, s'il vous plaît, suivez la ligne et dites que la colonne ne doit pas se mettre en mouvement jusqu'à nouvel ordre."

Le colonel Adair et les autres officiers de l'état-major étaient sur le point de monter à cheval, lorsque Stanley arriva. Le général appela deux ou trois officiers supérieurs.

"Le coton ne peut ni prendre Donabew, ni le dépasser", a-t-il déclaré. "Voici sa dépêche. Vous voyez, il a perdu plusieurs officiers et beaucoup d'hommes, et cela seulement dans l'assaut d'un ouvrage éloigné. Je crains que nous n'ayons rien d'autre à faire que de retourner à son secours. ".

"J'ai bien peur que non, monsieur", a déclaré le colonel Adair. « Nos approvisionnements sont déjà à court et, voyez-vous, nous avons décidé de remplir toutes les charrettes à Tharawa, où nous avons fait en sorte que nous soyons accueillis par les bateaux. Le pays autour d'ici a été complètement dépouillé, et ce serait un désastre. Il s'agit d'une affaire très sérieuse que de tenter d'avancer vers Prome, sans ravitaillement. De plus, nous pourrions nous attendre à une résistance beaucoup plus sérieuse que celle que nous avions négociée. La nouvelle que Bandoola a repoussé ses assaillants, et vous pouvez être sûr que cela a été exagéré en une grande victoire - restaurera l'esprit des Birmans. Il est évident que nous devons faire demi-tour et en finir avec Bandoola avant d'avancer plus loin.

Des ordres furent donc envoyés aux officiers commandant les différents corps, que la colonne devait revenir sur ses pas et, pendant qu'elle traversait le village, Stanley raconta, avec beaucoup plus de détails que ne l'avait donné la dépêche, les événements de l'attaque. , et la nature des défenses de Donabew.

Les troupes marchaient d'un air joyeux. C'était, bien sûr, un ennui de devoir revenir péniblement sur la route qu'ils avaient parcourue auparavant, mais, d'un autre côté, il y avait une satisfaction générale qu'ils devaient, après tout, participer à la prise du dernier bastion de Bandoola.

Le colonel Adair poursuivit sa route avec la petite troupe de cavalerie. Il devait avancer jusqu'à Tharawa et offrir des récompenses aux indigènes pour chaque bateau amené. Il ne faisait aucun doute que de nombreux pêcheurs avaient hissé leurs embarcations dans des touffes de buissons et de broussailles, pour éviter qu'elles ne soient réquisitionnées. par Bandoola et, bien qu'il soit peu probable qu'on en obtienne maintenant un grand nombre, même si l'on n'en trouvait qu'une douzaine, cela serait utile.

Le reste de la force atteignit Tharawa le lendemain soir, à l'exception d'un groupe parti pour protéger les wagons lents. Ils découvrirent que neuf canots avaient été obtenus et qu'une partie considérable de la faible population avait été employée toute la journée à couper des bambous et du bois pour les radeaux.

Le lendemain matin, les troupes étaient toutes occupées au même travail et à la construction de radeaux ; et à la tombée de la nuit, trois cents hommes du 49e furent emmenés de l'autre côté de la rivière jusqu'à la ville de Henzada, au cas où Bandoola, apprenant les préparatifs de la traversée, enverrait une force pour s'opposer au passage. Il fallut quatre jours de travail continu pour faire passer la petite armée, car il fallut fabriquer de grands radeaux en bois pour transporter les charrettes, les chevaux et les bœufs, les canons et les provisions.

Apprenant qu'une force était postée à une quinzaine de milles de là, pour intercepter le détachement qui marchait de Bassein ; Le colonel Godwin, accompagné d'un groupe, fut envoyé cette nuit-là pour tenter de le surprendre. Les Birmans, cependant, prirent l'alarme avant d'être attaqués ; et dispersés dans toutes les directions, sans tirer un seul coup de feu. L'armée marcha le long de la rive droite et arriva devant Donabew le 25 mars. Les communications furent ouvertes avec les forces du général Cotton, en contrebas de la ville ; et les deux divisions se mirent au travail pour ériger des batteries.

Les Birmans firent plusieurs sorties pour interrompre les travaux, et l'une d'elles était accompagnée des dix-sept éléphants de Bandoola. La troupe de cavalerie, l'artillerie à cheval et la compagnie de fusées chargèrent de près les éléphants ; et ouvrit le feu sur les howdahs, remplis de troupes, qu'ils transportaient. En peu de temps, la plupart d'entre eux et les chauffeurs furent tués ; et les éléphants, dont beaucoup avaient également reçu des blessures, se précipitèrent dans la jungle, tandis que l'infanterie s'enfuyait dans la palissade, dans laquelle une décharge d'obus et de roquettes était maintenue toute la journée.

Le lendemain matin, le 1er avril, les batteries de mortiers étaient terminées ; et ceux-ci, et d'autres armés de canons légers, entretenaient un feu continu sur le camp ennemi. Le 2, au point du jour, les canons lourds des batteries de brèche ouvrirent également le feu et, en très peu de temps, on vit l'ennemi se déverser à l'arrière de ses ouvrages et se frayer un chemin dans la jungle. Comme on ne pensait pas qu'ils évacueraient si rapidement la palissade, aucun préparatif n'avait été fait pour les couper ; et la garnison s'enfuit donc avec peu de pertes.

Les troupes occupèrent aussitôt l'ouvrage et y trouvèrent de grands magasins de blé et de munitions, ainsi qu'un grand nombre de canons. D'après certains Birmans blessés, il fut établi que l'évacuation du fort était due à la mort de Bandoola ; qui avait été tué, par l'explosion d'un obus, alors qu'il surveillait les opérations depuis un guetteur qui avait été érigé pour lui, au sommet d'un arbre élevé. Sa mort avait provoqué la plus profonde dépression parmi la garnison. Leurs chefs essayèrent en vain de ranimer leur courage. L'ouverture du feu avec l'artillerie lourde acheva de les déconfiturer, et ils s'enfuirent sans penser à résister. En effet, la plupart s'étaient enfuis pendant la nuit.

Une partie de la flotte avait déjà dépassé le fort, sous un feu nourri ; et le reste arrivait maintenant. Les approvisionnements en céréales furent renouvelés et, une garde étant laissée pour tenir les travaux, qui serviraient désormais de base, l'armée reprit la remontée du fleuve - la colonne d'eau se dirigeant vers Tharawa, la force terrestre retournant à Henzada, d'où ils étaient transportés à travers la rivière dans les bateaux. Ici, la force fut rejointe par la colonne de réserve de Rangoon, composée de plusieurs compagnies des Royals et du 28e d'infanterie indigène, avec une réserve d'éléphants et de bétail de transport arrivés de Calcutta.

Le 14, Yuadit fut de nouveau atteint. Aucune opposition, quelle qu'elle soit, ne fut rencontrée ; en effet, tout le pays était déserté, les habitants ayant été chassés par les autorités birmanes, dès que la chute de Donabew fut connue. A moins de quatre jours de marche de Prome, deux fonctionnaires indigènes arrivèrent, avec une communication selon laquelle les Birmans étaient prêts à traiter pour la paix. Mais comme on savait que des renforts arrivaient d'Ava, il était évident que ce n'était là qu'un prétexte pour gagner du temps ; et le général fit dire qu'à son arrivée à Prome, il serait prêt à ouvrir des négociations de paix.

Le pays que traversait actuellement l'armée était très beau. Au loin, sur la gauche, on apercevait les montagnes d'Aracan ; tandis qu'à droite, le pays était vallonné, richement cultivé et interrompu par des touffes de bois, avec en arrière-plan la chaîne de collines qui longeait près de la rivière Pegu. Le 24, les hauteurs de Prome, à huit milles de distance, étaient visibles ; et l'on pouvait voir la flottille ancrée à une courte distance au-dessous de la ville. Des messagers sortirent dans l'après-midi pour essayer d'engager le général à ne pas y entrer ; mais on répondit que cela était hors de question, qu'aucun mal n'arriverait aux habitants, et que, dès son entrée, le général serait prêt à recevoir toutes les personnes qualifiées pour traiter de paix.

Quelques heures avant le lever du jour, l'armée marcha en avant et, au lever du soleil, elle était proche de la ville. La position s'est avérée extrêmement forte. Chaque colline commandant la place avait été fortifiée jusqu'au sommet. De fortes palissades couraient dans toutes les directions, et il était évident qu'un grand nombre d'hommes devaient s'être occupés, depuis longtemps, à tenter de rendre la place imprenable.

Mais on ne trouva pas un seul soldat. Un indigène de l'endroit les rencontra bientôt, leur annonçant que le gouverneur et les troupes avaient évacué la ville, à l'exception d'un petit groupe qui tirait sur la ville. Cette histoire a été corroborée par des volutes de fumée s'élevant à différents endroits.

Les troupes avancèrent à toute vitesse. En entrant dans la ville, ils constatèrent que toute la population indigène avait été forcée de partir et, accumulant les armes, ils se mirent au travail pour éteindre les flammes ; ce qu'ils n'y parvinrent cependant que lorsque près de la moitié de la ville fut détruite. Heureusement, l'incendie fut maîtrisé avant qu'il n'atteigne les grands magasins de céréales et autres magasins de l'armée.

La croyance que les négociations n'avaient été que des prétextes pour arrêter l'avancée des troupes contre la ville, jusqu'à l'arrivée des renforts attendus, fut confirmée par les indigènes ; qui revenaient alors des cachettes où ils s'étaient réfugiés, jusqu'à ce que leur armée se retire. Ils dirent que, dès que parvint la nouvelle de la chute de Donabew, de nouvelles levées furent ordonnées dans toutes les parties de la Haute-Birmanie ; tandis que toute la population de la province avait été employée à renforcer les défenses de la ville, déjà très fortement palissadée.

Ce fut une déception pour la force, qui avait espéré que l'occupation de Prome amènerait la soumission de la cour d'Ava ; et leur permettre de descendre le fleuve en barque et de s'embarquer avant que la saison des pluies ne revienne. Néanmoins, la perspective de passer cette saison à Prome était bien plus agréable que si elle devait être passée à Rangoon. Ils étaient désormais à l'intérieur des terres, au-delà du point où les pluies étaient continues. La ville était située sur un terrain élevé et la campagne environnante était ouverte et saine. Bien que sur une petite distance à la ronde, le bétail ait été chassé et les villages détruits ; il était certain que les colonnes volantes seraient capables d'amener n'importe quelle quantité de bétail, avant le début de la saison des pluies.

Pendant une courte période, on crut que l'occupation de Prome montrerait au roi et à la cour qu'il était inutile de continuer la lutte plus longtemps ; mais ces espérances furent dissipées lorsqu'on apprit qu'une nouvelle levée de 30 000 hommes avait été appelée. Le tribunal, cependant, était apparemment conscient que ses ordres ne seraient plus obéis avec l'empressement qu'il avait manifesté auparavant. Les premières levées avaient obéi à l'appel avec gaieté ; croyant en leur invincibilité, et confiants qu'ils rentreraient chez eux chargés de butin après avoir poussé, sans difficulté, les audacieux étrangers à la mer. Mais les choses ne s'étaient pas déroulées ainsi. Les troupes qui avaient quitté Ava en pleine forme avaient été mises en déroute, avec de très lourdes pertes. Leur grand général Bandoola avait été tué ; et les fugitifs de l'armée étaient dispersés à travers le pays, apportant avec eux des rapports sur les puissances de combat extraordinaires de ces ennemis blancs et sur le désespoir de tenter de leur résister. La conséquence fut qu'en ordonnant le nouveau prélèvement, une prime de vingt livres, ce qui pour les Birmans était une somme très importante, fut offerte à chaque homme qui obéissait à l'appel.

La première mesure, de la part du général britannique, fut d'envoyer des proclamations à travers le pays ; garantir la protection de tous et inviter la population à regagner ses villes et villages. Les troupes furent employées à ériger, avec l'aide de toute la main-d'œuvre indigène possible, des huttes confortables en dehors de la ville ; de sorte que les indigènes, à leur retour, trouveraient leurs maisons inoccupées et intactes. Cette excellente politique ne tarda pas à produire les effets escomptés. Dès que les premiers revenus en parlèrent à leurs amis, les fugitifs sortirent en grand nombre de leurs cachettes dans les forêts et revinrent en ville. Ceux dont les maisons étaient encore debout s'y installèrent et reprirent leurs occupations ordinaires, comme si leurs dirigeants indigènes étaient toujours au pouvoir ; tandis que ceux dont les maisons avaient été incendiées se mirent au travail, avec une gaieté caractéristique de leur race, pour reconstruire leurs légères habitations en bois.

Les bruits répandus dans tout le pays sur notre conduite furent si favorables qu'en peu de temps la population de Prome fut considérablement plus nombreuse qu'elle ne l'était avant l'avancée de notre armée. Des résultats similaires se sont rapidement manifestés dans tout le district situé en aval de la ville. De la grande forêt qui en couvrait plus de la moitié, les villageois affluèrent, chassant devant eux des troupeaux de bétail et, en deux ou trois mois, le pays qui paraissait un désert se remplit d'une population industrieuse. L'ordre était établi. Les officiers civils locaux furent de nouveau nommés à leurs anciens postes, mais leurs pouvoirs d'oppression et d'intimidation furent abrogés, par l'ordre qu'aucune peine au-delà d'une courte peine d'emprisonnement ne devait être infligée à quiconque, quel qu'il soit, jusqu'à ce que l'affaire soit intentée. devant les autorités britanniques ; et bientôt la seule crainte qu'éprouvèrent les habitants du riche district du bas Irrawaddy fut que les troupes britanniques ne s'en allèrent et les abandonnèrent à nouveau à l'oppression et à la tyrannie de leurs anciens maîtres.

Les marchés de Prome étaient abondamment approvisionnés en nourriture de toutes sortes et, comme tout était généreusement payé, on pouvait se procurer un nombre illimité de bœufs, bien que les Birmans aient interdit par leur religion de tuer le bétail, et donc de ne le garder qu'à des fins de trait. ils n'avaient aucune objection à ce que nous les tuions ; ou bien, de manger la viande, quand ils pouvaient l'obtenir. La main-d'œuvre de toutes sortes était abondante et un grand nombre de canots furent construits dans le but d'acheminer les approvisionnements des villages riverains et pour l'avancée des forces à la fin de la saison des pluies. Jusqu'à ce que cela se produise sérieusement, de petits corps de troupes marchèrent à travers les forêts ; chassant les bandes qui les infestaient, et pillant et tuant les paysans sans pitié.

Les aides de camp du général étaient très occupés, étant constamment employés à porter les ordres dans les villes et les villages, à entendre les plaintes et, dans le cas de Stanley, à conclure des accords pour l'achat de bétail et de céréales. À Prome, il passait une grande partie de son temps libre avec son cousin qui, après avoir acheté un cheval, obtenait fréquemment la permission de l'accompagner dans ses excursions de service. Une chaleureuse amitié s'était nouée entre eux. Harry avait deux ans de plus que Stanley et était à Eton jusqu'au moment où il entra dans l'armée. Il n'était cependant pas plus âgé que son cousin ; dont le travail, au cours des trois années précédant le déclenchement de la guerre, l'avait rendu plus grave et plus viril qu'une vie passée parmi des garçons de son âge n'aurait pu le faire.

Meinik accompagnait toujours Stanley, partout où il allait. Il avait maintenant, au grand amusement de ce dernier, modifié son costume birman ; le faisant ressembler à celui de certains Blancs et, en effet, il aurait passé sans se faire remarquer pour l'un des serveurs du mess Goa-Portugais, dans son costume de nankin blanc. Lorsqu'il chevauchait ou lors de tout service en dehors du camp du quartier général, il était vêtu d'un costume kaki marron résistant qu'il avait obtenu auprès de l'un des commerçants de Rangoon. L'habit ne différait guère de celui du costume que Stanley lui avait remis ; sauf qu'elle était un peu plus courte et sans petite cape d'épaule et, en fait, elle ressemblait beaucoup à la tunique régimentaire moderne. En bas, il portait des culottes du même tissu ; avec des mastics ou de longues bandes de tissu, enroulées autour de la jambe, et qui possédaient de nombreux avantages sur les guêtres. Il s'accrochait toujours au turban mais, au lieu d'être blanc, il était de la même couleur que ses vêtements et était beaucoup plus grand que le turban birman.

"Les Birmans sont de grands imbéciles", disait-il souvent à Stanley. "Ils pensent qu'ils savent beaucoup de choses ; ils ne savent rien du tout. Ils pensent qu'ils sont de grands combattants ; ils ne sont pas bons au combat, car un Anglais en bat dix. Leur gouvernement n'est pas bon : il maintient tout le monde très pauvre et misérable. Vous venez ici, vous ne connaissez rien du pays, et pourtant vous mettez tout le monde à l'aise. Nous traversons les villages, nous voyons tout le monde se réjouir d'être gouverné par les Anglais, et espérer que les Anglais ne repartiront plus.

" Que pensez-vous, monsieur, resterez-vous toujours ici ? Vous avez eu beaucoup de peine à prendre le pays. Un grand nombre de personnes ont été malades ; un grand nombre sont morts. Maintenant que vous l'avez, pourquoi devriez-vous repartir ? " ?"

" Il est bien certain que nous n'abandonnerons pas tout, Meinik. Cela a été, comme vous le dites, une affaire difficile et très coûteuse ; et plus le roi nous oblige à monter loin, avant de faire la paix, plus il nous oblige à monter. " devra payer, soit en argent, soit en territoire. Bien sûr, je ne peux pas dire quelles seront les conditions de la paix, mais je pense que, très probablement, nous tiendrons le pays de la mer jusqu'ici, avec Aracan et un bande le long de la côte maritime de Tenasserim.

"Ce sera bien", a déclaré Meinik. "Je ne sortirai plus jamais des terres anglaises. Il y aura beaucoup à faire et un grand commerce sur le fleuve; tout le monde sera heureux et content. Je serais fou de retourner en Haute-Birmanie; où ils hacheraient de ma tête, s'ils savaient que j'étais allé à Rangoon quand les Anglais y étaient.

# Chapitre 12
# Harry enlevé.

Au début de septembre, Stanley fut envoyé pour acheter du bétail dans certains villages proches du pied des collines et, en même temps, pour s'enquérir des mouvements d'une importante bande de maraudeurs qui avaient fait des raids dans ce quartier. Il avait avec lui quatre gardes du corps. Harry Brooke l'accompagnait. Même si, en raison de la situation plus saine de Prome, le nombre de maladies pendant la saison des pluies n'était pas comparable à celui de Rangoon, un grand nombre d'hommes étaient hospitalisés et il y avait de nombreux décès. Harry avait eu une forte crise de fièvre et, comme il s'était maintenant dans une certaine mesure rétabli, le médecin militaire de son régiment lui recommanda fortement de se changer ; et il obtint donc sans difficulté l'autorisation de son colonel pour accompagner Stanley, car le terrain serait beaucoup plus élevé que celui de la rivière, et le simple fait de s'éloigner d'un camp où tant de morts avaient lieu chaque jour suffirait à lui seul. , être d'une grande valeur.

Les voyages quotidiens de Stanley n'étaient probablement pas longs, car il avait pour instruction de s'arrêter dans tous les villages ; et pour voir comment les choses se passaient et si les gens avaient des plaintes à formuler concernant l'oppression et l'exaction de la part de leurs autorités locales.

"C'est un attrait formidable de pouvoir parler cette langue, Stanley," dit Harry. " Sans cela, vous seriez resté coincé à Prome, comme nous tous. Au lieu de cela, vous êtes toujours là et vous avez l'air aussi frais et en bonne santé que si vous étiez dans une station de montagne, en Inde."

"Oui, cela a été un immense avantage pour moi, à tous égards. Bien sûr, je n'aurais jamais dû obtenir mon poste sans cela.

" D'ailleurs, je ne vous ai pas dit que, pendant que vous étiez en proie à la fièvre, la gazette contenant la confirmation de ma nomination par le général et l'avis de ma commission, datée du jour de ma nomination, est sortie. J'avais une somme assez forfaitaire à toucher, même si, depuis le début, j'ai été payé comme interprète, le payeur a fait des difficultés au sujet de ma rémunération en tant que subalterne, jusqu'à ce que je sois régulièrement publié dans le Journal officiel ; j'ai donc une somme assez importante qui me revient, le mon salaire et mes indemnités. Je ne sais pas comment vous vous situez en matière d'argent mais, si vous manquez d'argent, je peux vous donner tout ce que vous voulez.

" J'ai vraiment plus que je ne sais quoi faire, Stanley. J'ai acheté un cheval indigène d'une qualité exceptionnelle, comme vous le savez, il y a six semaines ; et je vais le monter pour la première fois maintenant mais, en réalité, c'est presque le premier centime que j'ai dépensé depuis que nous avons quitté Rangoon. Il n'y a rien à acheter ici à part de la nourriture et, bien sûr, c'est une affaire de désordre. J'avais l'idée que c'était un pays riche mais, jusqu'à présent, on a vu rien en matière de riches étoffes vestimentaires, ni de châles, ni de tapis, ni de bijoux qu'on pourrait envoyer à la maison en cadeau. Eh bien, aux Indes, j'étais toujours tenté; mais ici, c'est certainement l'utile, plutôt que l'ornemental, qui rencontre l'oeil."

« J'ai vu de belles choses à Ava mais, bien sûr, toutes les classes supérieures se sont enfuies à mesure que nous parcourions le pays ; et les commerçants de biens riches ont fait de même. Vas-tu emmener un domestique avec toi, Harry ? Je ne pense pas qu'il y ait une quelconque occasion de le faire, car Meinik peut assez bien s'occuper de nous deux.

"Oui, je pense emmener mon indigène, l'homme que j'ai engagé juste après mon arrivée. C'est un très bon garçon, et il s'est rendu très utile, pendant que j'étais malade. Je lui ai fait un tatouage, hier, pour quelques roupies. Je sais que votre homme ferait très bien pour nous deux mais, parfois, lorsque vous faites d'un village votre quartier général et que vous partez en visite pour rendre visite aux autres, je ne me sens pas assez bien pour vous accompagner; et alors il C'est très utile, car il a appris pas mal de mots d'anglais. Votre homme s'en sort très bien, comme ça.

"Oui; il a fallu quelque temps avant de commencer car, bien sûr, il n'en avait pas besoin; mais maintenant qu'il a adopté ce qu'il considère comme un costume anglais et qu'il a décidé qu'il ne s'installera plus jamais sous gouvernement birman, il s'est efforcé d'apprendre la langue. J'ai trouvé que c'était plutôt gênant au début quand, au lieu de lui dire ce qu'il voulait dans sa propre langue, je devais lui dire en anglais, puis traduire Cependant, il comprend beaucoup de choses maintenant et, lorsqu'il n'a rien d'autre à faire, il parle avec les soldats. Bien sûr, pour avoir tant circulé avec moi, il est maintenant assez connu ; et comme c'est un garçon joyeux et de bonne humeur, il se sent chez lui avec eux et, si la campagne dure encore six mois, je pense qu'il parlera un très bon anglais.

"J'imagine que vous devrez décider qu'il est permanent, Stanley. Je suis sûr qu'il a l'intention de vous suivre, partout où vous irez, que ce soit en Angleterre, en Inde ou ailleurs."

« Je ne le regretterai pas, Harry ; certainement pas tant que je serai ici. En premier lieu, c'est vraiment un garçon très bricoleur et prêt à se rendre utile de quelque manière que ce soit ; Il ne fait aucun doute qu'il m'est très attaché et qu'il traverserait le feu et l'eau pour moi. Un homme de cette sorte est d'une valeur inestimable pour quiconque se promène comme je le serai, lorsque la guerre sera terminée et que je reprendrai le commerce. Le seul défaut est qu'il est vraiment trop soucieux de faire des choses à ma place.

Bien sûr, quand je suis de service, il ne peut pas faire grand-chose; mais si je suis assis dans une pièce, il reste accroupi pendant des heures dans un coin et regarde moi. Si mon cigare tombe bas, le voilà avec un nouveau et une lumière, en un instant. Si je laisse tomber mon mouchoir, ou un stylo, le voilà avec, avant que j'aie le temps de me baisser. Parfois j'ai vraiment d'inventer des courses pour l'envoyer faire, afin de lui donner quelque chose à faire pour moi. J'avoue que je n'ai pas envisagé quelle position il occuperait, si je faisais du commerce ; mais je reconnais bien qu'il m'accompagnera, et que il ferait partie de mon établissement, même si cet établissement ne consistait que de lui-même.

" Serez-vous prêt à partir à quatre heures du matin ? Le soleil est extrêmement chaud maintenant, les jours entre les pluies ; en tout cas, il vaudrait bien mieux pour vous, jusqu'à ce que vous ayez retrouvé des forces, de voyager au frais. du matin ou du soir. »

"Je serai prêt. Je serai là, avec mon domestique, à cette heure-là. Au fait, que dois-je apporter avec moi ?"

"Rien du tout. Je prendrai quelques poulets, du pain, du café, du sucre et une bouteille d'eau-de-vie en cas d'urgence; mais nous n'aurons aucune difficulté à nous procurer de la nourriture dans les villages. Les soldats ne transporteront que leurs rations quotidiennes. avec eux. Après cela, je fais toujours office de traiteur de mess et je facture les frais à mon retour ici.

En conséquence, le lendemain matin, ils partirent à quatre heures. Stanley insista pour qu'Harry monte son deuxième cheval, pour le moment ; car le sien, après avoir été six semaines sans exercice et bien mieux nourri qu'à l'habitude, était de trop bonne humeur pour être agréable pour un malade. Meinik prit donc celui d'Harry ; et celui-ci chevauchait à côté de son cousin, dont le cheval avait fait beaucoup d'exercice, et se contentait de galoper tranquillement à côté de son compagnon.

Au bout de dix jours, Harry avait repris un peu de ses forces. Ils atteignirent maintenant un village que Stanley décida d'utiliser comme quartier général pendant quelques jours, tandis qu'il faisait des excursions vers d'autres endroits à moins d'une journée de route. C'était un bon endroit pour faire une halte ; se tenant à une certaine hauteur sur les collines, où l'air était beaucoup plus frais la nuit que dans la plaine. Il était entouré d'une clairière d'une centaine d'acres ; planté de cacaoyers, de poivrons et de nombreuses sortes de légumes.

"C'est délicieux !" » dit Harry, alors qu'ils s'asseyaient devant la cabane qui avait été dégagée pour eux et regardaient la plaine. « Il doit faire vingt degrés de moins ici qu'à Prome. Je pense que je ne ferai rien demain, Stanley, mais je resterai assis ici et je m'amuserai. Je sais que c'est très paresseux, car je me sens à nouveau tout à fait moi-même ; , après dix jours de roulage, je pense qu'il sera agréable d'avoir une journée de repos."

"Faites-le, par tous les moyens", a déclaré Stanley. " Je pense que vous feriez mieux de rester ici pendant les trois jours que nous resterons. Votre homme est un très bon cuisinier et la nourriture ne manque pas. Les poulets que nous avons mangés tout à l'heure étaient excellents et les gens ont promis de les ramener. " du gibier, demain. Il y a aussi beaucoup de serpents, et vous perdez beaucoup, je peux vous l'assurer, en leur faisant le nez. Ils sont aussi bons que les anguilles, tels que Meinik les cuisine, en ragoût avec un un brin de cannelle et quelques piments forts. Je ne vois pas qu'ils puissent être un peu plus désagréables à manger que les anguilles : en effet, pour autant que l'on sache, l'anguille se régalait peut-être d'un noyé, la veille de sa capture ; tandis que les serpents ne prennent un repas qu'une fois par semaine environ, et ensuite seulement un petit oiseau quelconque.

"J'ose dire que vous avez tout à fait raison, Stanley, et j'avoue que les plats que votre homme prépare ont l'air tentants; mais je ne peux pas me résoudre à essayer, du moins tant que je peux manger autre chose. Si je savais que c'était une affaire de serpent, ou rien, j'essaierais ; mais en attendant, je préfère m'en tenir aux oiseaux et aux bêtes.

Le lendemain matin, Stanley partit avec deux membres de son escorte et Meinik, qui refusa catégoriquement d'être laissé derrière lui.

"Non, maître," dit-il, "on ne sait jamais quand vous pouvez avoir besoin de moi ; et que devrais-je me dire si le malheur vous arrivait et que je ne sois pas là ?"

Stanley a eu une longue journée de travail. En général, les villageois avaient peu de plaintes à formuler mais, à l'endroit où il s'est rendu à cette occasion, le chef s'était comporté comme autrefois ; et Stanley a dû écouter une longue série de plaintes de la part des villageois. L'affaire était pleinement prouvée, tant en ce qui concerne l'extorsion que les mauvais traitements. Stanley dépossède aussitôt l'homme de sa charge et appelle les villageois à se rassembler et à en élire un autre à sa place.

« Si vous n'êtes pas satisfait, dit-il à l'homme, vous pouvez aller à Prome et y faire appel au général ; mais je vous préviens que, si vous le faites, vous devez aviser les villageois de votre intention afin que ils pourront, s'ils le désirent, envoyer deux ou trois d'entre eux répéter le témoignage qu'ils m'ont donné. J'ai noté cela tout au long, et je puis vous dire que le général, lorsqu'il le lira, sera bien plus susceptible de le faire. pour vous ordonner une flagellation sonore, que pour vous réintégrer dans votre bureau.

C'était le crépuscule lorsque Stanley arriva à moins de trois kilomètres du village où il avait laissé Harry. Meinik, qui chevauchait juste derrière lui, amena son cheval à son côté.

"Voyez-vous cela, monsieur ? Il y a une lumière dans le ciel. C'est juste au-dessus du village. J'ai peur qu'il y ait un incendie là-bas."

"Tu as raison, Meinik. J'espère que tout s'est bien passé."

Il toucha son cheval du talon et partit au galop. Il devenait de plus en plus anxieux à mesure qu'il approchait du village. Aucune flamme ne pouvait être vue jaillir, mais il y avait une lueur terne dans le ciel. Alors qu'il pénétrait dans la clairière, il arrêta son cheval avec consternation. Un certain nombre de braises incandescentes marquaient à elles seules l'endroit où se trouvait le village ; et aucun personnage n'était visible en mouvement.

"Il y a eu un acte criminel, Meinik.

« Préparez-vous à l'action, mes amis », dit-il aux deux soldats, et ils s'élancèrent au galop.

Deux ou trois petits groupes de gens étaient assis, dans une attitude de profond découragement, près des restes de leurs maisons.

"Que s'est-il passé?" Cria Stanley en montant.

"Les voleurs sont venus ici, ils en ont tué beaucoup et ont incendié le village."

"Où est mon ami?"

"Ils l'ont enlevé, monseigneur ; ou du moins, nous ne pouvons pas retrouver son corps. Son serviteur et l'un des soldats sont morts ; mais de l'autre soldat et de l'officier, il n'y a aucune trace."

"C'est terrible!" S'exclama Stanley. "Dites-moi exactement comment cela s'est passé."

"C'était il y a quatre heures, monseigneur. Les voleurs sont sortis soudainement de la plantation et se sont jetés sur les gens. Ils en ont tué beaucoup à la fois; mais beaucoup aussi se sont échappés comme nous, en courant parmi les plantations, et ainsi dans la forêt. Nous avons entendu des coups de feu, pendant un petit moment; puis tout était silencieux, et nous savions que les voleurs fouillaient les maisons. Une demi-heure plus tard, de la fumée s'est élevée en plusieurs endroits, puis des flammes; puis après un certain temps , tout était calme. Un garçon se glissa parmi les buissons et revint avec la nouvelle qu'ils étaient tous partis.

"Puis nous sommes ressortis. Vingt-trois des nôtres avaient été tués et huit emmenés ; au moins, nous ne pouvons pas retrouver les corps. L'officier blanc et un de ses soldats sont partis également."

"Par quel chemin sont-ils allés ?"

"Les traces montrent qu'ils ont gravi la colline. Très probablement, ils seront allés à Toungoo, s'ils sont allés dans une ville quelconque ; mais en effet, nous pensons qu'ils ont pris les prisonniers pour obtenir une récompense pour eux."

Stanley s'était jeté de son cheval en montant ; et il resta debout un moment, silencieusement appuyé contre elle. Puis il dit à Meinik :

"Piquez les chevaux, puis venez discuter avec moi."

Puis il se tourna vers les deux soldats :

"Il n'y a rien à faire maintenant", a-t-il déclaré. « Vous feriez mieux de regarder autour de vous et de voir ce que vous pouvez trouver comme nourriture ; puis de faire creuser une tombe pour votre camarade et une autre pour le serviteur de M. Brooke. »

Les deux cavaliers mahométans saluèrent et emmenèrent leurs chevaux. Meinik, après avoir dressé le piquet auprès des animaux, revint vers Stanley mais, voyant que celui-ci faisait les cent pas et visiblement peu disposé à parler, il s'en alla.

Il y avait pas mal d'oiseaux qui se promenaient, d'une manière ahurie, près des cabanes. Ils étaient partis, comme d'habitude, chercher de la nourriture dans les plantations et les champs lorsque la bande de voleurs est arrivée et, à leur retour chez eux au crépuscule, ils avaient constaté que tout avait changé. Un garçon en attrapa aussitôt et en tua deux, les pluma et les apporta à Meinik qui, prenant quelques braises du feu, coupa les volailles en deux et les fit rôtir. Quelques minutes ont suffi pour les cuire. Dès qu'ils furent prêts, Meinik les emmena chez Stanley.

"Vous devez manger, maître", dit-il. " Vous n'avez rien mangé depuis que nous sommes partis ce matin ; et le chagrin seul fait un mauvais souper. Vous aurez envie de faire quelque chose, je le sais ; et vous aurez besoin de toutes vos forces. "

"Tu as raison, Meinik. Oui, donne-m'en un, prends l'autre toi-même et, pendant que nous mangerons, nous pourrons parler. Bien sûr, je dois faire un effort pour sauver mon cousin des mains de cette bande. "

"Oui, maître, je savais que vous feriez ça."

« As-tu demandé combien ils étaient, Meinik ?

"Certains disent quarante, certains disent soixante."

"Si nous savions où ils se trouvent actuellement et si nous pouvions les approcher, nous pourrions réussir à les faire descendre pendant que les voleurs dorment."

Meinik secoua la tête.

« Ils sont sûrs de garder une garde stricte sur un officier blanc », dit-il ; "Mais si nous nous précipitions, criions et tirions avec des pistolets, ils pourraient tous s'enfuir."

"Je crains que non, Meinik. Il pourrait y avoir une frayeur pendant une minute mais, dès qu'ils verraient que nous n'étions que deux, ils se retourneraient et nous tueraient. Votre peuple est assez courageux. Ils peuvent avoir le sentiment qu'ils ne peuvent pas résister. nos troupes, grâce à notre discipline; mais elles combattent vaillamment au corps à corps. Cependant, nous ne savons pas exactement par où elles sont allées, et il serait inutile de les chercher dans la forêt, pendant l'obscurité.

"Pourquoi devraient-ils aller à Toungoo ?"

" J'y ai réfléchi, maître ; et il me semble que beaucoup d'entre eux peuvent appartenir à là-bas ou aux villages voisins. Ils n'osent peut-être pas rentrer chez eux, parce qu'ils ont peur d'être punis pour avoir quitté leur maison. " Ils pourraient penser que s'ils repartent avec un officier et un soldat blancs et racontent l'histoire de la défaite d'un grand nombre d'Anglais, ils seront récompensés, et peut-être même Ils pourront rester quelque temps dans leurs maisons avant d'être renvoyés, ou bien on pourra leur ordonner de marcher avec leurs prisonniers jusqu'à Ava, où ils recevront encore plus de récompense. Je ne vois aucune autre raison pour qu'ils enlèvent l'officier. "

"Je pense que c'est très probable, Meinik. De toute façon, nous avons plus de chances de sauver mon cousin, à Toungoo, que nous ne devrions l'être sur la route. Il serait presque impossible de les trouver parmi toutes les collines, les arbres et , même si nous les rencontrions de nuit et pouvions nous glisser au milieu d'eux, nous pourrions découvrir que mon cousin est trop gravement blessé pour voyager car, comme il y a eu une bagarre, il est presque certain qu'il a dû être blessé avant. il a été capturé, c'est pourquoi je pense qu'il vaut mieux se diriger directement vers Toungoo.

"À combien de kilomètres se trouve-t-il d'ici, à votre avis ?"

Meinik s'approcha des indigènes et leur posa la question. "Environ quarante-cinq milles, disent-ils ; très mauvais voyage ; toutes montagnes, mais dix milles au nord il y a une route qui y mène droit."

"Alors nous ferions mieux de suivre cela, Meinik. Dans ce pays brisé et cette forêt, nous devrions continuellement nous perdre."

"Comment allez-vous y aller, maître ? A cheval ou à pied ?"

"Nous irons à cheval, autant que possible ; nous ne rencontrerons probablement pas de gens voyageant sur la route, pour le moment. Une autre chose est que, si nous pouvons amener les chevaux le plus près possible de la ville, ils seraient très utile car, si M. Brooke a été grièvement blessé, il ne pourra peut-être pas marcher loin.

"Vous ne savez pas si la campagne près de la ville est ouverte, ou si les forêts s'en approchent de près ?"

Les indigènes furent de nouveau sollicités.

« C'est là un pays riche, dit-on, et bien cultivé, sur cinq ou six milles autour de la ville.

"Je vais aller causer avec eux tout à l'heure. Il me faudra bien sûr me déguiser à nouveau."

Meinik hocha la tête.

"Oui, vous devez le faire, maître."

"Pensez-vous que nous puissions faire venir deux ou trois hommes avec nous, à partir d'ici ?"

"Si vous les payez, maître, ils seront sans aucun doute prêts à partir. Ils sont très contents des dirigeants blancs. Ils découvrent qu'ils ne sont pas opprimés et que tout est payé ; et que les officiers blancs les traitent avec gentillesse et eh bien, ils ont perdu beaucoup de choses, dans cette affaire d'aujourd'hui, et seraient heureux de gagner un peu d'argent.

"Combien aimerais-tu en avoir ?"

" Quatre ou cinq, Meinik. Je ne sais pas exactement, pour le moment, ce qu'ils pourraient faire ; mais ils pourraient aider à faire du feu et surveiller pendant que nous faisons quelque chose. En tout cas, ils pourraient le faire. " sois utile.

"Bien sûr, je ferai sortir le soldat aussi, si je peux. Il est très probable qu'ils seront confinés ensemble et, si nous sauvons l'un, nous pourrons bien sûr sauver l'autre.

"Maintenant, je dois écrire un peu. Procurez-moi une sorte de torche, et je le ferai pendant que vous parlerez aux indigènes."

Stanley avait toujours sur lui un cahier, un stylo et de l'encre pour noter les déclarations et les plaintes lorsqu'il se déplaçait. Il s'assit maintenant et écrivit un récit de ce qui s'était passé pendant son absence.

« Nous n'avions aucune nouvelle de l'existence de la bande, poursuivit-il, et les indigènes eux-mêmes ne craignaient certainement pas qu'une attaque soit imminente. Si j'avais pensé qu'il y avait le moindre risque, je n'aurais pas fait le village mon quartier général ; ou j'ai laissé M. Brooke là-bas, avec seulement son domestique et deux soldats. Je regrette profondément l'affaire ; et je suis sur le point de partir pour Toungoo, avec mon homme. J'irai, bien sûr, dans déguisement, et je ferai tout mon possible pour libérer mon cousin.

"J'espère, Général, que vous m'accorderez une permission à cet effet. Je suis bien sûr incapable de dire combien de temps cela me prendra, mais, quel que soit le temps, je persévérerai jusqu'à ce que j'apprenne que mon cousin est mort, ou jusqu'à ce que Je suis moi-même tué. J'espère qu'en commençant immédiatement, dans l'hypothèse où vous m'accorderez la permission, je ne commets pas de manquement à mon devoir. Mais si c'est le cas, et vous estimez que vous ne pouvez pas, dans les circonstances dans lesquelles vous êtes placé, autorisez un officier à s'absenter pour affaires privées, je vous joins une démission formelle de ma commission, expliquant pourquoi je me sens contraint, même en présence de l'ennemi, de tenter de sauver mon cousin de la bande qui Je l'ai enlevé. En tout cas, on ne peut pas dire que j'ai démissionné pour fuir le danger.

« J'ai envoyé il y a deux jours, par l'un des indigènes d'ici, un rapport de mes démarches jusqu'à cette date ; et j'ai maintenant l'honneur de joindre les notes que j'ai prises de mes enquêtes, aujourd'hui, sur la conduite du chef de Pilboora. , et mes raisons pour le priver de sa charge. Je laisserai ici les deux soldats de mon escorte, avec ordre de rester jusqu'à ce que je revienne ou qu'ils reçoivent des instructions de Prome. J'emmène quelques villageois avec moi . Si quelque chose me passe par la tête, à Toungoo, ils rapporteront la nouvelle aux soldats ; et je leur laisserai instructions de vous la porter immédiatement. Si je découvre que M. Brooke a été envoyé à Ava, je le ferai. , bien sûr, suivez-le et tâchez d'effectuer son sauvetage sur la route.

"Comme il est possible, Général, que je n'aie pas une autre occasion de vous remercier pour les nombreuses gentillesses que vous m'avez témoignées, permettez-moi de le faire de tout mon cœur, maintenant."

Lorsque Stanley eut terminé la lettre et rédigé le papier offrant sa démission et exposant les raisons de sa démission, il appela Meinik.

"Eh bien, Meinik, as-tu trouvé des hommes prêts à nous accompagner ?"

"Oui, maître, j'ai cinq hommes ; deux d'entre eux connaissent bien Toungoo. Tous sont de gros gars. Je leur ai proposé les conditions que vous avez mentionnées : cinquante onces d'argent, pour chaque homme, si vous réussissez grâce à leur aide à secourir. Ils furent ravis de cette offre qui leur permettrait de remplacer tout ce qu'ils avaient perdu.

« Je leur ai dit, bien entendu, que s'il était nécessaire de se battre, ils devraient le faire ; et que, autant de leurs compatriotes ont été enrôlés, comme tireurs d'artillerie et dans d'autres occupations, auprès des Anglais ; Bien entendu, exposés aux attaques de leurs compatriotes, ils ne feraient que ce que d'autres ont été prêts à faire.

"Ils ont dit qu'ils étaient assez prêts à se battre. Vous étiez le gouvernement, maintenant; et vous étiez un bon gouvernement, et ils se battraient pour vous et, d'ailleurs, comme l'officier avait été enlevé de leur village, c'était leur devoir de aider à le récupérer.

"L'un d'eux a déclaré : 'Ces hommes qui nous ont attaqués sont des soldats birmans. Puisqu'ils nous attaquent, il n'y a aucune raison pour que nous ne les attaquions pas.'

"Je pense donc, maître, que vous pouvez compter sur eux. Les Birmans ont toujours aimé se battre, car combattre, c'est du butin. Les troupes ne veulent plus se battre, car elles n'ont pas de butin, et un certain nombre d'entre eux Mais maintenant que les villageois ont été contraints de partir à la guerre contre leur gré, et qu'ils ont été pillés et tués par des soldats birmans, ils sont tout à fait prêts à prendre parti pour vous. Trois d'entre eux ont eu des femmes. ou des enfants tués, aujourd'hui ; et cela les rend pleins de combat. »

"Eh bien, tu ferais mieux de leur dire de préparer tout de suite de la nourriture pour deux ou trois jours. A quatre heures, ils doivent partir, à travers la forêt, vers la route dont tu as parlé. Nous partirons en même temps. , à cheval ; mais nous devrons faire un détour, ils seront donc sur la route avant nous. Dites-leur quand ils y arriveront de s'arrêter, jusqu'à ce que nous arrivions.

"Oui, maître. C'est une bonne chose que j'aie monté votre deuxième cheval, hier, au lieu de l'animal de M. Brooke."

"Oui, il vaut bien plus que l'autre, Meinik, et j'aurais certainement été désolé de le perdre."

"L'un des hommes qui nous accompagne dit qu'il connaît les ruines d'un vieux temple, à huit ou neuf milles de ce côté de Toungoo, et que ce serait un bon endroit pour laisser nos chevaux. C'est très, très ancien ; un de ceux construits par les gens qui vivaient dans le pays avant notre arrivée, et les Birmans n'aiment pas s'en approcher ; de sorte qu'il n'y ait aucune crainte que nous soyons dérangés là-bas. Même ces hommes le font ce n'était pas vraiment envie d'y aller ; mais je leur ai dit qu'aucun mauvais esprit ne viendrait là où se trouvaient les hommes blancs. »

" C'est un peu loin, Meinik ; mais comme tu dis que la campagne est cultivée, sur une certaine distance autour de la ville, nous devrons certainement laisser nos chevaux à six ou sept milles de distance ; et deux ou trois milles ne feront pas beaucoup de différence. Nous pouvons y mettre nos déguisements.

"Tu ferais mieux d'emmener quelques garçons pour s'occuper des chevaux pendant notre absence."

"Ils ne dormiraient pas là, la nuit", dit Meinik, dubitatif. "Je ne pense pas que les hommes le feraient non plus si tu n'étais pas là."

"Cela n'aurait pas d'importance, Meinik, si, comme tu le dis, il n'y avait aucune crainte que quelqu'un d'autre s'y rende."

"Certainement, personne d'autre n'y ira la nuit, maître."

"En tout cas, si vous pouvez envoyer deux garçons, autant les emmener. Ils pourraient y aller pendant la journée, nourrir et abreuver les chevaux, et dormir à une certaine distance, la nuit."

Meinik trouva deux garçons de seize ans qui lui dirent qu'ils les accompagneraient et, à l'heure convenue, Stanley et Meinik partirent à cheval. Ils descendirent la colline jusqu'à la plaine à son pied et, tournant à droite, parcoururent environ dix ou douze milles ; lorsqu'ils s'engageèrent dans la route et, suivant celle-ci à un pas tranquille, ils arrivèrent, au bout d'une heure supplémentaire, au groupe de villageois assis au bord de la route.

Le soleil venait de se lever, et ils voyagèrent pendant trois heures sans rencontrer personne ; puis ils s'éloignèrent dans le bois, à l'endroit où un petit ruisseau traversait la route et, après avoir mangé un repas et donné une bonne nourriture aux chevaux, s'endormirent jusqu'à ce que la chaleur du jour se calme - les indigènes, qui étaient tous armés de lances et d'épées, faisant la garde tour à tour.

A quatre heures, ils repartirent et, à dix heures, approchèrent de l'endroit où, au fond du bois, se trouvait le temple. L'homme qui connaissait sa position déclara cependant qu'il ne pouvait pas le trouver, la nuit. Stanley ne doutait pas qu'il avait vraiment peur de s'y rendre mais, comme il ne voulait pas les presser contre leur gré, il dit négligemment que cela ne faisait aucune différence s'ils s'arrêtaient là ou s'approchaient de la route, et qu'un incendie se déclarait rapidement. allumés, ils bivouaquèrent autour.

Meinik s'était procuré les teintures nécessaires dans un village, et Stanley fut de nouveau taché et couvert de marques de tatouage, comme auparavant.

"Que dois-je faire de vos cheveux, maître ?" Il a demandé. "Ça ne te suffira jamais de partir comme ça."

Stanley n'y avait pas pensé et, pendant un certain temps, il fut complètement perdu. Ses propres cheveux étaient désormais courts et ne pouvaient plus être relevés.

« La seule chose que je vois, » dit-il après une longue pause, « c'est que vous et les hommes coupiez chacun une mèche de cheveux du haut de votre tête, là où elle ne se verra pas. soyez ample, mais je ne vois pas comment vous ferez pour l'attacher au-dessous du turban.

"Il y a des baies à partir desquelles nous pouvons obtenir de la cire", a déclaré Meinik. "Nous les faisons bouillir dans l'eau et la cire flotte à la surface. Avec ça, maître, nous pourrions attacher les cheveux entre les vôtres, pour qu'ils aient l'air bien."

Les hommes avaient tous ri de la proposition, mais avaient volontiers consenti à se séparer d'une partie de leurs cheveux. Meinik entreprit donc de teindre en noir la récolte proche de Stanley et, dès le matin, les garçons sortirent et revinrent bientôt avec une quantité de baies. On versa de l'eau dessus, dans une marmite en terre cuite, et on la plaça sur le feu et, au bout d'une demi-heure, une épaisse écume d'huile se rassembla à la surface. Meinik l'a écumé aussi vite qu'il s'est formé et, en refroidissant, il s'est solidifié en une masse tenace, ressemblant un peu à de la cire de cordonnier. Les six mèches de cheveux avaient déjà été coupées, et les extrémités étaient enduites de cire et insérées dans les propres cheveux de Stanley ; puis on frotta un peu de cire chaude, et tous déclarèrent que personne ne remarquerait rien de particulier dans son aspect. Les longues tresses étaient bouclées, au sommet de la tête, et un anneau de mousseline noué autour. Les Birmans étaient extrêmement amusés par la transformation qui s'était opérée dans l'apparence de Stanley ; et le suivit à travers le bois, jusqu'au temple, sans aucun signe de nervosité.

Les ruines étaient vastes. Une partie considérable du bâtiment avait été taillée dans un rocher escarpé, à la manière de certains temples hindous ; et il était évident que cela avait été l'œuvre d'un peuple plus étroitement lié à la race indienne qu'au peuple tartare ou chinois, dont est issu le Birman. Des personnages grossiers étaient sculptés sur les murs. Les Birmans les regardèrent avec une certaine crainte mais, tandis que Stanley riait et plaisantait à leur sujet, ils retrouvèrent bientôt leur attitude habituelle.

« J'ai bien plus peur des tigres que des fantômes », a déclaré Stanley ; " Un endroit désert comme celui-ci est exactement le genre d'endroit où ils se trouveraient probablement. En tout cas, si ces grottes ne s'enfoncent pas plus loin dans la colline - et il n'y a aucun signe qu'elles le font - il se peut que Espérons que les tigres ont aussi leurs superstitions à ce sujet. En tout cas, ce serait une bonne chose d'entasser une grande quantité de bois de chauffage à l'entrée, et je pense que l'un de vous ferait mieux de rester ici, avec les garçons. et les chevaux seraient bien plus en sécurité ici, avec un feu allumé, que dans les bois, où un tigre pourrait se jeter sur eux à tout moment. Quant à cette folie des esprits, ce n'est qu'un bavardage de vieilles femmes. "

Les Birmans discutèrent entre eux et l'un des hommes accepta finalement de rester avec les garçons. Une heure fut consacrée à rassembler un tas de broussailles et de bûches, et l'homme dit que lui et les deux garçons en ramasseraient beaucoup plus pendant la journée. Ils devaient, à quatre heures, conduire les chevaux jusqu'à la rivière, distante d'un mille, et les laisser boire à leur faim. Ils avaient apporté avec eux un grand sac de céréales, que les hommes avaient porté, une quantité de plantains et quelques volailles. Le parti qui resterait serait donc bien pourvu.

De plus, en ramassant le bois, une vingtaine de serpents avaient été tués. Certains d'entre eux et un poulet étaient en train de cuisiner pendant qu'ils travaillaient et, aussitôt mangés, ils partirent pour la ville. Lorsqu'ils arrivèrent à moins d'un kilomètre et demi, Stanley entra dans une plantation d'arbres fruitiers, et Meinik et les quatre hommes poursuivirent leur route.

Ils revinrent au bout de deux heures avec la nouvelle qu'un groupe de dix hommes était arrivé la veille dans la ville, avec deux prisonniers. L'un d'entre eux, un homme de couleur, était capable de marcher. L'autre, un homme blanc, avait été transporté sur une civière. Ils avaient tous deux été incarcérés en prison.

A cette époque, la conduite des Anglais envers les indigènes, à Rangoon et dans le territoire qu'ils occupaient, avait eu un bon effet. Comme ils avaient été vaincus par eux, les Birmans avaient perdu leur haine individuelle envers les étrangers. Ils savaient que leurs blessés et leurs prisonniers recevaient toujours un traitement bienveillant de leur part et, même si la cour d'Ava restait toujours aussi arrogante et sectaire, les habitants de la Basse-Birmanie avaient appris à respecter leurs envahisseurs et les quelques prisonniers qu'ils avaient faits reçurent beaucoup d'argent. meilleur traitement que ceux qui avaient été capturés au début de la guerre.

Dès le crépuscule, Stanley accompagna Meinik dans la ville. C'était une place d'une taille considérable, avec des bâtiments au moins égaux à ceux de Prome. Toungoo faisait partie du royaume de Pegu, avant d'être soumis par les Birmans. Le contour particulier et caractéristique du visage de ce dernier était ici beaucoup moins marqué et, dans de nombreux cas, totalement absent ; Stanley sentait donc que, même en plein jour, il passerait sans attirer l'attention.

La prison était entourée d'une solide et haute clôture en bambou, et dans l'espace délimité par celle-ci se trouvaient huit ou dix habitations de construction en bois habituelle. Une douzaine d'hommes armés étaient assis près d'un incendie dans la cour et deux sentinelles s'appuyaient négligemment contre la porte.

"Il ne devrait y avoir aucune difficulté à y accéder avec deux échelles de corde : une pour grimper et une pour descendre de l'autre côté", a déclaré Stanley. "Soyez sûr que la plupart des gardes s'endorment la nuit. La première chose à vérifier est dans quelle maison les prisonniers sont détenus et, en second lieu, comment va mon cousin. Nous ne pouvons rien faire jusqu'à ce qu'il soit enfermé. est capable de marcher sur une courte distance.

" Passons de l'autre côté de l'enceinte. Il se peut qu'une sentinelle soit postée à leur porte. "

En arrivant de l'autre côté, et en regardant à travers les crevasses entre les bambous, ils aperçurent deux silhouettes accroupies près de la porte d'une des maisons ; et il n'avait aucun doute sur le fait que c'était celui dans lequel Harry Brooke était enfermé.

"Maintenant, Meinik, la première chose est que tu ailles acheter une corde. Quand l'endroit sera assez calme, nous ferons une boucle et la lancerons par-dessus la palissade, derrière cette cabane; puis je grimperai et je me laisse descendre, à l'intérieur, puis je rampe jusqu'à la cabane et je vois ce qui s'y passe. Si mon cousin est seul, je m'efforcerai de lui parler ; mais bien sûr, il peut y avoir un garde à l'intérieur, ainsi qu'à l'intérieur. porte. S'il est très malade, il y aura probablement de la lumière.

"Laissez-moi partir, maître !"

"Non, Meinik, je préférerais y aller moi-même. Je pourrai juger comment il va, si je peux l'apercevoir."

# Chapitre 13
## Préparer un sauvetage.

Stanley resta là où il était jusqu'à ce que Meinik revienne, une demi-heure plus tard, avec la corde. Stanley a fait une boucle à une extrémité ; puis il l'a noué, à des distances d'environ un pied l'un de l'autre, pour lui permettre de l'escalader plus facilement. Puis ils attendirent que le feu des gardes se calme et la plupart des hommes se dirigèrent vers une hutte à quelques mètres de là, trois seulement restant à discuter devant le feu. Alors Stanley se déplaça de l'autre côté de la palissade et, choisissant un endroit immédiatement derrière la cabane où étaient postées les sentinelles, lança la corde. Il fallut de nombreuses tentatives avant que la boucle ne s'accroche au sommet d'un des bambous. Dès que cela fut fait, il monta.

Il a trouvé que la situation était extrêmement désagréable. Les bambous étaient tous tellement coupés que chacun d'eux se terminait par trois pointes, et il était si impossible de traverser celle-ci qu'il dut redescendre sur la corde. Après avoir informé Meinik de ce qui se passait, celui-ci ôta aussitôt son vêtement et le plia en un rouleau de deux pieds de long.

"Si vous posez ça dessus, maître, vous pourrez traverser."

Cette fois, Stanley n'eut aucune difficulté. Arrivé au sommet, il posa le rouleau sur les pointes de bambou ; et il fut capable de se lever dessus et de s'asseoir là, tandis qu'il tirait la corde et la laissait tomber à l'intérieur. En descendant, il se mit aussitôt à ramper vers la cabane. Comme il l'avait vu avant de monter, une lumière brillait à l'intérieur et la fenêtre était à l'arrière de la maison. Ce n'était qu'à une vingtaine de mètres de la palissade et, lorsqu'il l'atteignit, il se leva et regarda prudemment à l'intérieur.

Le soldat indien était assis sur une chaise, endormi, sans sa tunique. Un bras était bandé et un tissu taché de sang était enroulé autour de sa tête. Sur une palette en bambou, recouverte d'un tapis sombre, se trouvait une autre silhouette. La lampe accrochée au mur donnait une lumière trop faible pour que Stanley puisse déterminer si la silhouette allongée là était Harry, mais il n'avait aucun doute sur le fait que c'était bien le cas.

À voix basse, il a dit, en hindoustani : « Réveille-toi, mec !

Le soldat bougea un peu. Stanley répéta ces mots d'un ton un peu plus fort, et le soldat se leva d'un bond et regarda autour de lui d'un air ahuri.

"Viens à la fenêtre", dit Stanley. "C'est moi, votre officier."

Le regard de l'homme se tourna vers la fenêtre mais, surpris de voir un paysan birman - comme il le supposait - à la place de l'officier, il hésita.

"Allez," dit Stanley. "Je suis le lieutenant Brooke."

Le soldat reconnut la voix, se redressa, fit le salut militaire, puis se dirigea vers la fenêtre.

"Je suis venu", a déclaré Stanley, "pour essayer de sauver le lieutenant Brooke et vous-même. J'ai des amis à l'extérieur. Comment va-t-il ?"

" Il est très malade, monsieur. Il est grièvement blessé et est inconscient. Parfois il reste allongé pendant des heures sans bouger ; parfois il se parle tout seul mais, comme je ne comprends pas la langue, je ne sais pas ce qu'il dit ; mais parfois il est certainement vous appelle et utilise souvent votre nom.

"Je fais ce que je peux pour lui, mais c'est très peu. Je lui lave le front avec de l'eau et je la verse entre ses lèvres. Bien sûr, il ne peut rien manger, mais je garde l'eau dans laquelle mon riz est bouilli et, quand il est frais, donne-lui à boire. Il y a de la force dedans.

"Alors rien ne peut être fait pour le moment", a déclaré Stanley. " Demain soir, j'apporterai des fruits. Vous pouvez presser le jus de quelques citrons verts dans un peu d'eau et le lui donner. Il n'y a rien de mieux contre la fièvre. Dès qu'il ira assez bien, nous le ferons passer les palissades. , nous lui préparerons une civière et l'emmènerons ; mais rien ne peut être fait d'ici là.

"Comment êtes-vous traité?"

"Ils me donnent beaucoup de riz, sahib, et je suis libre de sortir dans la cour pendant la journée et, maintenant que je sais que tu es proche, je n'aurai plus aucune crainte. Je m'attendais à ce qu'ils m'envoient à Ava où, sans aucun doute, ils me tueraient ; mais j'ai surtout pensé que s'ils me renvoyaient d'ici et qu'il n'y avait personne pour s'occuper du sahib, il mourrait sûrement.

A ce moment, Stanley sentit une main se poser brutalement sur son épaule. Se retournant, il frappa de toutes ses forces, en plein visage d'homme, et il tomba comme une bûche.

« S'ils vous demandent qui était ici, dit-il précipitamment au soldat, dites que vous ne savez pas qui c'était. Un Birman est venu vous parler, mais bien sûr vous pensiez que c'était un des gardes.

Puis il courut jusqu'à la corde, grimpa et, en s'en remettant, la releva et la lança à Meinik - pensant qu'il pourrait y avoir quelques difficultés à la secouer du bambou - puis il tomba sur la corde. sol, entraînant le pad avec lui.

"L'avez-vous tué, maître ?" » demanda Meinik alors qu'ils s'éloignaient précipitamment. "Je regardais par la fenêtre et je t'ai vu parler à quelqu'un à l'intérieur ; puis j'ai vu un homme soudainement entrer dans la lumière et poser sa main sur toi, et je t'ai vu te retourner, et il est tombé sans qu'un bruit se fasse enentendre."

" Il n'y a aucune crainte qu'il soit tué, Meinik. Je l'ai simplement frappé fort ; et il est tombé, j'en suis sûr, abasourdi. C'est malheureux mais, même s'ils peuvent mettre des gardes supplémentaires pour un certain temps, je pense qu'ils ne le feront pas. Croyez l'histoire de cet homme ou, en tout cas, supposez que ce n'est qu'un des gardes qui, ne pouvant dormir, errait par là et regardait par derrière dans la cabane. Il n'y a aucune chance que je puisse apporter à mon cousin des citrons verts et d'autres fruits, demain soir, comme je l'ai dit. Il est très malade et complètement inconscient.

"C'est très mauvais, maître. J'essaierai de lui apporter des fruits demain. S'ils ne me laissent pas entrer, je veillerai devant les portes et, quand un des gardes sortira, je le prendrai à part ; et je ne doute pas que, moyennant un petit pot-de-vin, il emportera le fruit et le donnera au soldat. Je m'étonne qu'ils les aient mis dans cette hutte avec la fenêtre à l'arrière.

"Je ne pense pas qu'ils l'auraient fait si mon cousin n'avait pas été si malade qu'il était évident qu'il ne pourrait pas, pendant un certain temps, tenter de s'échapper."

Ils rejoignirent les villageois à l'extérieur de la ville et, leur disant qu'il n'y avait rien à faire cette nuit-là, ils retournèrent au temple. Ils trouvèrent l'homme et les deux garçons, assis près d'un grand feu, mais frissonnant de terreur.

"Quel est le problème?" » demanda Stanley.

"Les esprits ont fait toutes sortes de bruits dehors, et il y a d'autres bruits au fond de la grotte, près des chevaux."

Stanley a pris une marque et s'est approché d'eux. Ils grignotaient tous deux tranquillement leur grain.

" Eh bien, vous voyez que les chevaux n'ont pas peur ; vous pouvez donc être sûr que quels que soient les bruits que vous entendiez, ils n'avaient rien d'anormal. Comment étaient-ils ? "

La question n'a pas reçu de réponse car, à ce moment-là, un son semblable à un profond soupir a été entendu au-dessus de nous. Les indigènes repartirent ; et même Stanley se sentit un instant mal à l'aise.

"C'est seulement le vent", a-t-il déclaré. " Il doit y avoir une ouverture là-haut, et le vent y fait du bruit, comme dans une cheminée. Nous verrons tout cela demain matin.

"Maintenant, quant aux bruits dehors."

"Ils pleuraient", a déclaré l'homme.

" Ourson ! Ce devait être des tigres ou des léopards, ou peut-être seulement des chats sauvages. Sans doute ils vous sentaient, vous et les chevaux, mais ils avaient trop peur du feu pour s'approcher. Eh bien, vous avez dû entendre assez souvent des tigres pour savoir leurs cris. »

"Je pensais moi-même que c'étaient des tigres", dit l'homme, un peu honteux, "mais les garçons disaient qu'ils étaient certains qu'ils ne l'étaient pas ; et moi-même, je n'étais pas sûr d'un côté ou d'un autre."

S'asseyant près du feu, Stanley indiqua aux hommes la position exacte des prisonniers ; et dit qu'il craignait qu'il soit totalement impossible de faire sortir Harry, pour le moment.

« Je donnerais n'importe quoi pour l'avoir ici », dit-il ; "mais il serait impossible de lui faire franchir la palissade."

"Nous pourrions y parvenir, maître", a déclaré Meinik. "Avec une scie bien aiguisée, nous pourrions percer un trou assez grand, en une heure, pour transporter ses détritus. Le seul problème, c'est que nous ne pouvions pas faire passer son lit par cette fenêtre."

"Nous pourrions surmonter cela en faisant une litière étroite", a déclaré Stanley, "et en le soulevant du lit dessus. La difficulté serait de savoir que faire de lui une fois que nous l'aurons sorti ? Quant à le transporter sur une certaine distance. , dans son état actuel, il serait hors de question; d'ailleurs, les gardes sont sûrs d'être vigilants, pendant un temps considérable. Je pense que le meilleur plan serait que vous retourniez tous à votre village, demain, en prenant le chevaux avec vous ; et que l'un de vous vienne un jour sur deux pour prendre des ordres. Alors personne n'aurait plus besoin de surveiller les chevaux. Ils ne nous seront certainement d'aucune utilité, à l'heure actuelle, car ce sera des semaines avant que mon cousin ne soit assez fort pour monter à cheval.

"Meinik et moi nous installerons près de la lisière de la forêt, car cela nous évitera une marche de quatre ou cinq milles chaque jour. Dès le matin, tu viendras avec moi et choisiras un endroit; afin que vous sachiez tous les deux où nous trouver. Deux d'entre vous ont des haches et nous ferons un abri dans un arbre, afin de pouvoir dormir sans crainte des tigres lorsque nous sortirons, même si j'ose dire que nous coucherons généralement près de la ville, cependant l'un ou l'autre d'entre nous sera toujours sur place, à midi, les jours où vous devrez nous rencontrer.

"Maintenant que j'y pense, autant d'entre vous resterez au refuge pour le moment, pendant que les trois autres et les deux garçons rentreront chez eux. Ainsi, nous n'aurons plus l'occasion de faire aussi souvent le long voyage. Quand nous faites sortir mon cousin, nous devrons nous installer pendant un certain temps, soit ici, soit dans la forêt, jusqu'à ce qu'il soit assez bien pour supporter le voyage.

Dans la matinée, Stanley examina de près le toit de la grotte, mais ne put voir aucune ouverture pouvant expliquer le bruit qu'il avait entendu. Il n'avait cependant aucun doute sur le fait qu'il en existait un quelque part. Il laissa un homme avec les deux garçons en charge des chevaux et partit avec les autres jusqu'à ce qu'ils s'approchent de la lisière de la forêt. Ils restèrent à l'intérieur des arbres pendant un demi-mile, afin que tout feu qu'ils pourraient allumer ne soit pas vu par les personnes voyageant le long de la route. Les hommes jugeaient cette précaution inutile, car ils déclaraient que personne n'oserait le longer après la tombée de la nuit ; en partie à cause de la peur des tigres, et en partie à cause de la proximité du temple.

Un arbre convenable fut bientôt fixé ; et les Birmans, maintenant dans leur élément, y montèrent en enfonçant des piquets à une distance de deux pieds l'un de l'autre. Une fois parmi les hautes branches, ils coupèrent toutes les petites branches qui gênaient le chemin, puis, en descendant, coupèrent un certain nombre de perches et de nombreuses longueurs de plantes grimpantes résistantes et, avec celles-ci, ils construisirent une plate-forme parmi les branches les plus élevées ; et on y élevait une sorte de tonnelle, largement suffisante pour contenir quatre ou cinq personnes couchées. Cette tonnelle serait à peine remarquée, même par les personnes qui la fouilleraient ; car il était, dans une large mesure, caché par le feuillage situé en dessous. Stanley dit à Meinik qu'ils feraient mieux d'acheter de la corde pour une échelle et d'enlever les piquets ; car ceux-ci pourraient attirer l'attention d'un passant et l'amener à faire une recherche approfondie au-dessus.

Dès que les travaux furent terminés, deux des hommes retournèrent au temple pour repartir aussitôt vers la maison avec leur compagnon, les garçons et les chevaux. Stanley avait apporté avec lui ses pistolets, les deux couvertures pour chevaux et d'autres choses qui pourraient être utiles et, quand tout cela fut rangé au-dessus, il se dirigea avec Meinik et les deux hommes vers la ville. Il s'arrêta, comme auparavant, à une courte distance à l'extérieur. Au crépuscule, les hommes revinrent avec la corde que Meinik avait achetée et un stock de nourriture. Avec eux, ils furent envoyés au refuge et Stanley entra dans la ville, où il rencontra Meinik.

"J'ai envoyé les fruits", dit ce dernier. "Je n'ai eu aucune difficulté. J'ai dit au premier soldat qui est sorti, après l'avoir acheté, que je venais du village où l'officier blanc avait été capturé par les bandits. Il a été très gentil avec nous tous et, comme nous savions qu'il avait été enlevé grièvement blessé, j'étais venu lui chercher des fruits, mais j'ai vu qu'on ne me laisserait pas entrer à la porte. Je lui ai dit que je lui donnerais une once d'argent, s'il remettait les choses au prisonnier pour moi.

"Il dit aussitôt qu'il le ferait. Il avait entendu dire que les Blancs traitaient toujours très bien leurs prisonniers blessés, et qu'il n'y aurait aucune difficulté à le faire, car pour cela il y avait une fenêtre au fond de la cabane où il mentait et il pouvait facilement y passer des choses sans que personne ne s'en aperçoive. Si le prisonnier était, comme je l'ai dit, un homme bon, il était normal qu'il soit aidé.

"Je lui ai dit que je devrais veiller sur lui et que je souhaiterais peut-être qu'il fasse de même un autre jour. Je pense qu'il était un homme honnête et qu'il aurait pu lui transmettre le fruit, même sans récompense. Pourtant, tout le monde est content de gagner un peu d'argent.

"Il m'a raconté qu'une chose étrange s'était produite, la nuit dernière. Un de ses camarades avait déclaré avoir trouvé un géant, debout à la fenêtre où se trouvait le prisonnier. Il lui posa la main, lorsqu'il fut foudroyé. " Personne n'aurait cru à son histoire s'il n'avait pas eu le nez cassé. L'autre prisonnier avait été interrogé mais, comme il ne comprenait pas le birman, ils n'avaient rien pu apprendre de lui. Deux gardiens étaient désormais , à placer à l'arrière de la maison, ainsi qu'à l'avant."

"Cette partie de l'affaire est mauvaise, Meinik."

"J'ose dire que nous pourrons les soudoyer, maître. Vous pouvez être sûr que la plupart d'entre eux sont impatients de retourner dans leurs propres villages et, pour quelques onces d'argent, ils seraient assez heureux de nous aider, et puis de s'enfuir et de rentrer chez eux. L'homme que j'ai vu aujourd'hui pourrait en trouver un parmi eux prêt à le faire, avec lui, surtout si leurs maisons se trouvaient de l'autre côté des collines, et il y aurait alors aucune chance qu'ils soient saisis et renvoyés par leur chef. La sentinelle n'aurait qu'à nous faire savoir quelle nuit elle arrangerait pour qu'ils soient tous deux de garde, ensemble, derrière la cabane ; alors nous pourrions gère-le bien."

"Ce serait un plan d'investissement, Meinik, si cela pouvait être réalisé.

"Eh bien, c'est un grand réconfort de savoir que le fruit est bien entré. Les citrons verts, en particulier, seront d'une grande aide pour mon cousin. La prochaine fois que vous verrez cet homme, vous devrez essayer de lui faire découvrir comment il qui se passe."

Pendant quinze jours, Stanley resta dans la forêt. Meinik rencontrait le soldat tous les deux jours, lui envoyait des fruits et, au bout de dix jours, il apprit que le prisonnier avait repris ses esprits. On disait que dès qu'il serait suffisamment rétabli pour déménager, il serait envoyé à Ava.

"Maintenant, vous feriez mieux de commencer à sonder l'homme, quant à sa volonté de l'aider à s'échapper."

"J'en ai très peu de doute, maître, car j'ai déjà appris que sa maison est de l'autre côté des collines. Il est descendu avec Bandoola et est revenu après sa défaite, avec un certain nombre d'autres, remontant la rive. de la rivière Pegu.

S'ils n'avaient pas eu leur chef militaire avec eux, ils seraient partis directement pour rentrer chez eux. Mais ils ont marché ici et ont été maintenus en service dans la ville, depuis lors. Il a entendu dire à quel point les les gens sont de l'autre côté des collines, sous la domination anglaise ; je suis donc sûr qu'il sera heureux de s'échapper, s'il voit une chance de s'en sortir. »

"C'est bien. D'abord, faites-lui savoir que l'autre officier anglais, qui se trouvait au village avec celui qu'ils ont capturé, avait dit qu'il serait prêt à bien payer quiconque l'aiderait à s'enfuir. S'il dit qu'il le ferait volontiers, s'il pouvait lui aussi s'enfuir, lui dire qu'un homme ne serait d'aucune utilité mais que, s'il pouvait en faire venir un autre, afin qu'ils puissent tous deux monter la garde ensemble derrière la maison, cela pourrait être géré.

"Mais disons qu'en premier lieu, je dois parler moi-même à l'officier blanc, et apprendre exactement comment il va, et s'il peut supporter un voyage jusqu'à cet arbre, ou jusqu'au temple, selon ce que nous déciderons comme mieux. Quand je l'aurai vu, j'enverrai chercher les autres hommes du village. Je ne suis pas pressé de l'éloigner, car plus il se tait, mieux ce sera. Mais à tout moment le gouverneur peut décider qu'il est suffisamment rétabli pour être transporté, et nous pourrons l'envoyer à Ava, sous une forte escorte. Par conséquent, même si nous retarderons son déplacement le plus longtemps possible, nous ne devons pas courir le risque qu'il soit renvoyé.

Quatre jours plus tard, Meinik a déclaré que l'homme s'était arrangé avec un autre pour le rejoindre et que tous deux seraient de garde derrière la cabane, ce soir-là, entre neuf heures et minuit. En conséquence, à dix heures, Stanley arriva, avec Meinik et les deux villageois, à la palissade. Meinik avait insisté pour l'accompagner jusqu'à la cabane.

" Je crois que cet homme est digne de confiance, maître ; en effet, j'en suis sûr, mais je ne connais pas le deuxième homme. Il a peut-être fait semblant d'accepter l'offre, uniquement dans le but de trahir son camarade et d'obtenir l'honneur. " et récompense pour avoir empêché la fuite de l'homme blanc. Par conséquent, je dois être avec vous, au cas où vous seriez attaqué. Nos deux autres hommes peuvent être utiles, pour donner l'alarme, si un groupe est envoyé pour nous couper.

Stanley, qui avait apporté avec lui une couverture pour cheval pour se coucher au sommet de la palissade, fut le premier à entrer dans l'enclos. Meinik le suivit de près. Rien n'avait été dit au garde quant au fait que l'officier blanc, dont Meinik avait parlé, était lui-même du parti ; et Stanley avait volontairement laissé ses pistolets derrière lui, de peur d'être tenté de s'en servir. Au cas où il serait attaqué, il portait une lance et un long couteau birman.

Meinik avait supplié de pouvoir avancer le premier, tandis que Stanley restait par la corde. Il fit remarquer que des changements auraient pu être apportés et que d'autres hommes auraient pu être placés en sentinelle.

« Je vous connais, maître, dit-il ; "Si vous y arriviez et que vous trouviez deux étrangers, et qu'ils vous attaquaient, vous vous battrez ; alors ils donneraient l'alarme, et d'autres arriveraient avant que vous puissiez traverser la palissade. Je me cacherai. Quand je serai proche, je fera un bruit comme le sifflement d'un serpent. Si mes hommes sont tous les deux là, ils répéteront le son. S'ils ne le sont pas, et que l'un d'entre eux s'avance pour chercher et tuer le serpent, je le tuerai avant qu'il n'ait le temps de le faire. fais un bruit. Si l'autre court en avant au bruit de sa chute, je le tuerai aussi.

"Si aucune alarme n'est donnée, vous pouvez vous avancer et parler à votre cousin. S'il y a une alarme, vous devez grimper à la corde. Ils ne sauront pas dans quelle direction j'ai couru et j'aurai tout le temps de surmonter l'obstacle. palissade et tirez la corde ; alors ils penseront que les gardes ont été tués par certains de leurs camarades.

"J'espère qu'un tel malheur n'arrivera pas", dit gravement Stanley, "car il n'y aurait alors aucune chance que nous puissions l'éloigner. Il serait probablement transféré dans un autre endroit, et notre seul espoir serait que nous Je pourrais le sauver en route, ce qui serait en effet difficile s'il était envoyé, comme il le serait certainement, sous une forte escorte. Cependant, votre plan est sans doute le meilleur car, si j'étais tué ou capturé, il n'y aurait plus aucune chance qu'il soit sauvé. »

Meinik rampa en avant et, au bout d'une minute ou deux, Stanley entendit un faible sifflement, suivi de deux autres. Il fit un pas ou deux pour rencontrer Meinik, alors qu'il revenait.

"Tout va bien, maître ; vous pouvez continuer sans crainte."

Meinik revint avec lui à la fenêtre et se posta dehors, debout dans l'ombre ; tandis que Stanley entrait par la fenêtre ouverte qui, en effet, n'était munie que d'un volet extérieur. Celui-ci aurait normalement été fermé mais, en raison de la maladie du prisonnier et du fort désir du gouverneur qu'il vive assez longtemps pour être envoyé à Ava, il avait été ouvert pour permettre le libre passage de l'air.

Le soldat sauta de son canapé tandis que Stanley émit un léger bruit avant de tenter d'entrer ; mais Stanley dit, en hindoustani :

"Silence ! C'est moi, M. Brooke."

Le soldat regarda d'un air dubitatif la silhouette sombre, tatouée et à moitié nue.

"C'est moi, Runkoor, mais je suis déguisé. J'étais ainsi quand je t'ai parlé par la fenêtre il y a quinze jours, mais tu ne pouvais alors pas voir ma silhouette.

"Es-tu réveillé, Harry ?" » demanda-t-il en anglais en s'approchant de la palette.

"Oui, je suis réveillé ; du moins je le pense. Est-ce vraiment toi, Stanley ?"

"C'est bien moi, bien sûr, mec", répondit Stanley en serrant les mains maigres du invalide. "Est-ce que Runkoor ne vous a pas dit que j'étais déjà venu ici ?"

Mais Harry était complètement effondré. La surprise et le plaisir étaient trop pour lui, dans son état de faiblesse.

"Bien sûr", poursuivit tranquillement Stanley, "je savais qu'il ne parlait pas anglais, mais je pensais qu'il pourrait faire des signes."

"Il a fait un signe. Chaque fois qu'il me donnait un fruit, il disait 'Sahib Brooke', montrait l'extérieur et agitait les bras; mais je ne comprenais pas ce qu'il voulait dire. Pourquoi devrait-il continuer à répéter mon nom, chaque fois qu'il me donnait le fruit, c'était pour moi une énigme complète. Quant aux signes qu'il faisait, il me semblait qu'il avait perdu la tête. J'ai été trop faible pour y réfléchir, alors j'ai donné je m'en suis inquiété ; et je n'ai jamais pensé que c'était toi qui m'avais envoyé le fruit.

"Quelle horrible silhouette tu es!"

"Peu importe, Harry. Je suis venu voir à quel point tu es fort. J'ai soudoyé les deux gardes postés derrière."

"Je peux juste m'asseoir dans mon lit pour prendre ma nourriture, Stanley, c'est tout. Je ne pouvais pas faire un pas pour sauver ma vie."

"Je ne m'attendais pas à ce que tu marches. Ce que je veux savoir, c'est si tu es assez fort pour être porté quelques kilomètres sur une civière. J'ai cinq hommes du village où nous étions, et ils peuvent percer la palissade derrière." la cabane. Je veux vous donner le plus de temps possible ; mais je crains que, d'un jour à l'autre, le gouverneur ne vous fasse sortir et vous envoie en civière à Ava, sous une forte escorte.

"Je pourrais supporter d'être transporté, sans aucun doute ; mais si je ne le pouvais pas, je penserais que cela ne me ferait aucun mal, tant que mes blessures ne réapparaissent pas. Je suppose que le pire qui pourrait m'arriver serait que Je devrais m'évanouir avant d'arriver à la fin du voyage.

"Es-tu sûr, vieil homme, que ce n'est pas un rêve ?"

" Bien sûr ; si vous alliez assez bien, je vous donnerais une forte pincée. Si vous voulez vous aventurer, je ferai tout de suite mes préparatifs. Je dois envoyer au village ; mais dans trois jours je serai prêt et , la première nuit d'après, les hommes parviennent à monter la garde ensemble derrière, nous serons là. Cela peut prendre une semaine, cela peut être plus mais, en tout cas, ne vous inquiétez pas s'ils vous emmènent brusquement. Je vais essayer de te sortir de leurs mains, d'une manière ou d'une autre. »

"Mon cher Stanley," dit Harry avec un faible rire, "sais-tu que tu gâches ta chance d'être comte ?"

« Vous pouvez comprendre que si vous n'obtenez pas le titre, mon vieux, je ne le ferai pas ; car si vous faites faillite, je le ferai aussi.

"Maintenant, au revoir, ce serait fatal si j'étais pris ici. Essayez de devenir aussi fort que possible, mais ne les laissez pas remarquer que vous le faites."

Sans laisser à Harry le temps de répondre, Stanley lui serra la main et quitta son chevet. Il s'arrêta une minute pour informer le policier des plans d'évasion, puis il passa par la fenêtre. Meinik le rejoignit aussitôt et, sans dire un mot, ils traversèrent la palissade, jetèrent la corde et les couvertures et tombèrent à terre après eux.

Sur le chemin du retour vers leur arbre, Stanley a dit aux deux hommes que l'officier allait mieux ; et que le lendemain matin, au point du jour, l'un d'eux devait partir pour le village chercher leurs trois camarades. Les garçons devaient aussi revenir avec lui, car ils étaient de grands gaillards et portaient des lances ; et pourrait, comme Stanley le pensait, être utile soit dans un combat, soit pour aider à transporter Harry.

Le lendemain matin, après le départ de l'homme, Stanley accompagna Meinik pour examiner le temple de plus près qu'il ne l'avait fait auparavant. Il pensait que ce serait une bien meilleure cachette que leur cabane dans l'arbre. Il y aurait certainement une poursuite acharnée, et le lendemain ils pourraient être découverts, soit dans le temple, soit dans l'arbre ; mais dans ce dernier cas, ils seraient impuissants à se défendre, car les Birmans, avec leurs haches, pourraient l'abattre en quelques minutes ; tandis que dans le temple, une vaillante défense pouvait être assurée pendant un certain temps. De plus, les chambres rocheuses seraient bien plus fraîches, en milieu de journée, que la cabane.

Son objectif principal en visitant le temple était de trouver une chambre avec une entrée étroite, qui pourrait être tenue par une demi-douzaine d'hommes contre un certain nombre d'ennemis ; et il était souhaitable, si possible, d'en trouver un situé de manière à pouvoir, en cas de nécessité, se retirer dans une autre chambre ou à l'air libre. Meinik était si confiant dans le pouvoir de l'homme blanc de combattre même les mauvais esprits qu'il s'approcha du temple avec Stanley sans trahir aucune nervosité. Ils s'étaient munis de quelques torches en bois résineux, et Meinik emportait quelques tisons de leur feu.

La chambre dans laquelle ils se trouvaient auparavant était apparemment la plus grande du temple, mais il y avait plusieurs autres ouvertures dans le rocher.

"C'est l'entrée que nous allons essayer en premier", a déclaré Stanley en désignant une entrée à dix pieds du sol. " Vous voyez, il y avait autrefois quelques marches qui y menaient. Sans aucun doute, là où nous nous trouvons, il y avait un temple construit contre la face de ce rocher ; et probablement cette porte menait à l'une des chambres des prêtres. "

Il fallut empiler trois ou quatre blocs de pierre au sommet des deux marches seules restées intactes, pour leur permettre d'accéder à l'entrée.

"Laissez-moi allumer les torches avant d'entrer", dit Meinik. "Il y a peut-être des serpents."

"C'est peu probable, Meinik. Vous voyez, la face du rocher a été ciselée à plat, et je ne pense pas qu'un serpent puisse grimper jusqu'à cette entrée."

"Peut-être pas, maître, mais il vaut mieux être prêt à les affronter."

Ils allumèrent deux torches et passèrent la porte. Il y eut un sifflement de colère, à quelque distance.

"C'est un serpent, bien sûr, Meinik. Je me demande comment il est arrivé ici."

Tenant leurs torches au-dessus de leurs têtes, ils virent que la chambre mesurait environ quatorze pieds de large et vingt de long. Dans le coin à gauche, quelque chose gisait et, au-dessus, un objet sombre se déplaçait d'avant en arrière.

"C'est un gros boa", a déclaré Meinik. "Maintenant, maître, prenez les deux torches dans une main et préparez votre couteau dans l'autre. S'il s'enroule autour de vous, coupez-le immédiatement. C'est un bon endroit pour le combattre, car il n'y a rien ici. pour qu'il fasse tourner sa queue ; et un boa ne peut pas serrer très fort, à moins qu'il ne le fasse.

Stanley, sentant que dans un combat de cette sorte le Birman serait parfaitement à l'aise, alors que lui-même n'en savait rien, fit ce qu'on lui disait ; déterminé à se précipiter s'il attaque son disciple.

"Vous pouvez avancer droit vers lui, maître. Je vais me faufiler. Il vous surveillera, et je pourrais avoir une part sur lui, avant qu'il ne me remarque."

Stanley avança lentement. Ce faisant, le grand serpent levait la tête de plus en plus haut, sifflant de colère, les yeux fixés sur les torches. Stanley n'en détourna pas les yeux ; mais il s'avança en saisissant son couteau. Il savait que la morsure du boa était inoffensive et que seule son étreinte était à craindre.

Il se trouvait à environ huit pieds du reptile lorsqu'il y eut une source. La tête du serpent disparut et, en un instant, il se tordait, se tordait et fouettait sa queue si vite que ses yeux pouvaient à peine suivre ses contorsions.

"Reculez, maître", cria Meinik. "Si sa queue vous heurte, elle pourrait vous blesser. Sinon, elle est inoffensive. Je lui ai coupé la tête."

Stanley recula d'un pas ou deux et resta bouche bée devant les formidables contorsions du serpent sans tête.

"C'est un monstre, Meinik", dit-il.

"C'est un gros serpent, maître. En effet, je dois dire qu'il doit mesurer environ quarante pieds de long et qu'il est aussi épais que mon corps. Ce serait plus qu'un match pour un tigre."

"Eh bien, j'espère qu'il n'y en a pas beaucoup d'autres, Meinik."

"Cela dépend, maître. Il a peut-être son compagnon, mais il est plus probable qu'il n'y en aura pas d'autre. Il mangerait bien sûr des petits de son espèce, mais il peut y en avoir de petits venimeux."

Alors que les contorsions du serpent cessaient, Stanley regarda autour de lui et aperçut une porte étroite, dans le coin opposé à celui où il se trouvait.

"Voici un passage, Meinik. Voyons où il mène."

Meinik avait, à ce moment-là, allumé deux autres torches.

"Plus il y a de lumière, mieux c'est", dit-il, "quand on cherche des serpents", et, les tenant dans une main et son couteau dans l'autre, il franchit la porte, qui mesurait environ quatre pieds de haut.

Stanley le suivit. L'appartement était semblable au précédent, mais plus étroit ; et était éclairé par une ouverture ne dépassant pas un pied carré.

"Tu vois, Meinik, il y a un escalier, dans le coin qui nous fait face."

Les marches étaient très étroites, mais parfaitement conservées. Sans s'attarder pour examiner la pièce, Meinik ouvrit la marche ; examinant soigneusement chaque étape et tenant le couteau prêt à frapper. Ils montèrent une quarantaine de marches, puis entrèrent dans une pièce d'environ dix pieds carrés. À l'exception d'une fenêtre d'environ dix-huit pouces sur trois pieds, il n'y avait aucune sortie apparente de la chambre.

"Je devrais penser qu'il doit y avoir un moyen de sortir de cet endroit, Meinik. Pourquoi auraient-ils pris la peine de couper ce long escalier à travers la roche, juste pour atteindre cette misérable petite chambre ?"

Meinik secoua la tête. Les voies de ces anciens bâtisseurs le dépassaient.

"Il doit y avoir un débouché quelque part, si seulement nous pouvions le trouver. De plus, nous n'avons pas encore trouvé par où le serpent est entré."

"Il aurait pu entrer par la porte, maître. Un petit serpent n'aurait pas pu grimper, mais ce grand individu pourrait relever la tête et entrer assez facilement. Nous n'avons trouvé aucun petit serpent du tout."

" Eh bien, c'est peut-être le cas, mais je pense toujours qu'il doit y avoir un moyen de sortir d'ici. Pourquoi les hommes devraient-ils se lancer dans la tâche de couper ce long escalier et de creuser cette chambre ici, sans aucune raison ? la fenêtre, Meinik.

C'était un passage plutôt qu'une fenêtre ; car la paroi rocheuse avait eu une épaisseur de quatre pieds. En rampant, Stanley vit qu'il se trouvait à cinquante pieds au-dessus du pied de la falaise. Un mètre en dessous de lui se trouvait une corniche rocheuse d'environ deux pieds de large. Il était plat et était traversé de profondes rainures à intervalles réguliers. Il n'avait aucun doute sur le fait que le toit du temple extérieur partait de ce point ; et que les rainures étaient faites pour les extrémités de chevrons massifs, en teck ou en pierre. A cette époque, le passage vers la chambre qu'il avait quitté servait sans doute à une sortie sur le toit plat.

Montant sur le rebord, il appela Meinik.

"Maintenant, Meinik," dit-il, "nous allons suivre cette corniche. Il y a peut-être un chemin pour y monter."

Marchant avec beaucoup de précautions, Stanley se dirigea vers un point où le rebord s'arrêta brusquement. En baissant les yeux, il vit les restes d'un mur de maçonnerie solide et comprit qu'il avait eu raison dans son hypothèse quant à la fonction du rebord. Puis ils se tournèrent et revinrent à l'autre bout du rebord. Quelques mètres avant qu'ils n'y arrivent, Meinik, qui ouvrait désormais la voie, s'arrêta.

"Voici un passage, maître."

L'entrée était à peu près de la même taille que celle par laquelle ils étaient sortis jusqu'au rebord, mais, au lieu d'entrer tout droit, elle partait vers le haut.

"Encore un escalier, Meinik. Je commence à espérer que nous trouverons une issue, par le haut. Si nous y parvenons, cela nous assurera notre sécurité. Nous pourrions défendre ces escaliers et cette entrée pendant longtemps et , quand nous voulions nous éloigner, nous pouvions partir tranquillement, sans que personne ne sache que nous étions partis."

# Chapitre 14
# Dans le Temple.

Ils montèrent les marches sur une distance considérable, puis ils trouvèrent le passage bloqué par un certain nombre de grosses pierres. Stanley poussa une exclamation de dégoût.

"Il est tombé", a-t-il déclaré. " Sans doute nous sommes près du sommet du rocher. Ou bien l'escalier était couvert, ou bien il y avait un bâtiment érigé au-dessus de l'entrée ; et ou bien le toit ou le bâtiment, quel qu'il soit, s'est effondré. C'est bien malchanceux. Quand nous descendrons, nous monterons la colline et verrons si nous pouvons découvrir quelque chose à ce sujet.

"Avec beaucoup de nourriture et d'eau", poursuivit-il alors qu'ils descendaient dans la chambre la plus basse, "on pourrait tenir cette place à tout moment."

"Oui, maître, on pourrait stocker la nourriture ; mais où stocker l'eau ? Nous pourrions apporter des peaux qui nous dureraient une semaine, peut-être deux semaines, mais après cela ?"

"Après cela, nous devrions partir d'une manière ou d'une autre, Meinik", dit Stanley avec confiance. "Eh bien, il ne fait aucun doute que c'est ici l'endroit idéal pour s'abriter. Ils ont moins de chances de nous trouver ici que n'importe où et, s'ils nous trouvent, nous pouvons nous défendre vaillamment. Je dois dire aussi que si nous pensons " Après cela, nous devrions être capables de trouver un plan pour faire des bruits qui les effrayeraient. Vous savez combien l'homme et les deux garçons étaient effrayés, à ce soupir dans l'autre chambre. Nous pourrions certainement faire des bruits plus alarmants que que."

Meinik hocha la tête.

"C'est ce que nous pourrions, maître. Avec des roseaux de différentes tailles, je pourrais faire des bruits, certains aussi profonds que le rugissement d'un tigre, et d'autres comme le chant d'un oiseau."

" Alors nous apporterons certainement quelques roseaux ici avec nous, Meinik. Je ne pense pas que pendant la journée, les sons qu'ils entendent ne les dérangeront pas ; mais la nuit, je ne pense pas que même leurs officiers se soucieraient de se déplacer ici. , si seulement nous pouvons faire quelques bruits, ils ne comprennent pas.

" Eh bien, pour le moment, nous avons fait notre travail ici ; et vous feriez mieux de partir avec les Birmans pour acheter de la nourriture, pour la servir en cas de siège. Vous feriez mieux d'aller dans certaines maisons de cultivateurs, près de la limite de le bois, pour le riz et les fruits. Si vous pouvez vous y procurer de la nourriture, vous pourrez faire deux ou trois voyages par jour, au lieu d'un.

"Mais avant de repartir, nous monterons au sommet de la colline et verrons ce qui est arrivé pour boucher l'escalier."

Il leur fallut un quart d'heure de montée, à travers la forêt et les sous-bois, avant d'atteindre le bord supérieur de la paroi rocheuse dans laquelle les chambres avaient été creusées. Il s'agissait évidemment, en premier lieu, d'une falaise naturelle car, une fois sur le rebord, Stanley avait remarqué que, tandis qu'en dessous de ce point, le rocher était aussi lisse qu'un mur bâti, au-dessus il était rugueux et visiblement intact de la main de l'homme. homme. Suivant le bord de la falaise, jusqu'à se trouver aussi près qu'ils pouvaient le deviner au-dessus de l'entrée des marches, ils retournèrent parmi les arbres. A une trentaine de mètres, ils trouvèrent une ruine. Il était construit avec des pierres massives, comme celles qui jonchaient le sol là où se dressait autrefois le temple. Un grand arbre s'élevait d'un côté, et il était évident que sa croissance avait, en premier lieu, renversé le mur à cet endroit. Des grimpeurs et des arbustes avaient enfoncé leurs racines entre les blocs qui n'avaient été que légèrement déplacés par la croissance de l'arbre ; et les avait, avec le temps, forcés de se séparer ; et ainsi, peu à peu, tout le bâtiment s'est effondré.

"Cet arbre doit être très vieux", dit Stanley en le regardant, "car il est évident que ce mur a été renversé il y a de nombreuses années."

"Très vieux, maître. C'est un de nos bois les plus durs, et ces arbres vivent, dit-on, cinq ou six cents ans. On sait qu'il y en a qui sont encore plus vieux que cela."

" Eh bien, il est clair que l'escalier montait ici ; mais nous n'avons aucun moyen de savoir jusqu'où se trouve le point où nous sommes arrivés. Je dois dire que les pierres que nous avons vues sont les restes du trottoir et du toit, car vous voyez. ces gros blocs qui formaient les murs ne vont pas jusqu'au milieu, où se trouve une grande dépression, mais bien sûr, les marches peuvent être montées d'un côté ou de l'autre, et pas seulement au milieu de cette petit temple, car c'était sans doute un temple.

"Maintenant, voyez-vous, la raison pour laquelle les marches montaient vers cette petite pièce carrée est expliquée. Probablement ces trois chambres étaient les appartements des principaux prêtres, et de là ils pouvaient soit sortir sur le toit du temple, soit , en empruntant l'escalier supérieur jusqu'à ce point, sortez ou entrez sans observation.

"Maintenant, partons."

En arrivant à leur abri dans les arbres, ils découvrirent que le Birman avait préparé un repas et, après en avoir pris, Meinik et l'homme commencèrent à acheter des provisions. Il était heureux que Stanley, avant de partir de Prome, ait retiré du trésorier une somme d'argent d'une valeur d'une vingtaine de livres. Il s'était attendu à être absent pendant trois ou quatre semaines et, pendant ce temps, il aurait dû acheter des provisions pour lui, Harry et les quatre soldats ; et pourrait éventuellement avoir besoin d'argent pour d'autres affaires. Il n'avait pas payé les hommes du village, car il savait que l'un d'eux l'accompagnerait volontiers à Prome pour se faire payer pour tous.

Une très petite quantité d'argent suffisait à l'achat d'une quantité considérable de nourriture en Birmanie. Les fruits, dont de nombreuses espèces poussaient à l'état sauvage dans les bois, étaient extrêmement bon marché ; tout comme le riz et les céréales. Ainsi, à l'exception de la petite somme dépensée à Toungoo, son argent était encore pratiquement intact.

Les deux Birmans effectuèrent trois voyages avant la nuit et revinrent, à chaque fois, avec de grands paniers de fruits, de céréales et de riz. Le lendemain matin, ils se rendirent en ville et achetèrent six outres d'eau des plus grandes dimensions, telles qu'on en transporte pour l'usage des troupes en Inde, une de chaque côté d'un bœuf. Dès qu'ils revinrent avec ceux-ci, ils se mirent en route vers le temple. Près d'un ruisseau situé à environ cent mètres de l'entrée, ils remplirent partiellement l'une des peaux et, plaçant un bambou solide à travers les sangles cousues à cet effet, Meinik et les Birmans la portèrent au temple et, avec l'aide de Stanley, la soulevèrent. dans la chambre basse. Les autres furent, un à un, placés à côté ; puis l'eau était transportée dans les outres plus petites et versée dedans, jusqu'à ce qu'elles soient toutes aussi pleines qu'elles pouvaient en contenir.

"Il y a assez d'eau pour nous tenir un mois, s'il le faut", dit Stanley tandis qu'après avoir solidement attaché les bouches, ils posaient les peaux côte à côte.

Les plus petits mouscous étaient ensuite remplis et placés avec les grosses peaux ; puis, après une longue journée de travail, ils retournèrent à leur arbre au moment où le soleil se couchait. Les quatre hommes et les deux garçons étaient déjà là, ayant parcouru les soixante milles du village sans s'arrêter. Ils avaient déjà fait cuire du riz et des tranches de chevreuil, que Meinik avait apportés de la ville le matin avec les outres, et ils étaient maintenant allongés, fumant leurs cigares avec une placide contentement.

Pendant les six jours suivants, Meinik se rendit en ville chaque après-midi. A son retour le dernier soir, il raconta que le gardien lui avait dit que le gouverneur avait fait une visite à la prison, ce jour-là, et qu'il avait vu le captif blanc ; et avait décidé qu'il était maintenant assez bien pour voyager, et que dans deux jours il devait partir pour Ava, le tribunal ayant rendu une ordonnance urgente selon laquelle il devrait y être transporté dès qu'il serait assez bien pour supporter le fatigue.

"Alors demain, nous devons le faire sortir", a déclaré Stanley. « Est-ce que nos deux hommes seront de service ?

"Oui, maître, ils ne sont pas restés depuis notre dernière nuit. Ils formeront la deuxième garde et monteront la garde à minuit. J'ai acheté deux scies très tranchantes et j'ai coupé deux bambous solides pour la litière. ".

Celui-ci a été construit le lendemain. C'était très simple, étant formé en cousant fortement une couverture aux deux bambous. Deux bambous plus petits, mesurant chacun quatre pieds de long, étaient attachés sans serrer aux poteaux principaux. Ceux-ci devaient être attachés dès qu'ils avaient dépassé la palissade, de manière à maintenir les poteaux à trois pieds l'un de l'autre, ce qui, comme la couverture mesurait quatre pieds, d'un poteau à l'autre, lui permettrait de s'enrouler confortablement. Les traverses ne pouvaient être fixées qu'au-delà de la palissade ; car la fenêtre n'avait que deux pieds de largeur, et il fut donc proposé de faire en sorte que l'espace à travers la palissade ait seulement la même largeur.

Tard dans la soirée, ils entrèrent dans la ville et s'assirent dans un coin désert jusqu'à ce que le moment soit venu pour eux de commencer leur travail. Meinik dit enfin que, d'après les étoiles, il était déjà minuit passé ; et ils se dirigèrent ensuite vers l'endroit où ils avaient auparavant escaladé la palissade. Ici, ils se mirent immédiatement au travail. Les scies furent bien huilées et, en très peu de minutes, cinq bambous furent coupés, au niveau du sol et à six pieds au-dessus. Comme la palissade était liée par des traverses, derrière, les autres portions de bambous restaient à leur place.

Meinik et Stanley partirent les premiers, suivis de trois Birmans, dont l'un portait la civière. Les deux autres Birmans, avec les garçons, restèrent de garde à l'ouverture. Tous étaient pieds nus, sauf que Stanley portait une paire de sandales en cuir les plus légères. Ils s'approchèrent sans bruit de la fenêtre ; le garde, comme auparavant, répondant au sifflement de Meinik. Sans un mot, les uns après les autres entrèrent dans la chambre. Le soldat était assis à table, attendant visiblement leur arrivée avec impatience.

Stanley s'approcha du lit.

« Est-ce que tu vas mieux, Harry ? » demanda-t-il à voix basse.

"Mieux, mais toujours faible."

Tout avait été arrangé à l'avance. La litière était déposée au sol, les poteaux étant aussi éloignés que possible. Alors Stanley fit signe au soldat de prendre un bout du tapis sur lequel Harry était allongé ; pendant qu'il prenait l'autre. Les Birmans se rangèrent de chaque côté ; et la couverture fut soulevée, l'occupant et l'oreiller étant composés de ses vêtements, et posés tranquillement sur la couverture de la litière. Ensuite, deux Birmans sont sortis, tandis que les quatre autres hommes soulevaient les poteaux et portaient une extrémité jusqu'à la fenêtre.

Les Birmans à l'extérieur tenaient les extrémités bien au-dessus de leurs têtes, Stanley et le soldat levant la main de la même manière. Les autres Birmans ont ensuite rampé en dessous, par la fenêtre. Alors que la civière avançait par la fenêtre, ils prirent la place de Stanley et du soldat aux poteaux et se dirigèrent silencieusement vers la palissade. Stanley et Meinik suivirent, rejoints par les deux gardes birmans.

Pas le moindre bruit ne se fit entendre pendant que les huit hommes franchissaient la courte distance jusqu'à la palissade et passaient par l'ouverture où les autres les attendaient, la lance à la main ; prêt à se précipiter et à prendre part à la mêlée, si l'alarme était donnée. Stanley poussa un grand soupir de soulagement alors qu'ils s'évanouissaient. Quelques pas plus loin, ils s'arrêtèrent et les traverses furent attachées aux poteaux.

« Dieu merci, tu es sorti, Harry ! » dit Stanley dès qu'ils eurent fait cela. "Est-ce que ça t'a fait beaucoup de mal ?"

"Rien à proprement parler," répondit Harry. "Vous avez réussi à merveille. Suis-je vraiment complètement hors des lieux ?"

"Oui, tout à fait. Vous serez plus à l'aise lorsque nous aurons attaché ces traverses. Vous ne serez donc pas couché au fond d'un sac, comme vous l'êtes maintenant."

Une fois les travaux terminés, ils avancèrent à un rythme rapide ; car le poids d'Harry, réduit par la fièvre comme il l'avait été, n'était qu'une bagatelle pour ses porteurs. Les autres les suivirent de près et, en un quart d'heure, ils furent bien au-delà de la ville. Stanley parla à Harry une ou deux fois, mais ne reçut aucune réponse ; il n'avait donc aucun doute sur le fait que son cousin s'était endormi tranquillement. Le doux mouvement de la litière aurait probablement cet effet ; d'autant plus qu'Harry était probablement resté éveillé, depuis une nuit ou deux, à l'écoute des amis qui pourraient arriver à tout moment.

Lorsqu'ils atteignirent les limites de la forêt, les torches que portaient les garçons étaient toutes allumées ; et chacun en portait deux, à l'exception des porteurs, qui n'en avaient qu'un chacun, tandis que tous restaient serrés les uns contre les autres autour de la litière. Ils agitaient leurs torches en marchant et, bien qu'ils entendissent les cris de plusieurs tigres dans la forêt, ils ne craignaient pas d'être attaqués ; car autant de lumières ondulantes dissuaderaient la bête la plus affamée de s'aventurer à proximité.

Une fois dans la chambre du temple, la litière était déposée sur un tas de roseaux et de feuilles ramassés la veille, ainsi qu'un grand stock de broussailles et de bûches. Harry dort toujours tranquillement. En peu de temps, un feu brillant s'alluma et, grâce à cela et à la lumière des torches, la chambre prit un aspect assez joyeux. En chemin, Stanley avait parlé aux deux gardes, les avait remerciés pour leur service et leur avait assuré qu'ils recevraient la récompense promise par Meinik.

« Je suis l'officier britannique, dit-il, qui était au village avec mon ami, bien que j'étais absent lorsqu'il a été enlevé. Comme vous le voyez, je suis déguisé.

Tous deux avaient montré des signes d'inquiétude en approchant du temple ; mais Meinik leur avait assuré que les esprits n'oseraient pas s'approcher d'un groupe accompagné d'un homme blanc, et qu'une nuit s'était déjà passée dans le temple, sans qu'il en résulte aucun mal. Un repas composé de tranches de venaison fut immédiatement préparé et, une fois le repas terminé, et que tout le monde eut allumé des cigares, le moral se réjouit du succès de l'entreprise. Les soldats avaient cependant été déçus d'apprendre qu'ils allaient y rester quelque temps pour permettre au blessé de reprendre des forces.

« Nous ne nous arrêterons peut-être pas longtemps », a déclaré Stanley ; mais, voyez-vous, avec la civière, nous ne pouvions pas voyager vite ; et soyez sûr qu'à ce moment l'alarme est donnée car, lorsqu'on viendrait vous relever au bout de trois heures, on constaterait que vous étiez et alors ils découvriraient immédiatement que les captifs étaient partis aussi. À l'aube, toute la garnison sera sortie. Combien y en a-t-il ?

"Il y a trois mille hommes dans la ville", dit le garde. "Après qu'un groupe de vos soldats soit arrivé à une courte distance, il y a deux mois, quinze cents hommes ont été ajoutés à la garnison."

"Eh bien, voyez-vous, avec trois mille hommes, ils pourraient parcourir tous les bois et, s'ils nous rejoignaient, nous serions incapables de nous défendre. Ici, nous pouvons espérer qu'ils ne nous découvriront pas; mais s'ils le font, nous pouvons faites une résistance désespérée car, comme un seul homme à la fois peut franchir cette porte, il serait pratiquement impossible pour eux de forcer le passage. Vous avez vos fusils, et j'ai une paire de pistolets et, comme tous les autres, Si vous avez des lances, les trois mille hommes auront tout ce qu'ils pourront faire pour entrer par cette porte. S'ils l'ont fait, il y a une porte encore plus étroite dans le coin à défendre, et au-delà il y a une longue, étroite et raide porte. escalier, qu'un homme pouvait tenir contre un hôte.

" Dès le matin, nous porterons nos provisions à la chambre haute. Nous avons de l'eau et du riz en quantité suffisante pour un mois, si nous faisons attention ; de sorte que, même si j'espère qu'ils ne nous trouveront pas, je nous n'aurons pas du tout peur que nous les repoussions, s'ils le font. »

Dès qu'il fit jour, les pierres qui avaient été ajoutées aux marches de la porte furent jetées ; puis, grâce à leurs efforts conjugués, les deux marches restantes furent supprimées. Puis ils s'entraidèrent, le dernier étant aidé par deux de ses camarades, au-dessus.

« Là, » dit Stanley ; "S'ils viennent nous chercher, ils ne soupçonneront probablement pas que nous avons un homme grièvement blessé ici. Ils peuvent fouiller la grande salle dans laquelle nous nous trouvions auparavant, et toutes les autres salles qui pourraient s'y trouver au même niveau. " Mais cette entrée étroite, à dix pieds au-dessus d'eux, n'est guère susceptible d'attirer leur attention. Si c'est le cas, comme je l'ai dit, nous devrons nous battre ; mais ce sera un problème merveilleusement difficile à résoudre pour eux. "

Il ordonna ensuite aux hommes de transporter tous les provisions jusqu'à la chambre haute. Au moment où ils commençaient le travail, il y eut un léger mouvement sur le lit. Stanley s'y approcha aussitôt. Harry regardait autour de lui, d'un air perplexe.

"Eh bien, Harry, comment te sens-tu ? Tu as bien dormi."

"Oh, c'est toi, Stanley ? Je n'étais pas bien sûr mais je rêvais. Où suis-je ? J'ai dû m'endormir dès que nous avons commencé ; car je ne me souviens de rien, après que tu m'as parlé quand ils rendaient le hamac plus confortable.

"Vous êtes dans un temple - vieux de quatre ou cinq mille ans, devrais-je dire - et ceci est une chambre rocheuse. Le temple lui-même est en ruines. Nous sommes à dix milles de Toungoo et nous attendrons ici jusqu'à ce que la poursuite de " Vous vous êtes relâché. Dans une semaine, vous serez plus en état de marcher que vous ne l'êtes actuellement. Je ne voudrais pas vous emmener loin, comme vous l'êtes maintenant. D'ailleurs, si nous avions continué, ils auraient été sûrs de nous rattraper ; car ces gars-là peuvent courir comme des lièvres.

"Mais pourquoi ne nous trouveraient-ils pas ici, Stanley ?"

"Eh bien, bien sûr, ils peuvent le faire, mais l'entrée de cette chambre est à dix pieds au-dessus du sol; et autre chose est qu'ils ont toutes sortes de superstitions sur cet endroit. Rien ne les inciterait à s'en approcher, après la tombée de la nuit; et même de jour, ils n'aiment pas s'en approcher. Enfin, s'ils nous trouvent, il leur faudra tout leur temps pour forcer le chemin. J'ai cinq hommes et deux jeunes gens tout à fait capables de se battre ; alors voici vos deux gardes, Meinik, le soldat et moi-même. Ainsi, voyez-vous, nous en rassemblons douze. Nous avons deux fusils, une paire de pistolets et des lances pour nous tous ; et si nous ne pouvons défendre cet étroit passage, contre aucun nombre de Birmans, nous mériterons notre sort.

"D'ailleurs, il y a une autre porte, encore plus étroite, dans le coin derrière vous. Il faudrait la forcer ; et dans la chambre au-delà, il y a un escalier étroit et droit, haut d'environ quarante pieds, qu'un homme avec une hache devrait pour pouvoir tenir contre une armée. Ils prennent les magasins là-haut, maintenant. Nous avons des provisions et de l'eau pour un mois. Quand tout sera en ordre, là-bas nous vous porterons et, à moins qu'ils ne s'assoient devant cela et nous affamons régulièrement, nous sommes aussi en sécurité que si nous étions à Prome. »

"J'aurais aimé que tu te débarrasses de cette horrible teinture, Stanley. Je sais que c'est toi par ta voix mais, avec la couleur, et tous ces tatouages, et tes cheveux extraordinaires, je ne te connais pas du tout. "

"Je suis exactement dans le même déguisement que celui dans lequel je suis descendu d'Ava", a ri Stanley. " Au début, je me sentais très mal à l'aise avec rien d'autre que ce jupon court ; mais je m'y suis habitué, maintenant, et je dois dire qu'il est frais et confortable.

"Maintenant, parle-moi de tes blessures."

"Ils ne sont pas très graves, Stanley. J'ai eu un coup d'épée sur la tête - c'est celui qui m'a fait tomber - et une tranche m'a été arrachée du bras depuis le coude, presque jusqu'à l'épaule. Aussi une blessure de lance au côté, mais c'était une bagatelle, car elle dépassait les côtes. Si j'avais été laissé pendant que je tombais et que quelqu'un avait immédiatement pansé mes blessures, j'aurais été bien à ce moment-là. Les gars les ont en quelque sorte bandés, mais le mouvement de la civière les a fait saigner de nouveau, et je crois que j'ai perdu presque tout le sang de mon corps. Je pense que c'était une pure faiblesse plutôt que de la fièvre. cela m'a gardé inconscient si longtemps ; car je déduis, d'après la pantomime du soldat, que j'ai dû rester inconscient pendant près de quinze jours.

"Oui, tu l'étais certainement quand je suis venu la première fois, Harry; mais je pense que, dans l'ensemble, c'est peut-être une chance que tu l'étais. Tu aurais probablement eu beaucoup plus de fièvre si tu n'avais pas été aussi chaud." très faible ; et si vous aviez échappé à cela et que vous aviez bien réussi, vous auriez pu être envoyé à Ava avant que j'aie pu prendre toutes les dispositions nécessaires pour votre évasion.

"Parle-moi de tout ça," dit Harry. "La façon dont vous avez réussi me semble merveilleuse."

Stanley lui a raconté toute l'histoire. Au moment où il eut fini, les magasins avaient tous été installés à l'étage ; et le feu fut éteint avec le plus grand soin, car la fumée les aurait immédiatement trahis. Les traverses de la civière avaient été retirées pour permettre à Harry d'être transporté par la porte, et il était maintenant soulevé. Deux des hommes ôtèrent leurs vêtements et y enveloppèrent les matériaux du lit, les portant immédiatement. Dès qu'ils furent partis, Harry fut lentement et soigneusement emmené dans la chambre haute, et se recoucha sur le lit. Stanley prit place à côté de lui, et le reste du groupe descendit dans la chambre basse ; ayant reçu l'ordre le plus strict de ne pas se montrer près de l'entrée et de ne pas fumer avant d'être sûr que leurs poursuivants auraient dû passer devant.

Les bambous de la litière furent transformés en une échelle grossière et, sur celle-ci, Meinik prit place à la petite fenêtre de la seconde des pièces inférieures. En raison de l'immense épaisseur de la paroi rocheuse, il n'avait pas une vue dégagée, mais il pouvait voir le chemin par lequel quiconque traversait la forêt pouvait s'approcher du temple. Il était maintenant environ sept heures et demie et, à ce moment-là, les poursuivants pouvaient être proches ; en dix minutes, en effet, des cris lointains se firent entendre, et Stanley descendit aussitôt et rejoignit les hommes en bas.

Il se plaça dans l'alignement de la porte. Comme le mur ici avait quatre pieds d'épaisseur, la pièce était dans la pénombre et, se tenant bien en retrait, il était certain que sa silhouette ne pourrait être aperçue par quiconque se tenant dehors dans l'éclat du soleil. Les sons devenaient de plus en plus forts ; et au bout d'une minute ou deux, un officier, suivi d'une vingtaine d'hommes, sortit des arbres. Tous s'arrêtèrent lorsqu'ils virent le temple. Les hommes se seraient immédiatement retirés ; mais l'officier leur cria d'avancer, bien qu'il se montre lui-même peu enclin à le faire.

Ils étaient encore debout, indécis, lorsqu'un officier supérieur à cheval, suivi d'une cinquantaine de fantassins, remonta le chemin. Il leur cria l'ordre de fouiller le temple et, comme la peur de lui était encore plus grande que leur peur des esprits, tous les hommes traversèrent les pierres tombées et remontèrent jusqu'à la face du rocher. Ils entrèrent d'abord dans la chambre où les chevaux étaient parqués. L'officier arrivé le premier entra avec ses hommes et, sortant, rapporta à son supérieur qu'il y avait eu du feu et qu'il y avait aussi des chevaux ; mais que trois semaines, ou un mois, ont dû s'écouler depuis.

"Es-tu sûr de ça?"

" Bien sûr, monseigneur. Il est extraordinaire que quelqu'un ait osé y entrer, encore moins dans l'écurie des chevaux alors que, comme chacun le sait, le temple est hanté par de mauvais esprits. "

"Je ne me soucie pas des esprits", a déclaré l'officier. "Ce sont des hommes que nous recherchons. Allez voir dans les autres chambres qui pourraient s'y trouver."

A ce moment, un son grave et triste se fit entendre. Il montait de plus en plus fort, puis s'éteignait peu à peu. Les soldats restaient comme paralysés. Même le haut fonctionnaire, qui avait été obligé de laisser son cheval et de traverser à pied les blocs tombés, recula d'un pas, avec une expression de crainte. Il se reprit bientôt et cria avec colère aux hommes de continuer. Mais à nouveau, le bruit semblable à un chant funèbre montait, de plus en plus fort. Il s'enfla, puis s'éteignit peu à peu ; mais cette fois avec une modulation tremblante.

Les hommes levèrent les yeux et se retournèrent. Certains regardaient la partie supérieure du rocher, certains droit devant eux, tandis que d'autres se retournaient et faisaient face à la forêt.

"Recherche!" cria furieusement l'officier. "Mauvais esprits ou pas de mauvais esprits, pas un homme ne bougera d'ici jusqu'à ce que l'endroit soit fouillé."

Puis s'éleva un son aigu et vibrant, comme s'il s'agissait d'un rire étrange. Ni l'autorité de l'officier, ni la peur du châtiment, ne pouvaient retenir les soldats. Avec des cris d'alarme, ils se précipitèrent à travers les ruines et s'enfoncèrent dans la forêt ; suivi, avec une allure qu'il essayait en vain de rendre digne, par l'officier qui, aussitôt arrivé à son cheval, sauta dessus et partit au galop.

Les Birmans apprécient grandement la plaisanterie et, dès que les troupes se sont enfuies, les villageois et les gardes à l'intérieur du temple se sont jetés à terre et ont éclaté de rire. Stanley se dirigea aussitôt vers la chambre haute.

"Magnifiquement fait, Meinik ! C'était comme la note d'un orgue. Même si je savais ce que tu allais faire, j'ai été moi-même presque surpris lorsque cette note grave s'est élevée. Pas étonnant qu'ils aient eu peur."

"Eh bien, en tout cas, maître, nous sommes en sécurité pour le moment."

"Pour le moment, sans aucun doute, Meinik; mais je me demande si nous n'en entendrons plus parler à nouveau. Cet officier était un type à l'air déterminé et, même s'il avait peur aussi, il s'y tenait comme un homme. ".

" C'est le gouverneur de la ville, maître. Je l'ai vu porter dans les rues sur sa chaise. Tout le monde était penché jusqu'à terre lorsqu'il passait. C'était un général célèbre, autrefois ; et on dit qu'il est probablement commander à nouveau une partie de l'armée lorsque les combats commenceront. »

"Eh bien, je pense que nous entendrons parler d'eux encore, Meinik. Je ne suppose pas qu'il pensait vraiment que nous étions ici car, certainement, aucun Birman n'élirait sa demeure dans cet endroit, même pour sauver sa vie. Ils Je poursuivrai toute la journée à travers les bois et, à ce moment-là, ils seront sûrs qu'ils nous auraient rattrapés si nous avions continué tout droit. Alors je ne serais pas du tout surpris s'il essayait ici encore.

"Peut-être qu'il le fera, maître. Comme assez, il coupera la tête de certains des hommes qui se sont enfuis et sélectionnera certaines de ses meilleures troupes pour les rechercher. Pourtant, j'espère qu'il n'y pensera pas."

Stanley secoua la tête.

"Je l'espère aussi, Meinik. Il y a une chose dont je suis sûr : s'il nous trouve ici, il restera ici ou, en tout cas, il laissera quelques troupes ici, jusqu'à ce qu'il nous retrouve. Il le saurait. qu'il aurait des ennuis, à Ava, pour avoir laissé s'échapper les prisonniers, et qu'il lui importerait de les reprendre.

"Maintenant que nous sommes ici, Meinik, nous allons encore jeter un œil à cet escalier supérieur. Si nous sommes assiégés, c'est notre seul espoir de sécurité."

Ils longèrent de nouveau le rebord et montèrent l'escalier. Stanley examina pendant quelque temps les pierres qui bloquaient le passage, et finit par s'écrier :

"Là, Meinik, regarde à côté de cette pierre. Je vois un rayon de lumière. Oui, et quelques feuilles. Je ne pense pas qu'elles soient à plus de dix mètres au-dessus de nous !"

Meinik appliqua son œil sur la crevasse.

"Je les vois, maître. Oui, je ne pense pas que ces feuilles soient à plus de cette distance."

"C'est ce que je suis venu chercher", a déclaré Stanley. " Il était évident que ces détritus ne pouvaient être que les pierres de la racine et le pavé de la dépression au milieu de la ruine ; et que ceux-ci ne pouvaient pas boucher très loin cet escalier. La question est de savoir s'il sera possible de dégager cet escalier. Evidemment, ce sera un travail terriblement dangereux. On pourrait réussir à retirer une pierre, à la fois, en toute sécurité. Mais à tout moment, le détachement d'une pierre pourrait en faire tomber plusieurs autres, avec une course ; et quiconque se trouverait dans cet escalier étroit serait emporté comme une paille. »

Meinik était d'accord quant au danger.

" Eh bien, nous n'avons pas besoin d'y réfléchir maintenant, Meinik ; mais si nous sommes vraiment assiégés, c'est par cette voie que nous devons nous échapper, voire pas du tout. Nous devons espérer que nous ne serons pas assiégés ; mais si nous " Oui, il faut essayer ici. J'aimerais mieux être tué sur-le-champ par la chute d'une pierre sur ma tête, que torturé à mort. "

Meinik hocha la tête, et ils descendirent les escaliers, éteignirent les torches qu'ils avaient utilisées là-bas, et retournèrent le long du rebord jusqu'à la chambre où gisait Harry.

"Alors Meinik les a fait fuir", dit ce dernier alors que Stanley s'asseyait à côté de lui. "Je ne pouvais pas penser à ce qu'il allait faire quand il est arrivé ici avec ce long roseau, aussi épais que ma jambe. Il me l'a montré, et j'ai vu qu'il y avait une sorte d'embouchure fixée dedans ; et il a fait des signes qu'il allait l'abattre. Quand il l'a fait, c'était formidable et, à mesure que ça devenait de plus en plus fort, j'ai mis mes mains sur mes oreilles. Tout semblait frémir. L'autre rangée, ce rire diabolique, il fit avec un plus petit, c'était effrayant, mais le gros son ressemblait plutôt à un trombone, seulement vingt fois plus fort.

"Eh bien, tu penses que nous en avons fini avec eux ?"

"Je l'espère, Harry. En tout cas, vous pouvez être assuré qu'ils ne se frayeront jamais un chemin jusqu'ici et, bien avant que nos provisions ne soient terminées, je n'ai aucun doute sur ma capacité à trouver un plan d'évasion. "

La journée s'est déroulée tranquillement. Les bois étaient aussi silencieux que d'habitude. Les Birmans étaient tous de bonne humeur face au succès du cor de Meinik. Quand la nuit tombait, ils accrochaient une couverture devant l'entrée, plaçaient un des garçons de garde juste à l'extérieur, puis allumaient un feu. Stanley prit quelques torches et s'approcha d'Harry, prenant la précaution d'accrocher un tissu devant la fenêtre.

"Je n'ai pas beaucoup parlé de te remercier, mon vieux," dit Harry, "mais tu dois savoir ce que je ressens."

"Tu ferais mieux de ne rien dire à ce sujet, Harry. J'ai seulement fait ce que tu aurais fait, si tu avais été à ma place. Si tu avais été responsable de cette fête et que j'avais été enlevé, je sais que tu l'aurais fait. tout était en votre pouvoir pour me secourir. Vous n'auriez peut-être pas aussi bien réussi, parce que vous ne connaissiez pas leur langue, mais je sais que vous auriez essayé. Après tout, je n'ai pas couru autant de risques que lorsque j'ai couru. J'ai sauvé Meinik du léopard et, bien sûr, il m'était absolument inconnu.

"D'ailleurs, vous n'êtes pas encore secouru ; et nous ne crierons pas tant que nous ne serons pas sortis du bois."

"C'est très cool et agréable ici," dit Harry après avoir menti sans parler pendant quelques minutes. "Il faisait terriblement chaud dans cette cabane, au milieu de la journée; et j'avais l'impression que je perdais presque autant de force le jour que j'en prenais la nuit. Je vais merveilleusement mieux ce soir. Bien sûr, que le long sommeil y était pour quelque chose, et que le plaisir d'être libre et avec soi y était encore plus ; mais certainement la fraîcheur et l'air qui souffle par cette ouverture ont compté pour quelque chose.

"Eh bien, nous te nourrirons tant que tu seras là, Harry ; et j'espère, dans quinze jours, te revoir bien ferme sur tes jambes ; et alors, s'il n'y a rien pour l'empêcher, nous te porterons. partir triomphalement. »

Meinik est entré ici, avec deux bols de bouillon ; car ils avaient acheté quelques ustensiles en faïence lors d'une de leurs visites à Toungoo.

"C'est du premier ordre !" » dit Harry, alors qu'il terminait son premier. "De quoi est-ce fait?"

"Je ne pose jamais de questions", répondit Stanley, qui essaya, avec succès, de retenir un sourire. "Meinik est un excellent cuisinier et prépare toutes sortes de bons petits plats. Voici à nouveau son pas.

"Qu'est-ce que tu as là, Meinik ?" » demanda-t-il lorsque le Birman entra avec deux assiettes.

"Une tranche de mouton cuite sur des bâtons sur le feu, maître, et du riz avec."

"C'est du premier ordre !" » dit chaleureusement Harry, quand il eut fini. "En prison, ils ne m'ont pas donné de viande. Je suppose qu'ils pensaient que je n'étais pas assez fort pour ça."

"Ils mangent eux-mêmes très peu de viande, Harry. Maintenant, j'imagine que ton dîner est terminé, à l'exception de quelques fruits. Nous en avons beaucoup."

Il y avait cependant quelques bananes frites, et Harry déclara qu'il s'était régalé comme un roi.

"Si cela continue, Stanley, je parierai que je serai là dans une semaine et que je proposerai de courir une course avec vous dans quinze jours."

" Il vous faudra beaucoup plus de temps que cela avant d'être apte à marcher une certaine distance. Cependant, avec un bon appétit - que vous êtes sûr d'avoir après votre maladie - beaucoup de nourriture et l'air frais de ces lieux. grottes, je m'attends à ce que vous repreniez vite."

Le lendemain se passa tranquillement.

"Je serai heureux quand demain sera fini", dit Stanley à Meinik, la dernière chose avant de monter dans la cellule de Harry. "Aujourd'hui, je pense qu'ils repartiront tous et, s'ils nous rendent une nouvelle visite, ce sera tôt demain matin. Assurez-vous que deux hommes sont de garde. Ils pourront se remplacer toutes les heures; et je descendrai moi-même. , de temps en temps, pour voir si tout va bien ; mais je ne pense pas que même le gouverneur puisse amener ses hommes à s'approcher de cet endroit, après la tombée de la nuit.

"Nous veillerons bien, maître, mais je n'ai aucune crainte de leur venue."

# Chapitre 15
## L'attaque.

Stanley se leva plusieurs fois pendant la nuit et descendit aux quarts ; car il était sûr qu'ils seraient nerveux car, même s'ils avaient maintenant, dans une large mesure, surmonté leurs peurs superstitieuses, ils seraient toujours timides la nuit. Ils rapportèrent que tout était encore autour du temple, mais qu'ils avaient entendu des bruits lointains dans les bois ; et la première de ces occasions, après être revenu dans la chambre du dessus, il était sorti sur le rebord ; et de cette hauteur on pouvait voir le reflet, dans le ciel, d'un certain nombre de feux s'étendant en demi-cercle, à une distance d'environ un mille du temple. Il en était convaincu que le gouverneur était déterminé à faire procéder dès le matin à une fouille approfondie.

Dès le jour, le son des cors et le battement des tambours se firent entendre dans la forêt et, une demi-heure plus tard, un grand corps d'hommes sortit des arbres, dirigé par le gouverneur lui-même.

"Maintenant," cria-t-il, "cet endroit doit être fouillé, dans chaque trou et dans chaque recoin.

" Quant aux mauvais esprits, il n'y a aucune crainte à leur égard, ni de jour ni de nuit. Avez-vous déjà entendu parler de leur attaque contre un grand nombre d'hommes ? Ils peuvent étrangler un seul voyageur qui s'aventure dans leurs repaires ; mais personne n'a jamais peur. " J'ai entendu parler d'une armée birmane attaquée par eux. Maintenant, chacun doit faire son devoir, et le premier qui hésite, sa tête doit être immédiatement coupée.

"Avant!"

Les troupes se précipitèrent impétueusement à travers les ruines, pénétrèrent dans les différentes chambres du rocher et, en quelques minutes, toutes furent signalées vides.

"Il y a des chambres plus haut", a déclaré le gouverneur. "Nous allons les fouiller, et... regardez cette porte là-haut, elle doit mener à quelque part. Apportez des pierres et montez un escalier."

Il était désormais évident qu'il n'y avait plus aucun espoir de se cacher, et Stanley se dirigea vers l'entrée.

« Monseigneur le Gouverneur, cria-t-il, il y a ici une force importante et toute votre armée n'a pas pu y entrer. Nous ne souhaitons pas prendre la vie d'hommes courageux ; mais si nous sommes attaqués, nous devons nous défendre et Je vous prie de vous retirer avec eux et de ne pas gâcher la vie. »

Cette adresse d'un apparemment paysan excita la colère du gouverneur, qui cria :

"Tirez sur lui, les hommes !"

Mais avant que l'ordre puisse être obéi, Stanley était revenu dans la chambre, où il avait déjà ordonné aux hommes de se tenir en dehors de la ligne de porte. Plusieurs mousquets furent tirés et plusieurs balles frappèrent le mur du fond de la chambre. Les tirs se sont poursuivis et Stanley a déclaré :

« Restez où vous êtes, mes hommes, jusqu'à ce qu'ils aient fini ; puis approchez-vous de la porte car, dès qu'ils commenceront l'attaque, les hommes derrière eux devront cesser de tirer. Il leur faudra encore quelques minutes.

Il courut rapidement jusqu'à la chambre d'Harry.

"Ils nous attaquent," s'exclama Harry ; "Oh, comme j'aimerais pouvoir descendre et aider !"

"Ils ne pourront jamais entrer, Harry. Les soldats britanniques pourraient le faire, mais pas ces gars-là. Ils ne peuvent entrer que deux de front et, avec une douzaine de pointes de lance face à eux, que peuvent-ils faire ? J'ai pensé que j'allais juste monter et Je vous dis que tout allait bien. Il leur faudra au moins cinq minutes pour empiler des pierres au niveau de la porte.

Stanley rejoignit à nouveau ceux d'en bas. Meinik, le soldat et un Birman devaient former la première ligne ; les quatre autres Birmans devaient se tenir derrière, avec leurs lances, entre les hommes de devant ; les deux gardes avec leurs fusils, et les garçons devaient servir de réserve. Stanley s'était armé d'une des haches et devait se tenir près de l'entrée de sorte que, si les lanciers étaient repoussés et que l'un des assaillants réussissait à franchir l'entrée, il les abattrait.

Actuellement, il y eut un silence dehors.

« Restez bien en retrait », dit-il. "Ils ont posé leurs pierres, et nous allons nous précipiter directement ; mais ils lanceront très probablement une volée d'abord."

La pause dura une minute ou deux. Puis un tambour fut battu et une centaine de mousquets furent tirés. Une pluie de balles tomba dans la grotte.

"Maintenant", a crié Stanley, "formez-vous".

Un cri sauvage fut poussé par les Birmans. Maintenant qu'ils savaient qu'ils combattaient des ennemis humains, leur courage revint et des hommes se précipitèrent sur le tas de pierres menant à l'entrée ; mais en vain ils essayèrent de pénétrer de force dans la chambre. Ceux qui étaient devant tombèrent transpercés par les lances et, tandis que les défenseurs pouvaient voir leurs silhouettes à contre-jour, les assaillants, sortant du soleil, ne purent rien voir dans la chambre, qui était maintenant obscurcie par le remplissage de l'entrée. Pas une seule fois il n'a été nécessaire que Stanley frappe. Les lances des Birmans firent leur travail à fond et, en deux ou trois minutes, l'entrée fut presque encombrée de cadavres, ajoutant à la difficulté des assaillants.

Pressés par ceux qui étaient en arrière, les premiers tombèrent par-dessus ces obstacles et furent aussitôt transpercés par les lances ; jusqu'à ce qu'il ne soit plus possible de passer par l'entrée extérieure, et encore moins de pénétrer dans la chambre. L'attaque fut répétée à maintes reprises et, comme souvent, repoussée. Avant d'avancer, les Birmans s'efforçaient chaque fois de dégager le passage en tirant les corps de leurs camarades ; mais les deux gardes se postèrent alors en avant et fusillèrent homme après homme qui tentait. Finalement, les Birmans se retirèrent, mais seulement après avoir tué cinquante ou soixante personnes.

On vit le gouverneur gesticulant furieusement devant un groupe d'officiers et, peu après, une dernière attaque fut lancée, menée par plusieurs officiers de rang. Ce fut aussi infructueux que les autres. En effet, les corps des tués formaient maintenant une barrière presque infranchissable et, après la chute de plusieurs officiers et d'un grand nombre des hommes les plus courageux, le reste se retira brusquement. Le gouverneur parut reconnaître que la tâche était impossible ; et deux ou trois cents hommes furent aussitôt mis au travail pour abattre les arbres et, à la tombée de la nuit, une haute palissade avait été érigée autour du terrain découvert devant le temple.

"Ils vont essayer de nous affamer", a déclaré Stanley. "Il n'y a plus aucune chance de se battre ce soir."

Dès que la palissade fut achevée, les mousquetaires prirent place derrière elle et ouvrirent un feu tombant à l'entrée, tandis que les bûcherons continuaient à abattre des arbres.

"Nous devons nous débarrasser de ces cadavres, si nous le pouvons", a déclaré Stanley, "sinon l'endroit sera inhabitable d'ici un jour ou deux.

" Prends ces deux bambous que nous avions pour la litière, Meinik. Nous pousserons les cadavres un à un, en commençant par ceux du haut du tas. Nous pourrons rester derrière l'abri du tas, jusqu'à ce que nous en ayons le plus possible. " ". Après cela, nous devons tenter notre chance. "

Il leur fallut quelques heures de travail mais, enfin, le passage fut dégagé et les corps tous jetés dehors. Le feu était allumé dans la pièce voisine ; et Stanley, ordonnant à deux hommes d'écouter attentivement tout mouvement, s'approcha de nouveau de Harry, à qui il avait rendu une visite éclair dès que les Birmans s'étaient éloignés.

"Nous ne pouvons pas risquer d'avoir de la lumière ici, Harry," dit-il. "Je ne veux pas qu'ils aient la moindre idée que cette chambre, qui est à près de cinquante pieds au-dessus de l'entrée, est reliée d'une manière ou d'une autre aux pièces du dessous. Si une telle idée les frappait, ils pourraient faire descendre les hommes d'en haut avec des cordes, et ainsi, conduisez-nous à l'arrière.

"Avez-vous dit que nous sommes régulièrement enfermés, devant, par cette palissade ?"

"Oui ; il n'y a certainement pas de sortie par là. Derrière, vous savez, il y a un mur de rocher à pic ; et la seule possibilité, que je vois, c'est que nous puissions dégager un escalier qui monte à travers le rocher, depuis un rebord au niveau de cette salle, jusqu'aux ruines d'un bâtiment au-dessus. À l'heure actuelle, la partie supérieure est entièrement obstruée par des blocs de pierre et des décombres, et ce sera un travail très difficile à traverser ; mais ainsi pour l'instant, il me semble que c'est ça ou rien.

"Pourquoi continuent-ils à abattre des arbres ?"

« Je crois que leur général le fait pour rapprocher un grand nombre de ses troupes de la palissade ; en partie peut-être pour maintenir le moral de la ligne de front, par leur compagnie ; en partie pour rendre impossible toute tentative, de notre part, de faire Nous ne savons pas, bien sûr, quelle est notre force, mais ils ont reçu aujourd'hui une leçon si aiguë qu'ils prendront toutes leurs précautions à l'avenir.

"Eh bien, qu'est-ce qu'il y a, Meinik ?"

« Nous avons parlé ensemble, maître ; et nous pensons que si nous devions crier qu'ils puissent emporter les corps, sans aucune intervention de notre part, ils le feraient. Plusieurs officiers de rang sont tombés là, et c'est notre coutume est de toujours enlever les morts, quand cela est possible. »

" De toute façon, cela vaudrait la peine de tenter l'expérience, Meinik. Mais nous devons tous prendre les armes pendant qu'ils le font, car ils pourraient se précipiter soudainement. Cependant, nous risquons que, car ces corps m'inquiètent beaucoup. " beaucoup, et je donnerais tout pour qu'on les enlève. Je descendrai avec toi.

Meinik descendit donc à l'entrée et cria :

"Paix, paix ! L'officier anglais m'a ordonné de dire qu'il souhaiterait que ceux qui ont combattu si vaillamment soient honorés après leur mort ; et qu'aucun coup de feu ne soit tiré, ni aucune interférence faite avec ceux qui viendront. pour emporter les morts. »

Il y eut un silence pendant deux ou trois minutes, puis une voix rappela :

" C'est bien ; pendant deux heures il y aura la paix entre nous. "

« Je suis sûr que le gouverneur est aussi heureux que nous de faire cela. C'est considéré comme une honte si les morts ne sont pas transportés hors du sol pour être enterrés ; et s'il envoie des dépêches à Ava, il sera heureux de pouvoir dire que les braves tombés ont tous été enterrés avec les honneurs qui leur sont dus. D'ailleurs, Meinik, cela ne serait pas encourageant pour ses troupes d'avoir devant elles ce tas de cadavres et, en fait, cela suffirait à provoquer une peste, dans quelques jours.

Les hommes se regroupèrent autour de l'entrée. Les Birmans faisaient leur travail en silence. Parfois, un léger mouvement se faisait entendre, mais personne n'aurait pu imaginer qu'une centaine d'hommes s'affairaient dehors. Plusieurs d'entre eux portaient des torches, et tous travaillaient avec régularité et bon ordre, sous la direction de deux ou trois officiers. L'un des poteaux de la palissade avait été arraché et les corps y étaient transportés. Il fallut moins de deux heures avant qu'un klaxon ne retentisse, et il y eut un appel fort de :

"La paix est finie, tout est fait."

Au-delà de la palissade, de grands feux flambaient parmi les arbres. Les travaux d'abattage de la forêt se poursuivaient et, au matin, le terrain avait été dégagé sur une distance de trente à quarante mètres à partir de la palissade. Alors les Birmans élevèrent une autre palissade à quarante pieds derrière la première, de sorte que, si par négligence ou trahison les assiégés parvenaient à franchir la première ligne, il y en aurait encore une autre devant eux.

"Je suppose, maître", dit Meinik en regardant les hommes à l'œuvre, en retrait, "le général construit cette deuxième ligne, non pas parce qu'il pense que nous avons une chance de passer la première, mais pour garder le cap. les hommes au travail, afin de les empêcher de penser quoi que ce soit aux esprits. Maintenant qu'ils y ont passé une nuit, ils auront un peu surmonté leur peur et, bien entendu, chaque jour qui passe, sans leur arriver de malheur, ils pensera de moins en moins aux méchants. »

« Est-ce que tu y crois, Meinik ?

Meinik hésita.

"Tout le monde sait, maître, que les mauvais esprits gardent les trésors des gens qui vivaient dans ce pays il y a très, très longtemps. Personne ne peut douter que les gens qui ont cherché les trésors de manière imprudente ont été retrouvés morts, les yeux fixes et le corps enflé; mais Comme, à l'heure actuelle, ils doivent bien savoir que ni nous ni ceux du dehors ne cherchons un trésor, ils ne peuvent pas intervenir.

"Alors tu penses qu'il y a des trésors enterrés ici, quelque part ?"

" Je ne peux pas le dire, maître ; tout le monde le dit. L'histoire a été transmise selon laquelle c'était autrefois le plus grand des temples des anciens ; et que, lorsqu'ils furent vaincus par les tribus de l'Est, je ne sais pas si c'est le cas. C'était nous, ou quelques personnes avant nous, les prêtres de tous les autres temples sont venus ici, les restes de leur armée sont également venus ici et ont combattu à l'extérieur du temple jusqu'à ce que tous soient tués.

"Quand les conquérants entrèrent, ils trouvèrent les prêtres tous étendus, en lignes régulières, sur les trottoirs. Tous étaient morts. Une histoire veut qu'ils s'étaient poignardés, une autre qu'ils avaient pris du poison. En tout cas, aucun trésor n'a été trouvé. ; bien qu'on sache que les richesses du temple étaient grandes, et que tous les autres prêtres qui étaient venus ici avaient emporté avec eux les trésors de leurs temples. Ce fut le début de la destruction du lieu, car le pavé était déchiré. et les murs en certains endroits furent rasés, et les images des dieux brisées à la recherche des trésors.

"Le travail des esprits gardiens avait déjà commencé. On raconte que tous ceux qui participèrent aux recherches moururent, d'une terrible peste qui éclata. Depuis ce temps, l'endroit est maudit. Une ou deux fois, les rois y envoyèrent des corps de et ils disent que certains n'ont jamais pu trouver le temple, mais ont erré pendant des jours dans la forêt, le cherchant en vain. D'autres ont trouvé une obscurité si épaisse, comme la plus noire des fumées, remplissant la forêt, que même les plus courageux Je n'ose pas entrer. Je ne dis pas que ces choses étaient ainsi ; je dis seulement que ce sont les histoires qui nous sont parvenues.

" Eh bien, Meinik, nous n'allons pas chercher le trésor ; et il est évident que les esprits ne nous veulent aucune mauvaise volonté ; en fait, je leur en suis obligé, car il est fort probable que les soldats imputeront leur malheur à leur influence, et que même le gouverneur peut estimer qu'il serait inutile d'essayer de les amener à renouveler l'assaut. Ce soir, nous monterons et jetterons un autre coup d'œil à l'escalier, et verrons comment nous pouvons mieux nous mettre au travail pour Il n'y a pas grande urgence à le faire, mais plus tôt nous nous mettrons au travail, mieux ce sera.

Toute la journée, un feu nourri fut entretenu à l'entrée par les troupes derrière la première palissade ; mais comme, à l'exception de trois hommes toujours de garde, les défenseurs étaient postés dans la chambre voisine, les balles crépitaient inoffensivement contre le mur. Pendant la nuit, la poussière accumulée depuis des siècles avait été balayée du sol ; et cela avait été répandu, à trois pouces de profondeur, dans le passage entre l'air extérieur et la chambre, de manière à couvrir le sang qui y avait été versé.

Dès qu'il fit complètement nuit, Stanley, Meinik et trois des villageois sortirent sur le rebord devant l'ouverture supérieure, le longèrent jusqu'à l'entrée de l'escalier et montèrent à cheval. Ils emportaient avec eux deux ou trois tisons incandescents provenant du feu, dans une des marmites en terre cuite, qui était recouverte d'un tissu pour que l'ennemi ne s'aperçoive pas de la moindre lueur. Les hommes, sur ordre de Stanley, apportèrent avec eux les bambous de la litière, la scie dont ils s'étaient servis à la palissade, une hachette et quelques blocs de bois de chauffage.

Lorsqu'ils arrivèrent au point où les marches étaient encombrées, ils allumèrent les deux torches, les hommes qui fermaient la marche en brandissant un tapis, pour empêcher que tout reflet des torches ne soit visible à l'extérieur. Lorsque Stanley et Meinik eurent de nouveau examiné l'obstacle, celui-ci se retira ; et les Birmans, un par un, sont venus et l'ont regardé.

"Qu'en pensez-vous?" leur a demandé Stanley.

"Il serait dangereux d'y toucher, monseigneur", dit l'un d'eux. "Si seulement une pierre bougeait de sa place, ce serait la mort pour nous tous. Elles sont fermes maintenant, bien fermes ; mais si deux ou trois étaient dérangées, le tout pourrait s'effondrer d'un coup."

"Je le vois bien", a déclaré Stanley. "L'un d'entre vous peut-il suggérer un plan par lequel nous pourrions sortir, sans grand risque de les mettre en mouvement ?"

Les Birmans se taisaient,

"Je vais alors vous exposer mon projet. Je propose de couper les bambous en longueurs qui dépasseront tout juste le passage. Ce sont les pierres inférieures dont on a le plus peur. Tant qu'elles restent fixes, il n'y a aucune crainte à avoir. mouvement général mais, s'ils y allaient, la masse entière pourrait descendre. Ce passage a moins de trois pieds de large, et les bambous ont douze pieds de long; de sorte que chacun en ferait quatre, la largeur du passage. Je me propose de les chasser. et fixez-les bien avec des cales. Il faut les mettre en place de manière à ce qu'elles touchent effectivement les pierres, de manière à empêcher qu'elles fassent le moindre mouvement vers le bas. S'ils commençaient à glisser, sans doute ils emporteraient les bambous ; mais si ceux-ci étaient solidement fixés par des cales, ils devraient être suffisants pour empêcher tout mouvement de se produire, d'autant plus qu'il y en aurait assez pour se toucher presque, s'étendant depuis cette marche la plus basse sur laquelle reposent les rochers. à environ cinq pieds de haut, c'est-à-dire à environ deux pieds du toit, ce qui nous suffirait pour ramper, et les bambous serviraient d'échelle. Ensuite, je propose que nous progressions par le haut, en faisant passer les petites pierres et les détritus à rebours, après avoir comblé toutes les fissures et crevasses en dessous de nous.

" Je vois, bien sûr, que nous rencontrerions de nombreux obstacles. De grosses pierres peuvent être dressées, peut-être coincées contre le toit ; il faudrait les casser ou les mettre en morceaux. Sans doute le travail prendra du temps mais, en tout cas, il y a suffisamment de nourriture pour trois semaines et, travaillant tour à tour nuit et jour, nous devrions pouvoir creuser notre chemin. À mesure que nous avançons, nous ne trouverons peut-être pas les pierres aussi serrées les unes contre les autres qu'elles le sont. En tout cas, comme nous avons vu la lumière au-dessus de nous, à seulement trente pieds de hauteur, il ne devrait pas y avoir plus de vingt pieds d'objets serrés à traverser.

« Sans aucun doute, le travail sera dangereux et dur, mais comme nous savons que si nous ne réussissons pas, toutes nos vies sont perdues, nous pouvons faire face au danger. Chacun de nous prendra sa part à son tour ; je le ferai. , moi-même, et je dirigerai les travaux en général. Que pensez-vous du plan ?

"Je pense que c'est possible, maître", dit Meinik. "En tout cas, il faut l'essayer, puisque c'est le seul moyen qui nous offre une chance de vivre."

Les Birmans furent tous d'accord et se mirent aussitôt au travail. Les bambous étaient d'abord coupés en longueurs ; puis, au moyen de la hache et des coins, ils étaient si fermement coincés, d'un côté à l'autre, qu'il eût fallu une grande force pour les déloger. Ces supports étaient assez irrégulièrement placés, car il fallait absolument qu'ils touchent les pierres. Au fur et à mesure des travaux, les espaces derrière les bambous ont été étroitement comblés de gravats, de manière à solidifier l'ensemble.

Lorsque le dernier support fut en place, Stanley dit :

"Maintenant, Meinik, fais-toi de ces trois travaux, ce soir ; quatre autres prendront ta place, avant l'aube. Attention, au début, je ne veux pas que tu essayes de déplacer des pierres fixes ; mais simplement d'enlever toutes les petites pierres. , et des gravats. On peut en ranger une bonne partie derrière les deux bambous supérieurs. Le reste, il faut le mettre dans l'escalier. Je verrai, ce soir, ce que l'on peut gérer comme outils pour arracher les grosses pierres qui ne bougent pas. " Vous feriez mieux de vous relayer très souvent. Les trois qui ne sont pas au travail devraient s'asseoir sur le rebord, à l'extérieur, afin qu'aucune pierre délogée accidentellement ne tombe sur personne. Toutes les dix minutes, un viendra prendre la place. de l'homme au travail. Assurez-vous que chacun, à mesure qu'il monte ou descend, replace soigneusement la couverture.

Ils avaient en effet, avant de commencer à scier les bambous, attaché la couverture à l'une des traverses du brancard et, la coupant à la largeur du passage, l'avaient coincée près du toit ; de sorte que le rideau, pendant, éteignait effectivement la lumière.

Stanley descendit ensuite les marches et rejoignit Harry en bas. Avant de descendre plus loin, Stanley, qui dans la journée avait informé Harry de son projet, lui fit part du départ qu'ils avaient fait.

"Bien sûr, tout dépend des pierres que vous rencontrez," dit Harry. "Si vous arrivez à un gros bloc solide, je ne vois pas comment vous allez vous en sortir."

« Nous avons les hachettes et pouvons les tailler ; et peut-être pouvons-nous fabriquer des ciseaux, avec les baguettes des fusils de vos gardes. Beaucoup peut être fait, avec de la patience et beaucoup de mains."

Stanley descendit alors en bas et expliqua aux autres le plan proposé. La nouvelle leur donna une grande satisfaction ; car bien que Meinik leur eût dit qu'il y avait un escalier au-dessus bloqué par des pierres, il lui avait semblé si impossible de le dégager qu'il n'avait pas insisté sur ce fait ; et les préparatifs faits par l'ennemi pour couper toute retraite possible les avaient grandement déprimés.

Stanley prit une des baguettes de fer et, ôtant quelques braises du feu, la plaça dedans, à environ un pied d'une extrémité ; puis il ordonna aux autres d'attiser les braises, jusqu'à ce qu'elles les portent presque à une chaleur blanche. Sortant la baguette, il y posa le tranchant d'un de leurs couteaux et, frappant son dos avec une pierre, coupa bientôt la baguette rougeoyante. Il répéta l'opération et disposa alors de trois bâtons courts d'égale longueur. Il en chauffa maintenant une extrémité et, la posant sur une hache au sol, il la martela en forme de ciseau avec le dos d'une hachette légère ; répéter cela plusieurs fois, jusqu'à ce qu'il ait la forme et la netteté requises ; puis il le plongea dans une casserole d'eau. Il fit de même avec les deux autres ; et il disposait désormais de trois ciseaux avec lesquels il espérait pouvoir briser les pierres. Il a laissé l'autre baguette intacte, sauf qu'il en a affûté une extrémité.

Puis, montant dans la chambre d'Harry, il s'allongea et dormit quelques heures ; mettre les deux garçons de garde et demander au soldat de s'occuper d'eux. Les deux Birmans, accompagnés d'un des gardes, devaient aller travailler avec lui. Plusieurs fois, il s'est réveillé. La dernière fois, en regardant dehors, il crut qu'il y avait une faible lumière dans le ciel et, en descendant, appela les trois hommes et, leur demandant d'apporter les deux lourdes haches, une hachette légère et les trois ciseaux courts, il les fit monter les marches jusqu'au groupe de travail.

« Comment ça va, Meinik ?

"Nous avons franchi quatre pieds, maître ; mais il y a une grosse pierre qui dépasse, maintenant, et nous ne pouvons rien y faire."

"Nous allons essayer, et vous descendez tous en même temps.

"Enlevez votre torchon, l'un de vous, et remplissez-le de ces détritus sur les marches. Faites-le le plus vite possible. Le jour va se lever, dans quelques minutes."

Stanley monta alors et examina le passage. Le fond était plat. Chaque fissure et crevasse entre les pierres est remplie de détritus. L'obstacle dont parlait Meinik faisait manifestement partie d'une dalle plate. Elle atteignait à moins d'un pouce du toit et, d'un côté, touchait la paroi rocheuse ; à l'autre, il y avait un intervalle d'environ quatre ou cinq pouces, et la terre et les décombres avaient déjà été grattés derrière cet intervalle. En y mettant la main, il constata que le bloc mesurait environ quatre pouces d'épaisseur.

Il pensa que s'il parvenait à lui donner un bon coup avec le dos d'une des lourdes haches, il pourrait le briser ; mais c'était impossible. La largeur totale du passage ne dépassait pas trois pieds ; et comme les hommes avaient, au fur et à mesure, travaillé un peu, il y avait maintenant environ trente pouces entre le lit de terre et de décombres sur lequel il gisait et le toit. Prenant le manche de la hache à deux mains, il utilisait la tête comme un bélier ; mais sans aucun succès. Il appela alors le plus petit des trois hommes et lui dit de ramper à côté de lui et, de leurs forces unies, ils martelèrent la pierre pendant un certain temps. Constatant que rien ne pouvait être fait de cette façon, Stanley renvoya l'homme ; puis, prenant l'un des trois ciseaux et une petite hachette, il commença à tracer une ligne le long du bas de la pierre ; puis, pendant dix minutes, je travaillais dessus avec le ciseau et le marteau. Puis il appela l'un des autres et lui montra ce qu'il devait faire. Toute la journée, ils travaillèrent à tour de rôle et, bien que les progrès fussent très lents, à la tombée de la nuit, le sillon atteignait un demi-pouce de profondeur.

Stanley et le Birman le plus fort entrèrent alors ensemble et, se couchant de nouveau sur le dos, essayèrent l'effet de la lourde hache ; mais toujours sans succès. Alors Stanley dit à l'homme de descendre et de retirer le coin, au sommet de la hache ; et couper le bois au-dessous de la tête, afin que celle-ci glisse vers le bas de quatre ou cinq pouces ; puis d'enlever la tête de l'autre hache lourde, de la mettre au-dessus et de remettre le coin. Quelques minutes plus tard, l'homme le rejoignit.

"Nous devons le frapper le plus près possible du toit", a déclaré Stanley. Tous deux saisirent fermement la poignée. "Nous allons le balancer d'avant en arrière trois fois et, la troisième fois, frapper.

"Un, deux, trois, hourra !"

Lorsque la hache à deux têtes, poussée par leur force unie, frappa la pierre, il y eut un craquement aigu.

"C'est fait", dit Stanley en se retournant.

Il y avait une ligne sombre le long de la rainure, et le sommet de la pierre était incliné vers l'arrière, à deux pouces de la perpendiculaire ; étant maintenu à sa place par les détritus derrière lui. Stanley a mis sa main dans le trou et a mis ses doigts derrière la pierre ; tandis que les Birmans enfonçaient le ciseau dans la fissure et s'en servaient comme levier. En deux ou trois minutes, la pierre fut déplacée, retirée du trou et déposée sur les marches.

Une demi-heure plus tard, Meinik arriva avec un soldat, un autre garde et un des garçons ; et il fut ravi de constater que l'obstacle, qui lui avait semblé fatal à leurs espérances, avait été levé. Stanley montra comment ils avaient réalisé le travail ; puis, avec son groupe, il descendit dans les chambres rocheuses.

"C'était un travail assez fatiguant, Harry," dit-il, "même si nous n'y travaillions qu'environ un quart d'heure à la fois. Mes poignets, mes bras et mes épaules me font mal, comme si j'avais été battu avec des bâtons. Demain Je prendrai une bonne provision de bois de chauffage. Les ciseaux se sont émoussés avant que nous ayons travaillé une heure ; et nous pourrions conclure une affaire plus rapidement, si nous pouvions les affûter fréquemment.

"Est-ce que la pierre est dure ?"

"Non, c'est une sorte de marbre, je crois. Nous avions le dessous de la dalle de notre côté, et je n'ai pas pensé à regarder quand nous l'avons démonté. D'ailleurs, ce n'était pas très dur et, avec une bonne force, burin et un marteau court et lourd, je suis sûr que nous aurions pu le faire en une heure.

" Quoi qu'il en soit, c'est un réconfort que rien ne nous soit tombé dessus. J'ai examiné le tas avec soin, et il n'y avait pas eu le moindre mouvement parmi les pierres inférieures ; de sorte qu'une partie de la difficulté semble avoir été surmontée.

"Maintenant, je dois descendre chercher quelque chose à manger, puis j'irai bien dormir. Vous vous sentez bien, j'espère ?"

"Je ne pourrais pas faire mieux, Stanley. J'ai mangé trois repas solides aujourd'hui et je suis assis sur le bord de mon lit depuis un certain temps. J'ai essayé de me tenir debout, mais ce n'était pas possible ; je pense quand même que , dans un jour ou deux, j'y arriverai.

Les travaux se poursuivirent pendant six jours. Un groupe regardait, un autre dormait et le troisième travaillait tour à tour. Quelques-unes des pierres donnèrent beaucoup plus de peine que les premières qu'elles avaient rencontrées ; mais avoir le feu à proximité s'est avéré d'une grande aide, car les ciseaux pouvaient être fréquemment affûtés. Les hommes s'habituèrent davantage au travail, et les progrès constants qu'ils faisaient excitèrent grandement leurs espoirs.

À la fin de la semaine, une pierre lui barrait la route. Mais c'était de loin le plus redoutable qu'ils aient rencontré. Cela semblait avoir été un pilier ou un énorme poteau de porte ; et était carré, mesurant environ vingt pouces sur chaque face. L'obstacle était d'autant plus redoutable que l'extrémité supérieure était inclinée vers eux, augmentant considérablement la difficulté d'utiliser le ciseau. Au-delà, à perte de vue, il n'y avait qu'un amas de pierres plus petites.

Le groupe qui avait travaillé sur ce bloc fut très découragé lorsque Stanley monta pour les relever. En raison de l'inclinaison de la pierre, leurs ciseaux ne mordaient que très peu et, bien qu'ils y travaillaient depuis six heures, ils n'avaient presque pas fait d'impression ; en fait, à un seul endroit, ils avaient jusqu'à présent brisé le visage au point que le ciseau pourrait le couper. Meinik était descendu deux heures auparavant pour signaler à Stanley la nature de l'obstacle et, lorsqu'il remonta, il emporta avec lui la deuxième baguette, qui n'avait pas encore été utilisée.

Il vit tout de suite que, comme Meinik le lui avait dit, il serait impossible de traverser ce bloc par le même moyen qu'auparavant car, à mesure que la rainure s'approfondissait, le travail deviendrait de plus en plus grand et, à cause de l'inclinaison de la pierre, ils arriveraient avec le temps à un point où la hache ne pourrait plus être utilisée pour frapper le ciseau.

Le point où la légère empreinte avait été faite se trouvait presque au coin de la pierre. On l'agrandit peu à peu, en martelant dessus avec la tête de la hache, et après une heure de travail, la surface avait été tellement pilée que le ciseau pouvait y prendre prise à plat. Alors Stanley et l'un des Birmans se couchèrent et placèrent contre lui l'extrémité coupante de la longue baguette ; et les autres, tour à tour, frappaient le bout avec le dos d'une hachette légère, ceux qui tenaient la verge la tournant légèrement après chaque coup. Toutes les demi-heures, le tranchant du ciseau était réaffûté et, au moment où l'équipe suivante les relevait, un trou d'un demi-pouce de diamètre et de deux pouces de profondeur avait été percé dans la pierre. Stanley resta avec les nouveaux arrivants pendant une demi-heure, les instruisant du travail, puis descendit.

"Eh bien, Stanley, qu'est-ce que tu vas faire de cette pierre monstrueuse dont me parle Meinik ?"

" Il n'y a qu'une chose à faire avec, Harry : c'est de le faire sauter. Le bloc est tellement incliné qu'on ne peut rien faire avec les ciseaux, et nous sommes en train de percer un trou. Je ne sais pas si je le ferai. mais, en tout cas, je vais essayer. Si cela échoue, je devrai trouver un autre moyen. Les provisions tiennent bien, et Meinik calcule qu'avec un peu d'avarice, nous pourrions nous débrouiller pour un autre trois semaines. Nous avons percé le trou à deux pouces aujourd'hui et, à mesure que nous nous habituerons au travail, j'ose dire que nous pourrions faire trois pouces dans chaque équipe. Le bloc a vingt pouces de profondeur en ligne droite, et peut être deux pieds sur la ligne que nous suivons, de sorte que dans quatre jours nous l'aurons presque franchie.

" Dans trois semaines, nous aurons fait cinq trous, ce qui l'affaiblira afin que nous puissions le briser. Cependant, j'espère que nous trouverons un trou suffisant. Je le ferai quinze pouces de profondeur, puis je le chargerai de le contenu d'une douzaine de cartouches. Je pense que cela devrait suffire.

En deux jours et demi, le trou avait la profondeur requise. Harry avait progressé si rapidement qu'il était capable, ce matin-là, de traverser sa chambre.

"Nous devons essayer le coup immédiatement", a déclaré Stanley, "car s'il échoue, nous devons continuer à travailler. Si nous réussissons, nous pouvons, si nous le voulons, attendre encore une semaine avant de repartir. À ce moment-là, vous aurez soyez assez fort pour traverser ce passage bas et marcher pendant une petite distance, lorsque nous pourrons couper quelques poteaux et attacher à nouveau ce hamac.

" Savez-vous quelque chose sur l'exploitation minière, car je n'y connais rien ? J'ai seulement eu une idée de la façon de forer le trou en voyant des ingénieurs travailler à Agra, il y a des années ; mais je suis sûr que je ne sais pas comment ils ont tiré, ou je l'ai préparé.

« Je peux vous en parler un peu, Stanley ; car je suis descendu une ou deux fois dans une mine de charbon et j'ai observé les hommes le faire. Ils ont d'abord mis la charge, puis ils ont mis une tige de bois, juste le de l'épaisseur du fusible qu'ils utilisent ; puis ils y ont déposé un peu de poussière sèche autour, qu'ils ont pressé très soigneusement avec une petite tige de bois ; puis ils ont humidifié un peu de poussière et l'ont martelé avec force. Après avoir mis environ un demi-pouce à partir de cela, ils ont utilisé de la poussière légèrement humidifiée, en la battant comme auparavant. Lorsqu'il était bien plein, ils ont retiré le bâton central et ont mis le fusible dans le trou qu'il laissait.

"Nous n'avons pas de détonateur", dit Stanley, "mais je pense que si nous prenons une étroite bande de tissu, l'humidifions et y frottons de la poudre à canon ; laissons-la sécher, puis l'enroulons, tout ira bien. ... Ensuite, nous pourrions y déposer un train de poudre humide, mettre le feu à l'extrémité et nous enfuir.

"Je pense que ça ferait l'affaire," acquiesça Harry, "mais il faudrait tirer très fort car, si ça explosait avant d'arriver en bas des marches, cela pourrait être très gênant."

"Je ne pense pas que l'effet du choc sera aussi grand que ça, Harry. Il pourrait briser la pierre, mais je ne pense pas que cela ferait voler quoi que ce soit hors du trou."

# Chapitre 16
# Rejoindre.

Chaque jour, depuis le début du siège, les défenseurs tiraient de temps en temps des coups de feu sur la palissade ; non pas dans l'idée de faire des dégâts, mais pour que les assaillants sachent qu'ils étaient toujours dans la caverne. Le soir même, lorsque le trou fut suffisamment profond, Stanley, après avoir préparé sa mèche, remonta avec vingt cartouches en poche, accompagné de Meinik. Le trou a été chargé et bourré, et le fusible inséré. Cela a pris un temps considérable. Le fusible avait été coupé de telle sorte qu'un pouce en dépassait à l'extérieur du trou. Les huit autres cartouches furent ensuite brisées et la poudre humidifiée ; et un train d'environ deux pieds de long posé, depuis la mèche vers l'entrée du trou. Ensuite, un morceau de chiffon était enroulé autour d'une extrémité de la baguette ; et celui-ci, encore une fois, était attaché à une longue tige qui avait, la nuit précédente, été coupée par l'un des garçons, qui s'était glissé sans bruit hors de l'entrée. Le chiffon avait été humidifié et frotté avec de la poudre à canon.

" Maintenant, Meinik, " dit Stanley, " tout est prêt. Cette tige mesure seize pieds de long, de sorte qu'en étant couché, mes pieds seront juste au bord du trou ; et je pourrai descendre aussitôt. comme j'ai allumé le train, et je me suis enfui. Je fixerai une torche à environ un pied du train; alors je n'aurai qu'à y lever la tige, à allumer le chiffon, à mettre le feu au train, puis à glisser vers le bas. et le boulon.

"Maintenant, tu dois d'abord descendre."

"Non, maître," dit fermement Meinik ; "J'allumerai le train. Je ne pense pas qu'il y ait de danger mais, qu'il y en ait ou non, je m'en chargerai. Si je suis tué, cela n'a pas d'importance ; tandis que si vous étiez tué, tout serait perdu pour, si l'explosion ne faisait pas éclater la pierre, je suis sûr que nous ne pourrions jamais nous en sortir, sans que vous nous dirigiez. Non, maître, si vous restez, je reste, et cela ne ferait que diminuer nos chances de tomber. les étapes dans le temps."

Stanley argumenta et ordonna même, mais Meinik s'obstina et, voyant que le fidèle Birman ne devait pas être ému, il laissa à contrecœur l'affaire entre ses mains et descendit. Il parcourut une courte distance le long du rebord et attendit. Le temps lui paraissait une éternité, de sorte qu'il poussa une exclamation de joie lorsque Meinik apparut soudain et prit place à côté de lui.

"J'ai allumé le train, maître. La poudre a pétillé, mais n'a pas semblé brûler très vite."

Il fallut en effet encore deux minutes avant qu'un profond rugissement étouffé ne se fasse entendre. Il n'y eut plus de bruit, mais on entendit des cris des Birmans, derrière les palissades.

"Ils se demanderont quel est le bruit", dit Stanley, "mais ils ne seront pas en mesure de dire de quelle direction il vient ; car je suppose qu'ils étaient presque tous profondément endormis. Maintenant, montons et voyons le résultat. ".

Ils gravirent les marches, qui étaient maintenant dans l'obscurité totale. Le rideau pendait toujours à sa place, à quelques dizaines de mètres au-dessous de l'obstacle. Ils allumèrent une torche avec les braises de la poêle ; puis Stanley grimpa dans le couloir et rampa en toute hâte.

Il poussa un cri de satisfaction en approchant de la fin. L'explosion avait été complètement réussie : l'extrémité du bloc gisait au sol. Il ne pouvait pas savoir si tout avait été arraché ou non ; mais il était sûr que la plus grande partie avait dû se séparer. Il était évident qu'il faudrait beaucoup de temps et la force de plusieurs hommes pour sortir le bloc. Ils descendirent donc aussitôt pour réjouir le cœur de ceux d'en bas ; avec la nouvelle que la sortie leur était désormais disponible, chaque fois qu'ils choisissaient de partir.

Harry ne manifesta aucune surprise face à cette nouvelle.

" J'ai fait en sorte que tu réussisses, Stanley. Après m'avoir tiré d'affaire, comme tu l'as fait, et après t'être échappé toi-même, il me semble que tu as mis la main sur le « sésame ouvert » d'Ali Baba, et que tu n'as plus qu'à t'en sortir. utiliser les mots cabalistiques pour entrer et sortir, où que vous vouliez aller. »

« Je ne me sens en aucun cas aussi sûr de mes propres pouvoirs que vous semblez l'être, Harry ; et je peux vous assurer que j'étais très douteux quant à la réussite de ce tir. J'espérais, en tout cas, qu'il réussirait. souffler une bonne partie de la pierre et, dans ce cas, nous aurions pu faire fonctionner à nouveau les ciseaux. C'est la position inclinée du bloc qui nous a battu. Cependant, Dieu merci, le travail est maintenant fait; et vous avez seulement pour devenir un peu plus fort, et nous partirons.

"Je suis tout à fait prêt à commencer maintenant, Stanley. Je pense qu'il est absurde d'attendre plus longtemps, car on ne sait jamais ce qui pourrait arriver. Ce général birman, qui semble être un mendiant obstiné, pourrait se mettre en tête de placez une garde au sommet de la colline, et alors tout votre travail sera gaspillé. »

" C'est tout à fait vrai, Harry ; et comme je ne pense vraiment pas que voyager maintenant puisse vous faire un mal sérieux, je déciderai demain. Quoi qu'il en soit, je prendrai quelques hommes immédiatement, et enlève cette pierre."

La tâche était difficile. Le bloc de pierre était si gros que le passage qu'ils ne purent passer une corde derrière lui et, après avoir essayé pendant deux heures, en vain, ils décidèrent que la seule solution était de le pousser devant eux. Mais ils découvrirent bientôt que cela était impossible ; et qu'une partie au moins de la pierre restait à sa place. Finalement, ils réussirent à pousser une boucle de la corde par-dessus le bloc ; puis, de vive force, huit d'entre eux le sortirent du trou et le descendirent sur la marche supérieure.

Au moment où ils eurent fait cela, l'aube approchait ; et ils retournèrent donc immédiatement dans les chambres d'en bas.

Les hommes furent tous très contents lorsque Stanley leur annonça qu'ils partiraient ce soir-là. Confiants tout en sentant que les Birmans ne pourraient pas forcer le passage, un nouveau sentiment de nervosité les saisit, maintenant que la voie était ouverte, de peur que des circonstances imprévues ne surviennent qui les empêchent de partir. Le riz qui restait était constitué de trois ou quatre paquets. La viande était finie depuis longtemps.

Stanley a eu une discussion avec Meinik sur la meilleure façon de faire passer Harry à travers le passage. Il pouvait, convinrent-ils, marcher le long du rebord, avec un devant et un derrière pour le maintenir ; et pouvait ensuite être porté sur les marches, dans une couverture, par quatre hommes. Il faut bien sûr qu'il soit soulevé dans le passage et traîné jusqu'au bout ; après cela, ce serait assez facile. Six hommes pouvaient le porter, dans une couverture, jusqu'à une distance suffisante pour pouvoir couper des perches, sans que le bruit des haches ne soit entendu par les Birmans.

Depuis le début de leur travail, tous les efforts avaient été mis en œuvre pour atténuer les bruits. La couverture suspendue en travers du passage avait, dans une certaine mesure, fait office de silencieux ; mais un morceau de tissu avait toujours été attaché sur les têtes de marteau des haches, pour empêcher que les bruits aigus des coups sur les ciseaux ou sur la pierre ne soient entendus.

Dès qu'il fit assez sombre pour qu'ils puissent passer le long du rebord, Meinik alla avec Stanley examiner le sol. Heureusement, la portion de pierre qui restait au-dessus du niveau et empêchait le rocher de reculer, était très petite ; et ils ont pu le briser en une demi-heure, avec les haches. Puis, parcourant sans difficulté encore quatre pieds, ils se trouvèrent debout dans la dépression au centre de la ruine. Montant encore six marches, ils se trouvèrent parmi les buissons qui couvraient l'emplacement du temple.

Ils enlevèrent alors soigneusement tout fragment de pierre du sol du passage et, de retour, Stanley donna l'ordre de partir. Deux ou trois coups de feu furent tirés, depuis l'entrée inférieure, pour montrer à l'ennemi qu'il était là et aux aguets ; et puis tout le monde monta dans la chambre d'Harry. Il était habillé pour la première fois et était prêt pour le départ. Deux des Birmans les plus forts partirent en premier.

"Maintenant, Harry, tu dois mettre tes mains sur mes épaules. Meinik te suivra de près et gardera ses bras autour de toi, au cas où tu aurais besoin d'aide. Bien sûr, nous avancerons très lentement."

"Je ne pense pas que toutes ces précautions soient nécessaires", a déclaré Harry. "Je suis sûr que je peux parcourir cette distance assez facilement. Eh bien, vous dites que l'escalier ne mesure qu'environ quarante pieds."

« J'ose dire que tu le pourrais, Harry ; mais nous ne voulons courir aucun risque. Ta tête n'est pas très forte, en ce moment ; et tu pourrais avoir le vertige, ou tu pourrais trébucher. Donc, pour le moment, tu n'auras qu'à faire ce qu'on vous dit.

"Commençons."

Harry ne trouva pas la tâche aussi facile qu'il l'avait espéré de sortir par l'ouverture inférieure ; et il n'était nullement fâché d'avoir le soutien de Stanley et de Meinik, alors qu'il avançait le long du rebord. Ils se déplaçaient très prudemment et lentement ; et tous furent grandement soulagés lorsqu'il s'assit sur une couverture posée sur les marches.

"Maintenant, allonge-toi, Harry. Nous n'aurons aucune difficulté à te faire monter ici."

Deux Birmans prirent l'extrémité supérieure de la couverture, Stanley et Meinik l'extrémité inférieure, et ils arrivèrent bientôt en haut des marches.

« Tu n'es pas très lourd maintenant, Harry ; mais tu es beaucoup plus lourd que tu ne l'étais lorsque nous t'avons amené en bas.

"Maintenant, la prochaine partie est la partie la plus difficile du travail : une fois que nous vous aurons traversé ce passage, tout se passera sans problème. Vous voyez, vous devrez être traîné. L'endroit n'a que deux pieds de haut, de sorte qu'il Il serait impossible de vous soulever du tout. Nous avons rendu le sol aussi lisse que possible, mais je crains qu'il n'y ait beaucoup de coins saillants qui vous mettront beaucoup à l'épreuve.

"On n'y peut rien, Stanley. Tirez dès que vous le souhaitez."

Le reste du groupe était maintenant tous rassemblés, sur les marches en contrebas ; Meinik et Stanley, se levant les premiers dans le trou, reçurent Harry pendant que les autres le soulevaient et, avec l'aide de deux Birmans, le déposèrent sur sa couverture dans le passage.

"Maintenant", dit Stanley aux deux hommes qui ont pris l'autre extrémité de la couverture, "gardez-la aussi serrée que possible et, quand je dirai 'soulevez', nous la soulèverons tous ensemble et le ferons avancer de quelques centimètres. ... Ne vous précipitez pas, nous avons tout le temps devant nous.

Ils étaient si serrés qu'ils n'avaient qu'un seul bras disponible. Petit à petit, ils le firent avancer, gagnant à chaque fois environ six pouces ; puis il fallut que tous se déplaçaient pour se placer en vue de l'effort suivant. Cependant, en cinq ou six minutes, ils l'eurent à bout et l'emportèrent à l'air libre. Le reste du groupe les rejoignit aussitôt et, avec trois indigènes de chaque côté de la couverture, ils furent bientôt au-delà du cercle de ruines et avancèrent d'un pas rapide à travers la forêt. Après avoir parcouru un quart de mille, ils s'arrêtèrent, coupèrent quelques poteaux pour le hamac et, peu de temps après, ils repartirent ; après y avoir placé un des sacs de riz, comme oreiller pour Harry.

Ils voyagèrent pendant quelques heures, puis s'arrêtèrent pour faire cuire du riz. Tous avaient beaucoup dormi pendant la journée, de sorte qu'après une heure de repos, ils reprirent leur chemin. Ils n'avaient aucune crainte d'être poursuivis ; et le seul danger qu'ils pouvaient encourir était de rencontrer une bande, semblable à celle qui avait emporté Harry. Lorsqu'ils avaient installé le hamac, ils avaient coupé du bois pour faire des torches, afin de se protéger des tigres. Ceux-ci ont été jetés dès le lever du jour.

A midi, ils s'arrêtèrent de nouveau, pendant encore une heure ; puis, continuant leur route, ils arrivèrent au village avant la nuit. Ils furent reçus avec une grande joie, les villageois poussant un cri de bienvenue, les amis des hommes et des garçons étant particulièrement exubérants dans leur joie, car ils étaient devenus extrêmement inquiets de leur longue absence. Les deux cavaliers étaient toujours là ; et ceux-ci saluèrent Stanley, avec moins que la formalité raide habituelle du soldat mahométan.

Lui-même a ri.

"Je ne ressemble pas vraiment à un officier britannique pour le moment", a-t-il déclaré dans leur langue. "Eh bien, est-ce que tout a été calme ici ?"

"Oui, sahib. Un sowar nous a apporté des ordres, du général, de rester ici et de les envoyer immédiatement, si nous avions de vos nouvelles. Nous avons renvoyé un des villageois, quand l'homme est revenu chercher les autres. , et j'ai dit que vous aviez de bons espoirs de retirer le lieutenant Brooke sahib des mains des Birmans.

"Je vais écrire une note", a déclaré Stanley. "Sellez votre cheval immédiatement. Dès que nous aurons installé M. Brooke à l'aise, je vous donnerai la lettre."

Pendant l'absence de Stanley, les maisons avaient été reconstruites et le village avait repris son aspect général. Une cabane leur fut immédiatement remise et

Harry s'allongea sur une palette en bambou. Il n'avait pas dormi pendant la majeure partie de la descente.

"Tu vois, j'avais tout à fait raison, Stanley. Je t'avais dit que le voyage ne serait rien."

"Heureusement, il en est ainsi. Meinik a déjà tué un poulet et en fera pour vous un bouillon. Ce sera un changement, pour vous, après votre régime de riz. La cuisine était excellente, pendant les trois ou trois premières quatre jours ; mais cela s'est malheureusement passé. C'est une des raisons pour lesquelles j'ai cédé à votre souhait de commencer immédiatement. Vous avez merveilleusement bien réussi, mais un régime constant de riz n'est pas tout à fait approprié pour reconstruire un homme malade. .

"Maintenant, je vais écrire quelques lignes au général pour lui dire que vous êtes descendu sain et sauf, mais qu'il vous faudra encore au moins une semaine avant de pouvoir monter à cheval. Bien sûr, vous pouvez continuer; mais Je pense que l'air ici est beaucoup plus sain et vivifiant qu'il ne l'est à Prome et, plus vous restez ici, mieux c'est.

La note de Stanley était courte. Il disait simplement qu'il avait réussi à arracher aux Birmans son cousin et le soldat enlevé en même temps, mais qu'Harry était encore très faible ; et que, s'il pouvait lui-même être épargné, il resterait avec lui au village pendant encore une semaine ou dix jours, après quoi il se rendrait à Prome, par étapes faciles.

Trois jours plus tard, le soldat revint avec un mot du général.

"Je vous félicite chaleureusement d'avoir sauvé votre cousin", a-t-il écrit. "Bien sûr, restez où vous êtes jusqu'à ce qu'il soit à nouveau assez fort. Cet endroit n'est pas du tout sain, pour le moment. Nous n'avancerons pas avant trois semaines."

Stanley resta encore quinze jours au village et, à la fin de ce temps, Harry était si bien rétabli qu'il était tout à fait capable de faire une petite journée de voyage à cheval. Deux des hommes qui avaient aidé au sauvetage s'étaient rendus à Prome, avec un ordre de Stanley, le trésorier du personnel, pour les récompenses promises aux villageois et aux deux soldats birmans. Ils revinrent avec l'argent, et les hommes furent tous très ravis du résultat de l'expédition.

Stanley retint les services des deux soldats, tant qu'il resta dans le village. Il n'avait aucune crainte du tout du retour de la même bande qui avait auparavant visité le village ; et il apprit qu'on n'en avait entendu parler d'aucun autre dans le voisinage mais, en même temps, il trouva bon qu'un homme monte la garde, nuit et jour, à chaque extrémité du village. Les paysans acceptèrent de surveiller à une extrémité, tandis que les deux soldats birmans et les soldats prenaient en charge l'autre extrémité. La majeure partie des villageois était occupée à former une solide palissade pour se défendre en cas de nouvelle attaque ; et Stanley promit de leur envoyer vingt mousquets et une réserve de munitions dès son arrivée à Prome.

Il y a eu un réel regret, de la part des Birmans, lorsque l'heure est venue de commencer la fête. C'était quelque chose de tout à fait nouveau pour eux d'avoir parmi eux des fonctionnaires qui payaient pour tout. Ces Anglais les avaient traités avec gentillesse et étaient contents et satisfaits de tout. L'argent que les cinq hommes et les deux garçons avaient gagné avait enrichi le village et leur avait permis de plus que compenser les pertes causées par le récent raid et, si Stanley avait accepté tous les cadeaux de fruits, de volailles et d'œufs, ils auraient donné lui, il aurait eu besoin de quelques chevaux supplémentaires pour les transporter. Un poney solide avait été acheté pour Meinik et, après avoir salué chaleureusement les villageois, le groupe est parti.

"J'aurais aimé que nous ayons un aussi bon cuisinier que votre homme, Stanley," dit Harry, alors qu'ils se promenaient. "Je n'ai jamais goûté de meilleure soupe que celle qu'il sert. Je dois vraiment lui demander d'apprendre à notre cuisinier du mess comment la préparer."

"Tu sais ce que c'est, Harry ?"

"Je n'en ai pas la moindre idée; ça pourrait être n'importe quoi. Je pense que ça avait plus le goût, pour moi, de compote d'anguilles qu'autre chose."

"Vous n'êtes pas très loin. Il est fait des créatures que vous avez méprisées : des serpents."

« C'est absurde, Stanley ! »

"C'est vrai, je peux vous l'assurer. Je ne vous l'aurais pas dit avant, car cela aurait pu vous opposer. La soupe que vous aviez dans la grotte était faite à partir de chair de serpent. Les recoins de certaines parties des grottes en grouillaient, et Les hommes en avaient stocké une bonne quantité avant que nous soyons assiégés. Malheureusement, ils ne se conservaient pas bien, même dans ces chambres fraîches, et nous avons donc dû nous rabattre sur le riz. Vous l'avez tellement aimé que, bien que vous n'ayez pas eu l'occasion de le faire, J'ai continué avec la soupe aux serpents, après notre arrivée au village, j'ai continué à vous la donner ; car elle est très nourrissante.

"Eh bien, je suis content que vous ne me l'ayez pas dit à ce moment-là ; mais je dois admettre que c'était excellent, et je pense qu'à l'avenir, je n'aurai aucune objection à serpenter sous cette forme."

"Ils sont tout aussi bons, à d'autres égards", a répondu Stanley. "Les Birmans ne sont pas idiots, et je considère que les serpents et les lézards mangent bien mieux que leur mouton, qui est, au mieux, de mauvais goût."

« Il nous faudra un gros règlement à notre retour, Stanley. Bien entendu, tous les hommes que vous avez payés et les gardes que vous avez soudoyés sont entièrement à ma charge ; sans parler de ma part des dépenses générales.

"Les frais généraux ne sont pratiquement rien, Harry. Je t'ai invité à venir avec moi et, bien sûr, tu étais mon invité. Quant à l'autre question, cela aussi me regarde. Je ne le dirais pas, si je n'avais pas suffisamment de choses. d'argent, mais avec mon salaire d'interprète et l'année d'arriérés de salaire que j'ai reçu à la parution de la Gazette, j'ai suffisamment de mon revenu pour payer cela, sans empiéter sur le montant que je vous ai dit avoir reçu pour ces rubis.

« Je devrais vous payer, Stanley, si vous aviez de l'argent. Cela ne me dérangerait pas de vous prendre de l'argent, si je le voulais, mais mes dépenses depuis mon arrivée ici n'ont rien approché de mon salaire et de mes indemnités ; en plus, comme je vous l'ai dit, un revenu personnel de 500 livres par an. Vous avez risqué votre vie pour moi, et je ne vous laisserai pas non plus payer le joueur de cornemuse.

" Très bien, si ça te plaît, Harry. Je suis ravi d'avoir pu te sauver et, pour le moment, l'argent ne semble pas une question importante dans un sens ou dans l'autre ; alors si cela pouvait vraiment te satisfaire payer, je ne vous en priverai certainement pas.

Bien qu'ils n'aient parcouru que dix miles le premier jour, Harry reconnut qu'il était aussi fatigué qu'un chien lorsqu'il descendit de cheval ; et il était si raide, le lendemain matin, qu'il fallut l'aider à monter à cheval. Cependant, cela s'est progressivement dissipé et, le soir du quatrième jour, ils sont arrivés à Prome. Laissant Harry à son camp régimentaire, Stanley se rendit au quartier général et y descendit de cheval. Meinik avait mené le deuxième cheval après qu'Harry en soit descendu ; et maintenant il les emmena tous deux vers les lignes, avec l'air d'un homme qui n'est absent que depuis quelques heures. Stanley s'approcha aussitôt du général.

"Bienvenue, mon garçon!" » dit Sir Archibald. "Vous avez été absent plus longtemps que prévu lorsque vous êtes parti. Je suis vraiment heureux que vous ayez réussi à sauver votre cousin; et nous sommes tous brûlants d'en entendre parler. Je vous ai écrit cette note en toute hâte, car je était sur le point de faire une tournée d'inspection du camp, lorsque votre sowar est arrivé. J'avais l'intention de l'interroger sur vous, à mon retour, car je ne pensais pas qu'après avoir fait un si long voyage, il repartirait tout de suite, mais j'ai constaté qu'il était parti aussitôt, dès que le billet lui a été remis. Il faut que tu dînes avec moi, aujourd'hui, et que tu me racontes toute l'histoire. Je vois, à la couleur de ta peau, que tu as été encore une fois déguisé.

"Oui, monsieur. Il y avait du matériel pour teindre la peau dans le village, mais rien qui pût l'enlever. Cela avance peu à peu et, comme je vais pouvoir maintenant obtenir du médecin un alcali fort, j'espère que je sera présentable d'ici demain.

« Ce sont des notes honorables », dit le général en souriant. "Je ne pense pas que cela dérangerait aucun d'entre nous d'être aussi coloré, pendant un moment, si nous avions fait un aussi bon travail que vous; mais je ne vous retiendrai pas maintenant, car le dîner sera prêt dans une demi-heure."

Stanley s'est précipité vers sa chambre, a pris un bain, a enfilé son uniforme de mess et était prêt au moment où le clairon sonnait. Trois ou quatre membres du personnel étaient, comme d'habitude, membres du parti. Une fois le repas terminé, on lui demanda de raconter longuement ses aventures. L'histoire était nécessairement longue et, lorsqu'il se terminait, tous se joignaient au général pour féliciter chaleureusement la manière dont il avait mené l'aventure.

« Votre dernière histoire était émouvante, M. Brooke, » dit le général ; "Mais cela l'est encore plus. Quand j'ai reçu votre premier message, j'ai trouvé que c'était presque de la folie que vous essayiez de retirer des mains des Birmans votre cousin, grièvement blessé comme vous le connaissiez. Ce n'est pas le cas. Il était facile de faire sortir un homme de prison, mais lorsque l'homme était incapable de s'en empêcher, cela semblait presque impossible, et j'avais très peur qu'au lieu de lui sauver la vie, vous perdiez la vôtre. le fait que vous ayez déjà traversé le pays avec succès était fortement en votre faveur, mais vous n'étiez pas gêné, et les deux choses ne pouvaient donc pas être comparées l'une à l'autre. Je vous mettrai naturellement aux ordres demain, car après avoir accompli une action singulièrement vaillante, en sauvant le lieutenant Brooke du 47e et un sowar de leur captivité, par les Birmans, dans une prison à Toungoo.

« Vous êtes arrivés juste à temps car, après avoir essayé de nous tromper pendant les trois derniers mois, par des négociations qui n'avaient jamais abouti, l'ennemi avance maintenant en grande force et se trouve à quelques kilomètres de la ville. sont susceptibles d'avoir un travail acharné car, d'après tous les témoignages, ils ont rassemblé une armée presque aussi nombreuse que celle de Bandoola. Je ne sais pas s'ils ont appris quelque chose de ses malheurs, mais je suis obligé de dire que le tribunal le fait. ne semblent pas avoir pris la leçon, le moins du monde, à cœur ; et leur arrogance est tout aussi insupportable qu'elle l'était avant qu'un coup de feu ne soit tiré.

Stanley apprit qu'il y avait déjà eu un combat. L'ennemi avançait sur trois colonnes. Leur droite, composée de 15 000 hommes commandés par Sudda Woon, avait traversé l'Irrawaddy et descendait l'autre rive ; dans le but apparent de retraverser, en dessous de Prome, et de couper la ligne de communication britannique. Le centre, fort de 25 000 à 30 000 hommes, commandé par le Kee Wongee, descendait la rive gauche du fleuve, accompagné d'une grande flotte de bateaux de guerre. La division de gauche, forte de 15 000 hommes, dirigée par un général vieux et expérimenté, Maha Nemiow, se déplaçait parallèlement aux autres, à environ dix milles du centre, mais séparée de lui par une forêt épaisse et impénétrable. Une réserve de 10 000 hommes, commandée par le demi-frère du roi, occupait un poste fortement fortifié à Melloon. En plus de cela, une force importante était rassemblée près de Pegu et menaçait d'attaquer Rangoon.

Le 10 novembre, quinze jours avant le retour de Stanley, deux brigades d'infanterie indigène, dirigées par le colonel M'Dowall, étaient sorties pour déloger Maha Nemiow ; dont la division menaçait de tourner la droite britannique et de se déplacer vers ses arrières. La force était divisée en trois colonnes ; l'un se dirigeant directement vers la position ennemie, les autres - marchant par des routes détournées, disposées de manière à arriver au point d'attaque en même temps - devaient attaquer de flanc et par derrière, tandis que le corps principal attaquait l'ennemi en face. . Les Birmans avaient cependant obtenu des informations auprès d'espions sur le mouvement prévu et, avançant hardiment, rencontrèrent les colonnes britanniques à mi-chemin ; se livrant à de vives escarmouches avec eux dans les bois et menaçant d'une attaque par de grands corps de chevaux.

Le centre chassa les Birmans devant eux et atteignit leur position palissadée. Le colonel M'Dowall, alors qu'il la reconnaissait, fut tué par une balle de mousquet et, comme les deux colonnes de flanc n'arrivèrent pas comme prévu, la force fut contrainte de se replier. La retraite s'est déroulée en bon ordre, mais la perte a été lourde, car les Birmans les ont pressés avec acharnement sur plusieurs kilomètres.

Depuis cette malheureuse affaire, l'ennemi n'avait cessé d'avancer. Maha Nemiow s'était dirigé directement vers Prome ; avançant lentement et se rangeant constamment. Le centre avait également progressé ; et il fortifiait maintenant quelques hauteurs au-dessus de la rivière, à cinq milles de là, en vue de Prome. Sudda Woon se retranchait sur la rive opposée. Toutes ces divisions travaillaient jour et nuit ; avançant régulièrement mais lentement, et érigeant au fur et à mesure de formidables lignes de retranchements ; et il semblait que l'intention du général birman était de procéder de cette manière, jusqu'à ce que toutes ses troupes fussent rassemblées à une très courte distance de la ville, puis de se précipiter sur elle de tous côtés.

Dans la matinée, Stanley se rend dans les lignes du 47e. Harry avait, bien sûr, raconté son histoire à son arrivée ; et l'histoire avait largement circulé dans le régiment et, tandis qu'il arrivait, les hommes sortaient en courant de leurs huttes et l'acclamaient chaleureusement. Il reçut un accueil non moins chaleureux de la part des officiers, malgré ses protestations selon lesquelles il n'y avait en réalité ni grande difficulté ni grand danger dans cette affaire.

« Ce que j'admire particulièrement, dit en riant un des officiers, c'est que n'importe quel homme ait couru tout ce risque, exprès, pour s'empêcher d'entrer dans un comté. Il n'y avait qu'à laisser tomber l'affaire, et là vous étiez... héritier du titre et des domaines.

"J'aurais dû être hanté par le fantôme de Harry", rit Stanley. "Cela aurait été aussi mauvais que Banquo et Macbeth ; il se serait assis à ma table et se serait tenu à la tête de mon lit. Non, non ; cela aurait été une affaire beaucoup plus sérieuse, à affronter, qu'une fête de Birman. Le titre et les domaines auraient été trop chers, au prix.

"Eh bien, vous vous êtes comporté comme une brique, de toute façon", dit le colonel, "et il n'y a pas un homme dans le régiment qui n'aurait pas été fier, en effet, s'il avait accompli un tel exploit. La moitié de mes subalternes parlaient, à dîner hier soir, d'apprendre la langue afin que, si l'occasion se présentait sur leur chemin, ils puissent imiter vos actions.

"C'est une langue plutôt difficile à maîtriser", a répondu Stanley. "Cela m'a posé plus de problèmes que les quatre ou cinq langues indiennes que je parle. Je crains que la campagne ne soit terminée avant longtemps avant qu'aucun de vos officiers n'apprenne à parler suffisamment bien le birman pour passer pour un indigène."

Après l'échec de l'expédition du 10, aucun effort supplémentaire n'avait été fait contre l'ennemi. En effet, les troupes avaient été retirées de leurs positions éloignées ; et il y avait même eu une feinte d'embarquement de provisions, comme avec l'intention de se retirer en aval de la rivière, dans l'espoir d'inciter les Birmans à attaquer.

Le moment était venu où les opérations pouvaient reprendre, et le général avait hâte de porter un coup décisif à l'ennemi, puis de se mettre en marche vers Ava. Quant à l'issue du combat, personne n'avait le moindre doute ; bien que la disparité des effectifs soit très grande car, alors que le commandant birman disposait de près de 70 000 hommes, Sir Archibald Campbell n'en avait que 6 000, dont environ la moitié étaient britanniques.

Il fut décidé que l'attaque principale serait lancée contre la division Maha Nemiow. Elle se trouvait maintenant à environ six ou sept milles de distance et, outre le fait qu'elle était très fortement retranchée dans la jungle, aucune information ne pouvait être obtenue ; car ils assurèrent la surveillance la plus vigilante, et tous les efforts pour faire passer des espions indigènes dans leurs lignes échouèrent. Mais on savait que parmi sa division se trouvaient 8 000 Shans, de Haute-Birmanie et, comme ces hommes n'étaient pas encore entrés en contact avec nous, on s'attendait à ce qu'ils se battent avec plus de courage et de résolution que ceux qui avaient connu notre puissance. .

Un grand nombre de princes et de nobles étaient avec la force ; et les Birmans comptaient beaucoup sur trois jeunes dames de haut rang ; qu'ils croyaient doués de dons surnaturels et avoir le pouvoir de rendre inoffensifs les missiles des Anglais. Ces jeunes femmes, vêtues de costumes de guerre, chevauchaient constamment parmi les troupes ; les animant par leur présence et les exhortant à des actes de courage. Les Anglais avaient reçu de vagues rumeurs sur les agissements de ces Jeanne d'Arc birmanes, et pensaient probable que l'ennemi combattrait mieux que d'habitude.

Le 30 novembre, des dispositions furent prises pour attaquer l'ennemi le lendemain matin. La flottille devait ouvrir une furieuse canonnade sur ses ouvrages, des deux côtés du fleuve. Un corps d'infanterie indigène devait pénétrer dans les avant-postes du centre ; tandis que la force principale devait attaquer leur gauche en deux colonnes, l'une se déplaçant directement contre elle, tandis que l'autre devait attaquer sur le flanc droit, empêchant ainsi l'ennemi de battre en retraite en direction du centre. Quatre régiments d'infanterie indigène restèrent à Prome.

Le général Cotton commanda l'attaque principale et, peu après le départ de la colonne du camp, une énorme canonnade montra que la flottille était aux prises avec les Birmans, des deux côtés de la rivière. La colonne, composée des 41e et 89e régiments, avec deux bataillons d'infanterie indigène, parcourut une certaine distance avant de s'engager dans les avant-postes ennemis ; car les Birmans avaient été trompés par la canonnade et croyaient que l'attaque était entièrement dirigée vers le centre. Les troupes atteignirent donc leur position principale, autour de deux villages indigènes, sans opposition sérieuse.

Alors qu'ils sortaient de la jungle dans l'espace dégagé devant la palissade, ils se formèrent rapidement, sous un feu intense, et se précipitèrent à l'attaque. On voyait le vieux général birman, trop infirme pour marcher, porté de point en point sur une civière, encourageant ses hommes, tandis que les trois Amazones s'exposaient sans crainte au feu. Cependant, les groupes d'échelles se précipitèrent sans contrôle et, malgré l'opposition de l'ennemi, escaladèrent la palissade en un point et prirent pied sur le rempart de terre derrière elle. D'autres se pressèrent à leur suite et, bientôt, un feu destructeur fut ouvert sur la masse rassemblée, refoulée entre la palissade extérieure et la suivante. La méthode birmane consistant à former une palissade derrière une palissade était utile, contre un ennemi qui n'avait pas plus d'élan et d'énergie qu'eux-mêmes ; mais elle fut absolument fatale face aux troupes anglaises, qui ne leur laissèrent pas le temps de se replier par les étroites ouvertures des palissades. Ceux-ci furent bientôt bloqués par les mourants et les morts.

Certains Shans, menés par leurs chefs, combattirent avec un courage désespéré ; mais ils furent incapables de résister à l'avancée des Britanniques, dont les volées régulières, déversées à quelques mètres de distance, les balayèrent. Des chevaux blessés, qui s'agitaient sauvagement dans la foule, ajoutaient à l'effroyable confusion. Des groupes d'hommes s'efforçaient de se frayer un chemin à travers les palissades derrière eux, d'autres s'efforçaient de les franchir. Maha Nemiow a été tué, alors qu'il exhortait courageusement ses hommes à tenir bon, et l'une des héroïques Amazones a été abattue. Dès que les troupes atteignirent l'endroit où elle était tombée et virent que c'était une femme, elle fut transportée dans une chaumière ; et il mourut là, quelques heures après. Les palissades furent emportées les unes après les autres, jusqu'à ce que toute la position tombe entre nos mains.

Pendant ce temps, l'autre colonne, commandée par le général Campbell lui-même, et composée des 13e, 38e, 47e et 87e régiments, et du 38e d'infanterie de Madras, s'était déplacée de l'autre côté de la rivière Nawine ; et il prit position pour y commander le gué par lequel devaient passer les fuyards de la palissade, pour rejoindre le centre. Alors que la foule d'hommes effrayés sortait de la jungle et traversait le gué, l'artillerie ouvrit sur eux avec des éclats d'obus et acheva de les déconfiturer. Toute idée de rejoindre le centre fut abandonnée et, rentrant dans la jungle, ils se dispersèrent ; et la plupart d'entre eux se dirigèrent vers leurs foyers, dans le seul but d'éviter une nouvelle lutte avec leurs ennemis. Une autre des héroïnes birmanes a été tuée, au gué.

Trois cents hommes avaient été tués lors de la prise de la palissade ; mais une perte bien plus grande eut lieu lors de la retraite : très peu de Shans regagnent jamais leur pays ; la plupart périssant de faim, dans les grandes forêts qu'ils parcouraient pour échapper aux autorités birmanes, qui les auraient forcés à rejoindre l'armée.

# Chapitre 17
## La fierté de la Birmanie humiliée.

Dès que la victoire fut complète, les troupes empilèrent les armes ; et ont eu droit à deux heures de repos. Puis ils repartirent, jusqu'au point où la division du général Campbell avait franchi à gué la rivière Nawine dans la matinée. De ce point, un chemin menait vers le centre ennemi ; elle était résolue à l'attaquer le lendemain matin, dès le point du jour, avant que la nouvelle de la défaite de sa gauche ne lui parvienne.

La journée avait été longue et fatigante, et il était tard avant que les troupes n'atteignent toutes leur halte. Un repas fut servi, puis tous se couchèrent pour se reposer. Un messager fut envoyé à Prome pour annoncer le succès remporté ; et de demander au commandant de la flottille d'ouvrir le feu, dans la matinée, dès qu'on verrait l'ennemi sortir de la jungle devant la position principale du Wongee à Napadee.

Bien avant le jour, les troupes étaient en mouvement. La division du général Campbell ouvrait la marche, le long de la piste étroite qui mène vers la rivière ; tandis que le général Cotton, qui le suivait, reçut l'ordre de s'écarter de tout sentier qui conduisait vers la division birmane, de se frayer un chemin à travers la forêt et d'attaquer les palissades dès qu'il y parviendrait. La division principale attaquerait dès qu'elle entendrait ses canons.

Après deux heures de marche, la première division sortit en terrain découvert au bord de la rivière, signala son arrivée à la flottille et se forma devant les hauteurs palissades de Napadee. La position était extrêmement forte. L'ennemi occupait trois chaînes de collines, s'élevant les unes derrière les autres, et chacune commandant celle qui lui était en face. Un flanc de ces collines était protégé par la rivière, l'autre par la forêt presque impénétrable. Les collines étaient toutes couvertes de palissades et, à mesure qu'elles avançaient, les troupes étaient exposées au feu si violent d'un ennemi retranché à l'orée de la jungle sur la droite que, avant de pouvoir avancer davantage, il fallait d'abord conduire les de cette position. Six compagnies du 87e furent renvoyées dans la forêt et, traversant celle-ci, descendirent à l'arrière des palissades, les débarrassèrent rapidement de leurs défenseurs et contraignirent l'avancée de l'ennemi à rejoindre leur corps principal.

Les troupes s'avancèrent alors jusqu'au pied de la première colline, où deux fortes redoutes avaient été élevées par l'ennemi. La flotte a ouvert le feu ; mais la colonne fut arrêtée pendant un certain temps, en attendant le bruit des tirs qui leur indiqueraient que la colonne du général Cotton était engagée. Aucun bruit cependant ne fut entendu, car cette force n'avait pas pu se frayer un chemin à travers la forêt dense ; et le général Campbell donna enfin l'ordre de l'attaque.

Elle fut commencée par les 47e et 38e infanterie indigène, sous les ordres du colonel Elvington ; qui traversèrent la jungle et la forêt, jusqu'à atteindre certains des ouvrages avancés sur la colline. Ils les attaquèrent avec tant d'élan et de détermination qu'ils en prirent rapidement possession et produisirent ainsi une diversion favorable pour l'attaque principale.

Celui-ci, composé des 13e, 38e et 87e régiments, avançait d'un pas régulier, sans répondre un coup au feu incessant des divers retranchements ennemis ; s'empare des deux redoutes au pied de la colline ; puis ils se pressèrent vers le haut, portant position après position à la pointe de la baïonnette, jusqu'à ce qu'ils arrivent au sommet de la première colline.

Les fugitifs birmans, alors qu'ils fuyaient vers la ligne de défense suivante, ébranlèrent le courage des troupes ; et les Britanniques, poussant vivement en avant à l'arrière de la foule volante, poursuivirent travail après travail jusqu'à ce qu'en l'espace d'une heure, toute la position, d'une étendue de près de trois milles, soit entièrement en leur possession. Entre quarante et cinquante canons furent capturés, et les pertes de l'ennemi en tués et blessés furent très grandes tandis que, par la seule désertion, le Wongee perdit un tiers de son armée. Pendant que l'attaque se poursuivait, la flottille avait dépassé les ouvrages protégeant la façade fluviale des collines et avait capturé tous les bateaux et les magasins, remplis de provisions destinées à l'usage de l'armée birmane.

Ainsi, deux des trois divisions birmanes étaient désormais complètement mises en déroute ; et il ne restait que celui de Sudda Woon, de l'autre côté de la rivière. Les troupes bénéficièrent de deux jours de repos et, le 5 au matin, une force s'avança à bord de la flottille. Leur traversée du fleuve fut couverte par le feu d'une brigade de roquettes et d'une batterie de mortiers, établies la nuit précédente sur une île, et ils atterrirent à quelque distance au-dessus des palissades ennemies. Ils les contournèrent ensuite et les attaquèrent sur le flanc et sur les arrières, tandis que les batteries et les bateaux de la flottille les cannondaient devant.

Les troupes ennemies étaient déjà découragées par la défaite qu'elles avaient vu infliger à l'armée de Wongee et, après une faible résistance, s'enfuirent vers une deuxième ligne de palissades dans la jungle derrière elles. Mais les troupes pressèrent si vivement contre eux qu'elles ne purent opposer ici aucune opposition efficace. Le nombre tombait en s'efforçant de passer par les entrées étroites de l'ouvrage ; et les autres s'enfuirent, terrorisés, dans les bois.

Ces vastes opérations s'étaient déroulées avec la perte de six officiers et de soixante-dix à quatre-vingts hommes seulement.

On savait que l'ennemi avait fortifié très fortement plusieurs positions, dans et autour de Meaday ; et il fut décidé d'avancer immédiatement sur la longue marche de trois cents milles jusqu'à Ava, avant que l'ennemi puisse se ressaisir de sa défaite et se rassembler pour la défense de ces positions. Le 9, la première division, dirigée par le général Campbell lui-même, partit de Prome. Les routes étaient extrêmement mauvaises et ils ne pouvaient se déplacer que lentement.

Leur route se dirigea d'abord vers l'intérieur des terres ; car il s'agissait de tourner la position ennemie à Meaday, en suivant une route à plusieurs milles de la rivière, et de les forcer ainsi à se replier à mesure que nous avancions. Le lendemain, la force atteignit l'endroit où le colonel M'Dowall avait été tué, lors de l'attaque infructueuse contre Maha Nemiow ; puis il tourna vers le nord et suivit la route parallèle à la rivière.

Le 12, d'énormes pluies, pendant quelques heures, transformèrent la route en un bourbier et, bien que la marche ne fût longue que de cinq milles, la plus grande partie de la colonne ne parvint pas à atteindre sa destination. Mais ce n'était pas le pire. Le choléra éclata aussitôt et fit un grand nombre de victimes, deux des régiments britanniques étant rendus presque inaptes au service par ses ravages.

Le 14, la division campa sur un terrain sec, sur une crête de collines boisées, et attendit quelques jours pour permettre au train de bagages d'arriver. Ce changement profita grandement à la santé des troupes, et l'amusement fut assuré par les perdrix, les oiseaux de la jungle et les cerfs qui abondaient dans le voisinage du camp.

Jusqu'à présent, aucun indigène n'avait été vu. Les villages furent tous détruits et le pays complètement désert. Le 16, une forte fortification birmane fut prise, inoccupée à l'exception d'un petit piquet qui se retira sur notre avance. Celle-ci avait évidemment été érigée dans le but d'empêcher que les fortifications fluviales ne soient tournées, et son abandon prouvait que le but de la marche terrestre avait été atteint ; et que l'ennemi avait abandonné les positions qu'il avait, avec tant de soin, préparées pour la défense du fleuve.

Le 18, ils rejoignirent la colonne du général Cotton et, le lendemain, entrèrent à Meaday. Ici, on eut un spectacle terrible. La ville et le terrain à l'intérieur des palissades étaient jonchés de morts et de mourants ; certains à cause de blessures, d'autres à cause du choléra, car les ravages de cette peste avaient été aussi grands parmi les Birmans que dans les forces britanniques. Un certain nombre d'hommes furent retrouvés crucifiés sur des gibets, sans doute en guise de punition pour avoir tenté de déserter. L'air était pestilentiel ; et l'armée était en effet heureuse de quitter la localité le lendemain matin.

Ils ont gagné quelque chose, mais pas grand-chose, grâce au changement. Pendant les cinquante milles suivants, des cadavres furent rencontrés à des intervalles très courts et, chaque jour avant le camping, de nombreux cadavres devaient être enlevés avant que les tentes puissent être réparées.

On savait désormais que l'armée birmane, en retraite, était concentrée à Melloon, où était postée la réserve de 10 000 hommes. Le 27, la division campa à moins de quatre milles de cette ville. Ils avaient maintenant parcouru cent quarante milles depuis Prome, sans rencontrer un seul habitant du pays, ni être en mesure d'obtenir du bétail, quel qu'il soit, pour approvisionner les troupes, tant l'ennemi avait dévaster le pays alors qu'ils se retiraient. .

Melloon se tenait sur la rive opposée de l'Irrawaddy ; et des lettres étaient arrivées de cette ville disant qu'un commissaire était arrivé, d'Ava, avec les pleins pouvoirs du roi pour conclure un traité de paix. Le colonel Adair et Stanley furent donc envoyés le lendemain matin à Melloon pour organiser une réunion immédiate des commissaires. Cependant, ils ne parvinrent à aucun accord, les dirigeants birmans insistant sur le fait qu'une entreprise aussi importante ne pourrait être menée à bien que lorsqu'un jour favorable arriverait ; et qu'aucune heure ne pouvait, à l'heure actuelle, être indiquée. Voyant que le principal objectif des Birmans était de gagner du temps, le colonel les informa par l'intermédiaire de Stanley que, aucune disposition n'ayant été prise, les troupes reprendraient leur avance dès son retour au camp et, en conséquence, le lendemain matin, La division avança vers une ville immédiatement en face de Melloon.

Cet endroit se trouvait sur le flanc d'une colline en pente et, comme l'Irrawaddy n'avait ici que 600 mètres de large, on obtenait une bonne vue sur les fortifications. La palissade principale avait la forme d'un carré d'environ un mille de chaque côté, abritant un nombre considérable de canons, surtout du côté faisant face à la rivière ; et une succession de palissades s'étendait sur un mille plus loin le long des berges. La grande œuvre était remplie d'hommes. Devant la ville se trouvaient une grande flotte de bateaux de guerre et des embarcations plus grandes avec des magasins.

Peu de temps après que les troupes furent arrivées sur place, un grand bruit de gongs, de tambours et d'autres instruments de guerre s'éleva de l'autre côté, et on vit des foules de bateliers courir vers les navires. Ceux-ci furent bientôt occupés, et les rames sortirent, et ils commencèrent à remonter la rivière à la rame. Comme, en raison de la complexité du canal, le bateau à vapeur et la flottille n'étaient pas encore arrivés, quelques coups de feu furent tirés sur les bateaux par les canons de campagne. Cela a eu l'effet escompté, de nombreux bateliers sautant par-dessus bord, laissant leur embarcation dériver sur la rivière ; tandis que la grande majorité faisait demi-tour à la hâte et mouillait dans sa première position.

Dès que le bateau à vapeur avec la flottille est arrivé, deux bateaux de guerre ont quitté le rivage, ont salué le bateau à vapeur et ont ramé à ses côtés jusqu'à ce qu'elle et la flottille soient ancrées en toute sécurité au-dessus de la ville. C'était si manifestement la marque d'un désir réel de suspension des hostilités que les deux officiers furent de nouveau envoyés de l'autre côté du fleuve. Une trêve fut convenue et un arrangement pris pour la réunion des négociateurs le lendemain.

Quatre réunions ont eu lieu, entre les deux commissaires et ceux nommés par le général britannique, les réunions se déroulant sur des bateaux amarrés au centre du fleuve. Enfin, le traité fut accepté et signé par les Birmans, et une trêve de quinze jours permit la ratification du traité par le roi. A l'approche de la fin de ce délai, les Birmans protestèrent de n'avoir pas encore reçu de réponse et demandèrent un délai supplémentaire ; ce qui fut refusé, sauf à la condition que Melloon soit évacué, et l'armée birmane se replia jusqu'à ce que la ratification du traité leur parvienne. Comme on le soupçonnait fortement depuis quelque temps, les négociations n'étaient qu'un moyen d'arrêter notre avance ; et le traité fut ensuite retrouvé dans le camp birman, il n'ayant jamais été transmis à Ava.

Le 18 à minuit, alors que l'armistice était conclu, les troupes commencèrent à entreprendre des travaux de terrassement, les canons lourds furent débarqués de la flottille et, à dix heures du matin, vingt-huit canons étaient en position prêts à ouvrir. feu. Malgré les remontrances qui avaient été faites, les Birmans avaient, nuit après nuit, pendant l'armistice, continué à travailler subrepticement à leurs retranchements. On espéra un instant que, voyant la rapidité avec laquelle nos batteries avaient été déployées et armées, ils n'opposeraient plus de résistance. Mais comme ils se préparaient visiblement à l'action, nos canons ouvrirent le feu à onze heures.

Cela a duré deux heures. Pendant ce temps, les troupes destinées à l'assaut étaient embarquées dans des bateaux, à une certaine distance en amont du fleuve, afin d'être sûr qu'elles ne seraient pas emportées par la force du courant à travers les ouvrages birmans et exposées aux attaques concentrées. feu de l'ennemi. Ils étaient divisés en quatre brigades ; dont le premier, composé des 13e et 38e régiments, sous les ordres du lieutenant-colonel Sale, devait débarquer au-dessous de la palissade et attaquer son angle sud-ouest ; tandis que les trois autres brigades devaient débarquer au-dessus, y effectuer quelques ouvrages avancés et attaquer la face nord.

Un fort vent du nord et le courant violent empêchèrent les assauts de se dérouler simultanément. La première brigade fut transportée trop loin et, en dépassant la palissade, fut exposée au feu des canons et des mousquetaires des défenses fluviales ; tandis que les trois autres brigades furent incapables, pendant un certain temps, d'atteindre leurs lieux de débarquement prévus.

Le colonel Sale faisait partie des blessés par les tirs birmans mais, dès que la première brigade atteignit le rivage, elle se regroupa sous la couverture partielle d'un talus et, dirigée par le lieutenant-colonel Frith, se lança à l'assaut dans un ordre admirable. À une courte distance, il y eut une course en avant, malgré la tempête de coups de feu. Le groupe des échelles gagna le pied de la palissade et, plaçant les échelles, grimpa et sauta parmi la foule grandissante de l'ennemi. D'autres suivirent et, bientôt, les travaux furent solidement ancrés. Alors les hommes des deux régiments, dont l'effectif total ne dépassait pas cinq cents, s'avancèrent régulièrement, chassèrent devant eux quelque 10,000 hommes armés, et les chassèrent des ouvrages que les Birmans avaient jugés imprenables.

Pendant ce temps, les trois autres brigades avaient débarqué au-dessus de la palissade et, tombant maintenant sur l'ennemi au moment où ils sortaient de leurs ouvrages, achevèrent leur défaite. Toutes les palissades furent emportées, et toute l'artillerie et les magasins tombèrent en notre possession.

Quatre jours plus tard, l'armée reprenait son avance. Ils furent accueillis par quatre Anglais faits prisonniers ; et un Américain, également détenu. Ceux-ci avaient été envoyés pour assurer le général anglais que le roi désirait sincèrement la paix. Il n'était que trop évident, cependant, qu'on ne pouvait accorder aucune confiance aux négociations birmanes ; et l'on savait, en outre, qu'une autre armée se rassemblait en toute hâte pour barrer l'avance.

Le 14 février, les Britanniques atteignirent Pakang-Yay, après avoir dépassé Sembeughewn sur la rive opposée. C'était le point où la route d'Aracan atteignait l'Irrawaddy, et il avait été convenu que les forces qui opéraient à Aracan devraient, si possible, effectuer ici une jonction avec Sir Archibald Campbell. Un message apporté par un indigène fut cependant reçu ; déclarant que la force avait très gravement souffert de la fièvre et du choléra, et que les obstacles naturels s'avéraient trop grands pour être surmontés par des troupes affaiblies par la maladie - que la tentative avait donc été abandonnée. Heureusement, le général anglais pouvait bien se passer de cet ajout à ses effectifs. Il avait déjà prouvé que son commandement était parfaitement capable de vaincre toute force birmane qui pourrait être opposée à lui, et un ajout n'aurait fait qu'augmenter la difficulté du transport.

Le 9 mars, les forces britanniques qui, en raison de la nécessité de laisser des corps solides pour tenir Melloon et d'autres points qui avaient été capturés, rassemblaient maintenant moins de 2 000 combattants, s'avancèrent pour attaquer l'ennemi, dont le nombre était estimé à 16 000.

Le nouveau commandant des Birmans adopta d'autres tactiques que ses prédécesseurs. Sa position palissadée était devant la ville de Pagahn, mais il occupa la jungle en grande force et attaqua notre avant-garde à cinq milles de la ville. Alors que l'ennemi occupait les collines des deux côtés de la route principale, Sir A. Campbell divisa ses forces et en conduisit la moitié à travers la jungle sur la droite, tandis que le général Cotton conduisait l'autre moitié à travers les bois sur la gauche.

Les Birmans combattirent avec une obstination considérable. Le général Campbell et son état-major, avec trente-huit cavaliers et cinquante hommes du 13e, étaient un peu en avance sur la colonne ; lorsque l'ennemi se rapprocha des deux flancs et se mit même derrière eux. Ceux-ci furent cependant dispersés par le reste du 13e et, repoussant les Birmans sur les flancs, l'avancée se poursuivit. Cependant, alors que les Britanniques sortaient de la jungle, une masse de chevaux ennemis chargea, repoussa les tirailleurs et, pendant un certain temps, la position du général et de son état-major fut très périlleuse. Son petit corps de soldats, cependant, se précipita hardiment sur les assaillants et les tint en échec, jusqu'à ce que les canons qui avaient suivi le bâton furent ramenés de la jungle. Alors les soldats se divisèrent et chevauchèrent à droite et à gauche ; et les canons, ouvrant le feu, arrêtèrent les assaillants jusqu'à ce que l'infanterie arrive.

L'armée birmane apparaît désormais, disposée en demi-cercle, à découvert. Les deux colonnes britanniques s'unirent et, ensemble, avancèrent pour attaquer le centre du croissant, ignorant les tirs provenant de ses ailes. Lorsqu'ils furent à distance de charge, ils s'avancèrent avec précipitation et, applaudissant vigoureusement, tombèrent sur les Birmans ; et brisèrent leur centre, isolant ainsi les deux ailes. Les Birmans se retirèrent aussitôt, avec la plus grande hâte, vers la position palissadée sur leurs arrières. Comme d'habitude, les entrées étroites des palissades causèrent de grands retards ; et les Britanniques étaient sur eux avant qu'ils soient prêts à résister de quelque manière que ce soit à l'assaut.

Annonçant leur avance par de larges volées, ils tombèrent sur les Birmans à la baïonnette et les chassèrent de leurs ouvrages. L'ennemi tenta de se rallier derrière les murs et dans les pagodes de la ville, mais cet effort fut vain. Ils furent chassés avec un grand massacre, des centaines furent noyés en essayant de traverser la rivière à la nage, et l'armée fut finalement dispersée dans toutes les directions.

L'effet de cette victoire fut immédiatement apparent. Les gens de la campagne, qui avaient été chassés des villages le long de la route lors de l'avancée des forces britanniques de Prome, étant maintenant libérés de la contrainte de leurs troupes, revinrent en grand nombre. certains sur les routes, d'autres sur des bateaux — et il était évident qu'ils considéraient la lutte comme définitivement terminée. Il n'y avait, en effet, aucune possibilité de résistance supplémentaire ; alors que les armées de Birmanie, levées avec d'immenses difficultés et grâce à de lourdes primes et aux promesses de grandes récompenses, étaient désespérément dispersées, et Ava s'ouvrait à l'avancée britannique.

Dans d'autres directions, leur situation était également désespérée. Aracan avait été entièrement sauvé de leur emprise. Une force britannique à Pegu avait remonté la rivière Sitang et, après avoir repoussé un groupe de cent cinquante hommes, imprudemment envoyés pour attaquer Sitang lui-même, s'empara de l'endroit après un combat acharné et, recevant des renforts de Rangoon, poursuivit sa route. en remontant la rivière et captura Toungoo ; tandis que les forces du nord avaient chassé les Birmans de Manipur et avaient atteint la rivière Ningti le 2 février, et étaient en mesure d'avancer directement sur Ava.

Après une halte de deux jours, le général Campbell s'avança le 12 février. M. Price, l'Américain qui avait été envoyé après la prise de Melloon, se rendit à Ava avec le traité qui avait été rédigé avant la prise de cet endroit ; et le roi n'hésita plus à se conformer à ses conditions, et fut même ravi de constater que la récente victoire des envahisseurs n'avait pas accru leurs exigences. Il fit aussitôt descendre pour les accepter mais, comme aucune ratification officielle ne fut envoyée, la marche continua ; tandis que M. Price retournait de nouveau à Ava. Lorsque l'armée fut à quatre jours de marche de la capitale, celle-ci revint avec les commissaires birmans et autres hauts fonctionnaires, avec le traité ratifié et le premier versement de l'argent à payer.

Ce fut une déception pour l'armée qu'après une longue marche et de nombreuses souffrances, elle ne fut pas autorisée à entrer en triomphe dans la capitale ennemie. Mais c'est sans aucun doute la solution la plus sage. Ava était considérée comme une ville sacrée, et c'est pour la sauver de l'humiliation d'être occupée par les envahisseurs que le roi s'était résolu à accepter les termes du traité. Si le général anglais avait insisté pour entrer dans la capitale et y signer le traité, il n'aurait trouvé personne pour le rencontrer. La population aurait été chassée, le roi et la cour se seraient retirés plus loin dans le pays, et la guerre aurait pu durer indéfiniment.

Son coût était déjà énorme, dépassant les 5 000 000 de livres sterling. Au cours des onze premiers mois qui suivirent le débarquement à Rangoon, près de la moitié des Européens moururent et, depuis le moment où ils avancèrent de cette ville avec de nouveaux renforts venus de l'Inde jusqu'à leur arrivée près d'Ava, une perte tout aussi lourde fut subie. Quatre pour cent des effectifs engagés ont été tués au combat. Le climat d'Aracan était encore plus meurtrier, puisque les trois quarts des troupes blanches employées là moururent, et très peu de survivants furent jamais aptes au service par la suite. Les cipayes ont moins souffert en Aracan, perdant seulement dix pour cent de leur effectif, même si près de la moitié des effectifs ont été hospitalisés pendant un certain temps.

Conformément à un accord, les Birmans, dès la paix conclue, envoyèrent un grand nombre de bateaux pour transporter les troupes sur le fleuve. Au fur et à mesure qu'ils le descendaient, les garnisons laissées à Melloon et ailleurs furent retirées. Un des régiments indigènes, avec quelques éléphants et des fusils, quitta les forces à Sembeughewn ; et marcha de là vers Aracan, dans le but d'inspecter le pays et de prouver s'il était possible de faire passer des troupes au cas où une autre avance sur Ava serait jamais nécessaire. Ils trouvèrent la route étonnamment bonne et ne rencontrèrent aucune résistance, sauf au passage de quelques cols au-dessus des montagnes.

A Melloon, Stanley était très heureux de revoir son cousin, car le 47e y était resté en garnison. Harry était de nouveau déprimé, avec une forte crise de fièvre, mais il se remettait maintenant.

"Alors tout est fini, Stanley, et vos chances d'être comte vous ont presque échappé."

« Je suis vraiment heureux qu'il en soit ainsi, dit Stanley en riant, d'abord parce que je n'aurais pu y parvenir qu'à votre mort ; et ensuite parce que je n'ai aucune ambition, quelle qu'elle soit, pour un projet. Je n'ai pas encore dix-neuf ans, et je préférerais de loin me débrouiller seul plutôt que de me retrouver sans rien d'autre à faire que de dépenser l'argent qui me tombe sur les genoux.

"Maintenant que tout est réglé, que l'Aracan est devenu anglais et que nous avons les ports maritimes sur la côte de Tenasserim, le commerce va augmenter énormément. Vous pouvez être sûr que les Birmans ne seront que trop heureux d'affluer dans nos provinces et d'y vivre. sous un régime équitable, pour échapper à la tyrannie de leurs propres fonctionnaires ; et mon oncle est justement l'homme qu'il faut pour profiter des nouvelles ouvertures. Je ne dis pas que je veux vivre ici toute ma vie. En tout cas, je j'espère que d'ici mes trente ans, je pourrai rentrer à la maison pour un an de vacances ; et il est tout à fait possible qu'à ce moment-là, nous soyons devenus une entreprise si grande que nous puissions établir notre siège social à Londres, au lieu d'avoir tous nos produits de Calcutta.

"Il y a certainement un très gros commerce ici, rien que pour le teck. Le prix à Pegu est bien inférieur à celui de l'Inde et, si nous avions une maison à Londres, nous éviterions d'avoir à payer des commissions, et peut-être nous améliorerions. prix de notre bois. Bien sûr, mon oncle pensera peut-être à ce moment-là à se retirer et, dans ce cas, je devrai peut-être rester ici un peu plus longtemps; mais je sais qu'il aime le climat, et je l'ai entendu dire que , comme il a très peu de connaissances en Angleterre, il pense qu'il devrait préférer une vie à Calcutta plutôt qu'à Londres.

"Je ne devrais pas me demander si je rentre chez moi très prochainement," dit Harry. "Ma dernière lettre m'a dit que mon oncle était en mauvaise santé et qu'il aimerait m'avoir chez lui avec lui. Si la prochaine lettre le confirme, je crains de devoir soit démissionner de ma commission, soit échanger contre un régiment à la maison. Bien sûr, à sa mort, je devrais de toute façon quitter l'armée. Ce serait ridicule pour un subalterne d'être comte; en plus, il y a des choses que l'on devrait faire. Je suppose qu'il y a des domaines à être entretenus, et toutes sortes de nuisances.

" Quoi qu'il en soit, je serai toujours heureux d'avoir eu ma part dans cette expédition. J'ai appris ce qu'est une campagne ; et je dois dire que, dans les circonstances que nous avons traversées, ce n'est pas aussi agréable que je l'avais espéré. La moitié de nos amis sont morts ou invalides, et on ne sait jamais, quand on se réveille le matin, si on ne sera pas atteint du choléra avant la nuit. une partie de son temps ; et marcher et, je puis dire, vivre en général dans ce climat chaud et étouffant, avec ses six mois de pluie, n'est pas un travail enviable. Cependant, j'ai fait une campagne régulière, et celle-là aussi sévère comme les troupes britanniques l'ont toujours fait ; et surtout, vieil homme, je t'ai rencontré, et nous sommes devenus de grands amis, et j'ai appris ce qu'un homme fera pour un autre.

"Je suis sûr que je suis très heureux d'avoir vécu cela aussi. J'ai eu la chance, en effet, de ne jamais avoir été immobilisé un seul jour; et il ne fait aucun doute qu'avoir servi dans l'état-major sera d'un grand avantage. pour moi, même en tant que commerçant. J'avoue que j'aurais aimé être capitaine à la retraite. Bien sûr, la promotion a été extrêmement rapide, en raison des postes vacants, mais j'ai encore deux lieutenants au-dessus de moi.

"Vous êtes sûr d'obtenir le pas, Stanley. Vous avez reçu des ordres généraux à deux reprises, en plus de cet avis que vous avez reçu pour mon sauvetage. De plus, les médecins disent qu'un certain nombre d'hommes qui ont été envoyés sur la côte ne sont probablement pas susceptibles d'être sauvés. vivre de nombreuses semaines et, comme cinq de vos aînés sont invalides, vous pouvez, bien entendu, obtenir votre pas à tout moment.

" Si j'étais vous, je demanderais un congé de trois mois avant de rejoindre votre régiment. Cela ne posera aucune difficulté, après que vous aurez été plus de deux ans de travail constant, et le général ne refusera certainement pas. Avant la fin Pendant ce temps, vous aurez vu votre oncle et discuté. Ensuite, si vous décidez de démissionner de votre commission, vous pouvez bien sûr le faire, mais, comme vous êtes à peu près sûr d'obtenir votre pas, par la mort, avant la fin de les trois mois, et comme les dépêches du général recommandent fortement vos services, vous pourrez obtenir votre majorité brevetée avant que votre démission n'atteigne l'Angleterre. Un homme qui a été mentionné deux ou trois fois dans les dépêches, et qui est spécialement recommandé pour les honneurs, est sûr d'obtenir sa majorité de brevet directement il obtient son entreprise."

En arrivant à Rangoon, Stanley apprit que deux des invalides étaient morts, soit en descendant, soit avant de pouvoir être embarqués à bord d'un navire ; et que l'un des majors, qui avait été envoyé en Inde pour se changer, quatre mois auparavant, avait également succombé ; de sorte qu'il avait déjà obtenu sa compagnie, une promotion qui eût été, en tout autre temps, extraordinaire ; mais ce qui, dans une campagne où la moitié des engagés furent enlevés, n'avait rien de remarquable. Faisant toujours partie de l'état-major, il s'embarqua avec Sir Archibald Campbell.

"Vous êtes toujours fermement déterminé à quitter le service, Capitaine Brooke ?" dit le général au cours du passage à Calcutta.

"Oui, monsieur. Je suis sûr que c'est mieux pour moi."

"Je pense que oui, Brooke. Bien sûr, vous avez eu une chance exceptionnelle d'obtenir une promotion aussi rapide. Pourtant, une bonne affaire vaut bien mieux que le métier de soldat. J'ai écrit très fortement en votre faveur, lorsque j'ai envoyé mes dépêches le jour où nous sommes descendus sur la côte ; et vous êtes sûr de votre brevet. Pourtant, il est tout aussi bien que la nouvelle de votre démission ne parvienne pas à la maison avant que la Gazette ne paraisse, avec votre nom dessus. Je pense que la meilleure chose Ce que je peux faire, c'est vous accorder un congé, pour un certain temps, dès que nous arriverons à Calcutta. Je suis sûr que vous méritez du repos, car votre travail a été terriblement pénible.

" Merci, monsieur, c'était justement la faveur que j'allais vous demander. Dès que j'y serai, je saurai où est mon oncle et je le rejoindrai. Ma décision est bien prise, mais il a certainement le droit d'être consulté avant que je prenne une décision finale.

"Tout à fait raison. Je ne doute pas que son opinion soit d'accord avec la vôtre, et je pense que vous faites preuve de beaucoup plus de sagesse que ne le feraient la plupart des autres, en abandonnant le service après vous être distingué et avoir une bien meilleure situation. Il n'y a pas de chance que celle d'un homme sur cent. Pourtant, il n'y a aucun doute réel qu'un homme qui a de bonnes affaires, ici, peut se retirer tôt et rentrer chez lui avec une fortune ; tandis que dans l'armée, vous êtes passible de à tout moment, après avoir atteint le grade de colonel, pour être mis de côté pendant des années.

" D'ailleurs, vous serez votre propre maître, ce qui est plus que n'importe qui dans l'armée ne peut le dire. Vous pourrez rentrer chez vous quand vous voudrez, soit pour un séjour, soit pour une permanence ; et vous ne risquerez pas d'avoir à courir le risque d'une autre campagne comme celle-ci a été.

« Si l'on était sûr des campagnes, je ne pense pas que je pourrais me résoudre à quitter le service ; mais c'est la probabilité d'être retenu, pendant trois ou quatre ans d'affilée, sans rien faire à Calcutta ou à Madras qui a décidé moi."

Le général hocha la tête.

" Vous avez tout à fait raison, Brooke ; en service actif, la vie d'un soldat est effectivement une vie passionnante ; mais il n'y a rien de plus ennuyeux et monotone que la vie de garnison, en temps de paix. "

En conséquence, dès leur arrivée à Calcutta, Stanley fut mis en congé pour une durée de trois mois. Il apprit, par l'agent de son oncle, qu'ils avaient eu de ses nouvelles quelques jours auparavant, à Chittagong ; et qu'il était alors sur le point de partir pour Aracan, où il avait ordonné qu'un gros envoi de marchandises lui soit expédié par le prochain navire.

Trois jours plus tard, Stanley commença à le rejoindre, laissant son adresse à Aracan à Sir Archibald Campbell, au cas où il serait nécessaire de le rappeler avant l'expiration du congé de trois mois. Le navire sur lequel il naviguait transportait le chargement de marchandises à son oncle ; et il n'avait donc aucune crainte de constater que celui-ci avait quitté Aracan avant son arrivée. Meinik était toujours avec lui. Il avait quitté l'armée après la dernière bataille et s'était rendu à l'endroit où il avait enterré son argent avant de s'embarquer avec Stanley dans le canot et, après une absence de trois jours, de rejoindre la force. Sur le chemin de Rangoon, Stanley eut une longue conversation avec lui sur ses projets futurs.

"Je n'ai qu'un seul projet, maître, c'est de rester avec vous aussi longtemps que je vivrai."

"Mais tu auras de quoi vivre confortablement maintenant, Meinik. Car, après tout ce que tu as fait pour moi, bien sûr, je ferai en sorte que tu aies une somme qui te maintiendra dans le confort."

Meinik secoua la tête.

" La Birmanie est un mauvais pays, maître. Après avoir vécu avec les Anglais, de toute façon, je ne retournerais pas vivre sous les officiers du roi. Tout l'argent que j'avais me serait retiré d'ici peu. Non, maître, J'irai avec vous, à moins que vous ne me chassiez de vous ; si vous le faites, j'irai à Chittagong et j'y vivrai, mais je ne pense pas que vous ferez cela.

" Certainement pas, Meinik. Aussi longtemps que vous voudrez rester avec moi, je serai en effet très heureux de vous avoir ; mais si, à un moment quelconque, vous souhaitez vous marier et vous installer sur votre propre terre, je Je vous donnerai cinq cents livres, ce qui n'est qu'une petite partie de la somme que ces rubis que vous avez demandé à votre bande de me donner m'ont apporté.

"J'ose dire que je me marierai", a déclaré Meinik, "mais cela ne fera aucune différence. Tant que je vivrai, je resterai avec vous."

Meinik avait été stupéfait à Calcutta ; ce qui présentait en effet un fort contraste avec la ville qu'il considérait, en tant que Birman, comme l'endroit le plus important du monde.

"Les Birmans sont des imbéciles, maître. Ils auraient dû envoyer deux ou trois hommes ici avant de se décider à faire la guerre. Si on leur avait vraiment dit à quoi ressemblait Calcutta, ils n'auraient jamais osé faire la guerre aux Birmans. Anglais."

# Chapitre 18
## En affaires à nouveau.

Lorsque le navire arriva à l'embouchure de la rivière Aracan, on aperçut une pirogue sortant d'Akyah, ville située à l'entrée du principal des nombreux canaux par lesquels la rivière se fraye un chemin à travers un certain nombre de bancs de sable et de sable. îles, dans la mer. À son approche, Stanley reconnut son oncle assis à l'arrière.

"Eh bien, mon oncle, comment vas-tu?" » cria-t-il alors que le bateau approchait du bord.

" Quoi, c'est toi, Stanley ? Je suis vraiment content de te voir. J'ai regardé les journaux avec anxiété pour voir si ton nom figurait parmi ceux qui ont été tués ou sont morts ; ne le voyant pas, j'ai espéré que tu Bien sûr, nous avons appris, du régiment de Madras venu de Sembeughewn, que tout était fini et que toutes les troupes seraient expédiées dès qu'elles seraient descendues à Rangoon ; mais je n'ai vu aucun J'ai cependant imaginé que vous seriez de retour à Calcutta à ce moment-là, et j'ai pensé que je pourrais recevoir une lettre de vous, par ce navire.

À ce moment-là, il était sur le pont et après une chaleureuse poignée de main, Stanley lui demanda ce qu'il faisait ici.

"Je ne m'attendais pas à vous voir avant d'arriver à Aracan."

"Je suis allé là-haut, mon garçon. C'est un vieil endroit en ruine, et le cours d'eau est peu profond en de nombreux endroits, de sorte qu'il serait très difficile d'embarquer un navire, quelle que soit sa taille. Je prévois donc que cela va se passer. être le port principal de la province (le bois sera transporté ici par flottage et le riz sera transporté dans des bateaux indigènes), c'est pourquoi j'établirai mon quartier général ici, en ce qui concerne ce district, et je confierai la responsabilité à Johnson. Je doute que ce soit le cas. si, pendant un certain temps, nous ferons autant de commerce que nous le ferons plus haut sur la côte ; mais tout le monde s'attend à une grande immigration birmane, et un grand commerce est susceptible de naître, avec le temps.

"Je n'ai pas encore tout à fait décidé de mon prochain déménagement, et il n'est pas improbable que je descende sur ce navire et m'établisse, pour un temps, à Martaban et ouvre un commerce à Tenasserim. Si j'en décide ainsi, je le ferai. Je ne débarquerai qu'une partie de mes biens, et j'emporterai le reste avec moi.

"Maintenant, qu'est-ce que tu vas faire, Stanley ?"

"Juste ce que vous pensez le mieux, mon oncle. J'aurais dû penser que, comme je parle la langue, il vaudrait mieux que j'aille à Martaban et que vous travailliez à Chittagong et dans le district jusqu'à Assam."

"Alors tu vas rester avec moi, mon garçon!" s'écria son oncle d'un ton très satisfait. "J'avais peur que tu apprécies tellement le métier de soldat que tu abandonnes tout ça."

" Pas du tout, mon oncle. Je suis actuellement en congé de trois mois et, au bout de ce temps, je démissionnerai. Vous savez que je suis capitaine, maintenant, c'est-à-dire que j'ai mon grade par suite de vacance, bien que jusqu'à ce que la Gazette parvienne d'Angleterre, je puisse difficilement être considéré comme un capitaine de pucka ; et, de plus, le général lui-même m'a assuré qu'après avoir été mentionné dans les dépêches deux ou trois fois, et grâce à ses vives éloges pour mes services, j'étais sûr du grade breveté de major.

Son oncle ôta gravement son chapeau.

« Je dois m'excuser auprès de vous, » dit-il, « de vous avoir appelé « mon garçon ». Je ne savais pas que tu étais un capitaine adulte, et encore moins que tu pourrais bientôt devenir major. »

"Le titre ne m'importe pas du tout, mon oncle", dit Stanley en riant, "sauf que cela peut être un avantage pour moi, dans les endroits où il y a des garnisons, et en général là où il y a des fonctionnaires blancs."

"Un très grand avantage, Stanley.

"Eh bien, mon garçon, je frappe de l'argent depuis que je t'ai vu à Rangoon. J'y envoie un lot de bœufs chaque semaine et j'en ai fait presque autant avec la force de Manipur. J'ai aussi régulièrement obtenu le contrat. " Maintenant, pour le ravitaillement des troupes à Calcutta. Les autres échanges commerciaux sont, bien sûr, au point mort. Maintenant que tout s'est calmé, il y aura une ruée parfaite ; et j'ai été profondément troublé, dans mon esprit, si il vaudrait mieux rester ici et en profiter, ou être un des premiers à ouvrir le commerce dans ces nouveaux ports. Bien sûr, si vous êtes prêt à prendre Martaban, cela me décidera ; et je prendrai passage. dans le premier navire qui monte à Chittagong. Mon propre bateau et le boutre sont tous deux là, et je vais immédiatement remonter toutes les rivières et remettre les choses en marche.

"J'ai un homme de la capitale, un indigène, qui s'occupe pour moi du commerce du bétail et, à Chittagong, je vais essayer de mettre la main sur trois ou quatre hommes de plus, dignes de confiance, pour prendre en charge les dépôts. Je vois un grand avenir avant J'ai bien fait avec vos pierres précieuses - elles rapportaient 3 500 livres, que j'ai utilisées, en plus de ce que vous m'avez remis - car il n'était pas possible d'acheter le bétail sans espèces et, comme je le fais généralement Je dois attendre deux mois après leur expédition, avant d'être payé, l'argent comptant était inestimable et, en effet, je n'aurais pas pu me lancer dans cette affaire à la même échelle, sans votre argent. m'auraient aidé, jusqu'à un certain point; mais ils n'auraient jamais osé faire les avances que j'exigeais. Vos 5000 livres ont doublé depuis que je vous ai rencontré à Rangoon. Je calcule que nos magasins dans les différents dépôts valent 4000 livres donc qu'à l'heure actuelle, la maison Pearson & Brooke dispose d'un capital de 14 000 livres.

Une partie de la cargaison a été débarquée à Akyah. Stanley descendit avec les autres à Martaban et son oncle s'embarqua pour Chittagong. Quelques mois plus tard, un magasin était ouvert à Rangoon. Des commerçants Parsis furent envoyés de Calcutta par Tom Pearson ; et ceux-ci furent placés sous le contrôle des magasins là-bas et à Martaban, Stanley étant responsable de ces deux stations, et Akyah ; et ayant son propre métier indigène et un bateau pour le travail fluvial semblable à celui de son oncle.

Un an plus tard, il reçut une lettre de Harry lui annonçant que son oncle était décédé, un mois après son retour en Angleterre ; et qu'il était désormais établi comme l'un des piliers de l'État.

« En passant par Londres, à mon arrivée, dit-il, j'ai recherché votre mère à l'adresse que vous m'avez donnée, à Dulwich. Je l'ai trouvée très bien et très à l'aise. Elle était pleine de vos éloges et, comme Je l'étais également, vos oreilles auraient dû picoter pendant que nous étions ensemble. Bien sûr, ils voulaient tout savoir de vous, et la plupart de cela était nouveau pour eux, car vous n'aviez rien dit de votre aventure avec ce léopard, et seulement un quelques lignes sur le sauvetage de votre humble serviteur, bien que vous leur ayez dit que je vous faisais obstacle au titre de comte. Votre mère a dit qu'elle était plus fière de vous que si vous étiez comte, seulement qu'elle aurait aimé vous avoir. Je lui ai dit que toi et ton oncle étiez en train de secouer l'arbre à pagode, et que vous reviendrez jaune comme une guinée et riche comme un nabab, dans quelques années.

"Vos sœurs sont plus âgées que je ne m'y attendais. Bien sûr, vous avez toujours parlé d'elles comme lorsque vous les avez vues pour la dernière fois. Elles deviennent toutes les deux de très jolies filles, l'aînée surtout. J'ai fait promettre à votre mère de les ramener à Je suis resté un moment avec moi lorsque j'ai obtenu ce titre, ce qui, je le savais, ne durerait pas longtemps, car j'avais appelé ce matin-là les avocats de mon oncle, et ils m'ont dit qu'il ne vivrait pas plusieurs semaines. Cela fait seulement un mois qu'il est mort, je suppose que je ne devrais pas recevoir de visiteurs pour l'instant ; mais dans quelques semaines, j'irai en ville et je les amènerai avec moi. Je ne peux m'empêcher de penser que c'est un peu égoïste pour moi. , quand ils verront cet endroit, ils ne seraient pas humains s'ils n'avaient pas senti qu'il aurait été le vôtre, si vous ne m'aviez pas libéré des mains de ces Birmans.

« Je vois que vous êtes nommé capitaine dans la Gazette cette semaine. Je suppose que, bien avant cela, vous vous êtes remis à votre ancien travail consistant à remonter des cours d'eau lents et à essayer d'inciter l'indigène tout aussi lent à comprendre les avantages du système britannique. À l'heure actuelle, je suis tout à fait content de ne rien faire de particulier – rouler et conduire, répondre aux appels, etc. – mais je pense que d'ici très longtemps, je serai agité et j'aurai envie de faire quelque chose. , il y a le continent ouvert à chacun, et des hôtels convenables où s'arrêter. Pas de fièvre là-bas, et pas de brigands birmans.

Un mois plus tard, il reçut une lettre de sa mère, qui avait été écrite avant celle de Harry, mais qui avait été envoyée à Calcutta et de là à Akyah ; et il resta là jusqu'à son retour, deux mois plus tard, d'un voyage en bateau jusqu'à Pegu. Elle dit combien il avait été aimable de la part de son cousin de venir leur donner de ses nouvelles, le jour même de son arrivée à Londres.

" Bien sûr, nous étions ravis de tout ce qu'il nous disait sur vous ; mais cela nous rendait anxieux de penser que vous couriez tant de dangers. Nous l'aimons beaucoup. Nous ne pouvions nous empêcher de rire, car il semblait très inquiet que vous ne devrait pas avoir la pairie à sa place. Il semble probable qu'il y entrera bientôt, car il nous dit que le comte est très malade. Il dit que nous devons descendre et lui rendre visite, dès qu'il y sera maître. ; mais je ne sais pas si c'est possible. Bien sûr, ce serait un changement agréable, et je crois que c'est un très bel endroit. J'ai dit qu'il semblerait étrange que nous allions là-bas, quand il n'y a pas de dames, et que les célibataires ne recevaient généralement pas ; mais il dit qu'il devait d'abord y avoir ses sœurs, qui avaient à peu près le même âge que mes filles ; et que comme nous étions ses plus proches parents, et que vous étiez actuellement son héritier, ce serait tout à fait la chose juste et convenable que nous descendions. Il semblait très sérieux à ce sujet, et je ne serais pas surpris si nous y allions.

Trois mois plus tard, Stanley apprit que la visite avait été effectuée et qu'ils y étaient restés quinze jours.

"C'est assez drôle de s'installer à nouveau ici après avoir été dans cette grande maison, avec tous ces domestiques et cette grandeur ; non pas qu'il y ait de grandeur chez Harry. Il insiste, étant donné qu'il est parent, pour que nous l'appelions par son prénom. Tout " C'était délicieux. Chaque après-midi, nous allions en voiture et, le matin, il montait généralement avec les filles. Il avait un cheval très joli et doux pour Agnès, et un poney gris, une beauté, pour Kate. J'ai un fort soupçon. qu'il les avait achetés tous les deux exprès. Cela ne devrait pas m'étonner, mais non, je n'en dirai rien.

Stanley était perplexe face à cette phrase, qui était suivie de :

"Ses sœurs sont des filles très gentilles."

"C'est évidemment quelque chose à propos de Harry", se dit-il; "Peut-être a-t-elle pris en tête l'idée qu'il pourrait tomber amoureux d'Agnès. Ce serait certainement une très bonne chose, mais je ne pense pas que ce soit autre chose qu'une idée de sa mère."

Cependant, quatre mois plus tard, il reçut une lettre d'Harry lui annonçant ses fiançailles.

" J'ai dit à votre mère qu'elle devait me laisser écrire par la poste avant elle ; car il était juste que j'aie le plaisir de vous annoncer moi-même la nouvelle. C'est magnifique, mon vieux ; sur ma parole, je Je ne sais pas ce que je devrais vous éprouver le plus reconnaissant : de m'avoir sauvé la vie ou de m'avoir fait connaître votre sœur. Cela me semble une dispense régulière de la Providence. Vous avez fait tout ce que vous pouviez pour vous empêcher d'entrer dans ce monde. un titre, et maintenant ta sœur va le prendre, ainsi que moi. Il est tout à fait juste que nous soyons devenus beaux-frères, car nous sommes déjà tout à fait comme des frères.

"Nous devons nous marier au printemps. Comme j'aimerais que tu puisses être avec nous. Ton absence sera la seule chose qui manquera, pour que tout soit parfait. J'espère que tu n'as pas l'intention de rester là à faire des grillades pendant de nombreuses années. ... Il me semble monstrueux que j'aie des domaines et de gros revenus, et tout ce genre de choses, alors que je n'ai rien fait pour le mériter, et que vous travailliez dans ce climat bestial. la moindre chance que vous vous précipitiez chez vous, lorsque vous recevrez cette lettre, je vous déclare que je retarderai le mariage d'un mois environ, afin que vous soyez là à temps ; mais comme je suis sûr que vous ne ferez rien de la sorte, il ne me servira à rien de faire un si noble sacrifice.

Stanley avait reçu la nouvelle qu'il était breveté-major, un mois après avoir été promu au grade de capitaine, et deux mois avant que son nom n'apparaisse comme ayant pris sa retraite de l'armée. Il tira, comme il s'y attendait, beaucoup d'avantages de ses relations avec l'armée dans sa position dans ses trois ports de réception, car cela le plaçait dans des conditions très agréables avec les fonctionnaires militaires et civils ; et cela rendit ses visites occasionnelles à Calcutta et à Madras extrêmement agréables, car dans les deux villes il trouva de nombreux officiers dont il avait fait la connaissance pendant l'expédition. Il était toujours nommé membre honoraire des mess et des clubs, lors de ses séjours.

L'entreprise s'est développée rapidement. Le travail des premières années avait si bien ouvert la voie à des opérations de plus grande envergure qu'ils furent capables de faire plus que tenir tête aux autres commerçants qui, une fois les troubles terminés, cherchèrent à s'établir en divers points de la côte ouest du pays. la péninsule; et après six années supplémentaires de travail acharné et continu, l'entreprise est devenue une entreprise très grande et importante.

"Je pense qu'il est plus que probable", écrivit Stanley à sa mère, "que je rentrerai bientôt chez moi. Mon oncle en a parlé la dernière fois que je l'ai vu, et a dit que nous étions devenus trop grands pour Calcutta et que nous devrions nous établir à Londres.

"'Nous pouvons tenir un peu plus longtemps', dit-il, 'mais nous devons y arriver, tôt ou tard et, quand ce sera le cas, c'est vous qui devrez aller en Angleterre et prendre les choses en main. Je peux rentrer chez moi avant cela. " —

Deux ans plus tard, Tom Pearson, à son retour d'Angleterre, ramena avec lui une femme et s'établit à Calcutta. Stanley l'y rejoignit, trois semaines après son retour. Ils eurent une longue conversation ensemble, ce soir-là.

" Je vois, Stanley, " dit son oncle, " que les choses ont continué à s'améliorer depuis mon absence ; et que notre chiffre d'affaires l'année dernière était de 150 000 livres, et que les bénéfices approchent les 15 000 livres. Je pense, maintenant, qu'il Il est grand temps que nous ouvrions une place à Londres. Nous avons presque le monopole du commerce du teck, en Birmanie, et il serait bien plus avantageux pour nous de faire nos achats en Angleterre qu'ici. Nous économiserions en transport et en transport. transbordement, outre les bénéfices que les gens d'ici font de leurs ventes à nous. J'ai fait de nombreuses recherches, chez moi, sur les prix au comptant à Manchester et à Birmingham, et j'ai découvert que nous devrions y acheminer des marchandises dans quelques délais. quinze pour cent moins cher que ce que nous payons à Calcutta, même après avoir payé le fret. Vous voyez donc que c'est une question importante. En outre, il y aurait un meilleur choix de marchandises, et vous savez exactement de quel genre de choses nous avons besoin, et les quantités dont nous pourrions nous débarrasser, et pourrions donc envoyer des envois chaque mois, sans attendre mes conseils ; et donc nous devrions obtenir les choses aussi facilement que nous le faisons maintenant, d'ici.

« Je vais vous donner les noms de quelques-unes des maisons que j'ai visitées et avec lesquelles j'ai déjà préparé la voie à l'ouverture de transactions importantes. Depuis dix-huit mois que j'ai été absent, vous avez tout appris sur le métier bancaire ; et je n'aurai pas plus de difficulté à gérer, à Londres, qu'ici. Votre beau-frère Netherly m'accompagna à la Banque d'Angleterre et me présenta à l'un des directeurs. Je lui dis que nous avions l'intention d'ouvrir une maison. à Londres, et que dès que nous le ferions, nous ouvririons un compte chez eux en payant 30 000 livres ; et que nous aurions bien sûr besoin de certaines facilités, mais probablement pas dans une grande mesure, car nos paiements pour le teck cela équilibrerait équitablement nos exportations d'Angleterre, et que j'estimais que notre commerce était au minimum de 50 000 livres dans chaque sens.

"L'affaire a été rendue extrêmement facile lorsque Netherly a dit, à mon grand étonnement :

"'Vous pouvez les laisser tirer ce qu'ils veulent, M. Townshend, car je donnerai ma garantie personnelle, jusqu'à 50 000 livres.'

"J'ai fait des remontrances, mais il n'a rien entendu dire.

"'Ridicule', s'est-il exclamé avec chaleur; 'Stanley est mon beau-frère. Il a risqué sa vie pour moi, et vous ne pensez pas que cela me dérangerait de risquer 50 000 livres pour lui.

« Non, poursuivit-il en se tournant vers le directeur, il n'y a aucun risque dans cette affaire. Je sais tout des affaires qu'ils font en Inde et qu'il n'y a pas l'ombre d'un risque. Je sais que ma garantie ne sera qu'une simple forme, mais, comme cela peut les mettre dans un meilleur pied avec vous, pour commencer, je serai très heureux de la faire.

"Bien sûr, nous savons qu'il n'y aura aucun risque. La plus grande partie de notre activité se fait en argent comptant et même si, ces derniers temps, nous traitons davantage avec des entreprises locales locales au lieu de vendre directement depuis nos propres magasins. , les montants ne sont jamais importants et, jusqu'à présent, nous n'avons jamais perdu un centime. Bien entendu, je vous ferai savoir, par chaque courrier, comment ça se passe dans tous nos dépôts ; et vous pourrez alors former un estimez la quantité de marchandises que vous devrez expédier à chacun, en les envoyant directement, bien sûr, s'il y a un navire en route.

"Mais toutes ces choses, bien sûr, nous les aborderons longuement avant que vous ne partiez pour l'Angleterre."

"'Es-tu allé chez Harry ?"

"Oui, je me suis arrêté là une semaine. Votre sœur a l'air parfaitement heureuse et joue admirablement le rôle de reine du comté. Les quatre jeunes sont de joyeuses petites choses. Quant à votre mère, vous trouverez très peu de changement en elle. Je vraiment ne pensez pas qu'elle ait l'air d'un jour plus âgée que lorsque nous l'avons accompagnée à Calcutta, il y a environ dix ans. Bien sûr, elle a alors été déchirée par sa perte, mais le calme et le confort ont été d'accord avec elle, et le climat " C'est beaucoup moins pénible qu'ici. En tout cas, je ne devrais pas la prendre pendant un jour au-delà de quarante ans, et elle a environ cinq ans de plus que cela. "

Trois mois plus tard, Stanley s'embarquait pour l'Angleterre. Il y eut entre lui et Meinik la même dispute que celle qui avait eu lieu lorsque Stanley quitta Rangoon pour la première fois, mais cette fois elle se termina différemment.

" Vous ne seriez pas dans votre élément en Angleterre, Meinik. Bien sûr, ma vie là-bas sera très différente de ce qu'elle est ici. Je partirai de chez moi pour travailler, tous les matins, et je ne reviendrai que peut-être à sept heures. " le soir. En conséquence, vous n'auriez rien à faire pour moi et nous ne nous verrions que très peu. Vous savez que j'aimerais vous avoir avec moi et que je ferais tout ce que je pourrais pour que vous êtes à l'aise, mais je suis sûr que vous n'aimeriez pas la vie. Ici, vous avez toujours été en mouvement et il y a toujours quelque chose à faire et à penser.

" J'ai parlé de vous à mon oncle, et il sera heureux de vous nommer au poste d'acheteur, pour notre maison, de teck et d'autres produits indigènes de ces provinces. En plus d'être acheteur, vous parcourriez le pays, et veillez à l'abattage et à l'acheminement du bois jusqu'à la côte, comme vous l'avez souvent fait auparavant. Il sait à quel point je vous fais absolument confiance et combien vous avez fait pour moi, et il a dit qu'il devrait être très heureux de vous avoir parmi nous. responsable du côté achat du travail, ici. En outre, vous savez que vous avez maintenant une femme et des enfants et, même si vous pouviez vous installer confortablement en Angleterre, ils ne pourraient jamais le faire; et le froid glacial que nous avons parfois je les aurais terriblement essayés en hiver, et je les aurais même tous emportés. »

Meinik avait cédé à ces arguments à contrecœur. Il était quelque peu fier de la position qu'il occupait, comme l'une des autorités dans l'établissement des principaux marchands de la côte. Il aimait sa femme et ses petits enfants ; et il sentait que s'établir parmi des étrangers, d'habitudes et de races différentes, serait très terrible pour eux. Stanley lui acheta une belle maison à Rangoon et, comme son salaire, qui avait été progressivement augmenté, était désormais suffisant pour lui conférer un rang élevé parmi la population indigène, il en vint lui-même à estimer qu'il avait fait preuve de sagesse en acceptant les conseils de Stanley. .

Le voyage vers l'Angleterre s'est déroulé sans incident ; et pour Stanley, après la vie active qu'il menait depuis dix ans, les cinq mois passés en mer semblaient presque interminables.

"Je n'aurais pas dû vous connaître du tout", dit sa mère après les premières salutations joyeuses. "Combien de choses avez-vous endurées depuis que nous nous sommes séparés à Calcutta."

"J'ai eu des moments assez durs pendant deux ans, maman, pendant la guerre mais, à cette exception près, ma vie a été très agréable ; et je n'ai eu aucune raison de me plaindre.

"C'est une jolie maison que tu as choisie, maman, et le jardin est charmant. Comme j'ai eu envie, parfois, de voir un jardin anglais. Bien sûr, je n'en ai jamais vu auparavant, mais je t'ai entendu parler de et j'ai pensé à quel point l'herbe verte devait être délicieuse. Bien sûr, nous avions des fleurs en Birmanie -- en abondance -- et des arbustes ; mais elle n'était pas verte, comme celle-ci. C'est charmant.

"Oui, c'est une jolie maison, Stanley. Nous avons emménagé ici il y a cinq ans - grâce à vous, mon cher garçon - et cela a été une période très calme et heureuse. Nous avons maintenant beaucoup d'amis, parmi nos voisins. et j'ai autant de société que je souhaite.

"Je suppose que vous n'avez pas encore décidé si vous allez vivre ici, avec nous", dit-elle avec un peu d'inquiétude, "ou si vous allez créer votre propre établissement."

"Bien sûr que je resterai ici, maman. Je n'ai jamais pensé à autre chose. Je vois que tu as des écuries. Je vais acheter quelques chevaux et me rendre en ville le matin. Je me suis éloigné du chemin. marcher, tout à fait.

"Et où est Kate ?"

"Vous la verrez tout à l'heure. Elle sera ici pour dîner, avec Agnès et Harry. Je l'ai renvoyée parce que je voulais vous avoir tout seul pendant la première heure. Les autres sont venus en ville, il y a trois jours, exprès d'être ici quand vous êtes arrivé. Bien sûr, nous avons appris quand votre navire a fait escale à Plymouth. Nous la cherchions, car votre dernière lettre nous disait le nom du navire par lequel vous veniez; alors je leur ai écrit , et ils arrivèrent aussitôt. Ils voulaient que nous allions dîner avec eux, mais je ne voulais pas en entendre parler. J'étais sûr que vous préfériez de beaucoup dîner tranquillement, ici, que solennellement sur la place Portman, à trois ou quatre. des valets derrière nos chaises."

"C'est tellement mieux, mère. Je suppose que je connaîtrai à peine Agnès, mais Harry n'a pas beaucoup changé ; d'ailleurs, je l'ai vu quatre ans plus tard qu'elle."

L'accueil d'Harry fut des plus chaleureux. Les sœurs de Stanley se sentirent d'abord un peu étranges avec ce frère dont elles n'avaient qu'un vague souvenir.

"Il ne me semble pas, Harry, que ta dignité t'ait beaucoup apprivoisé."

"Non, en effet," rit Harry. "Je trouve parfois très difficile d'agir à la hauteur de ma position. Je n'ai jamais vraiment le sentiment d'être un comte, sauf dans les rares occasions où je vais à la Chambre des Lords - ce que je ne fais que lorsque mon vote est requis. , sur une division importante.

"La pénombre de cet endroit a de quoi dégriser n'importe qui. Je peux vous assurer que, lorsque j'ai entendu parler de l'incendie, j'ai été absolument ravi. Bien sûr, ils en construiront un autre, peut-être plus grand que le précédent, et tout aussi sombre mais, Dieu merci, il faudra des années avant qu'il puisse être terminé et, d'ici là, nous devrons nous contenter de locaux temporaires.

" Vos chances d'obtenir le titre de comte deviennent de plus en plus faibles, Stanley. Il y a déjà trois garçons qui vous barrent la route. Je m'étais proposé de ne pas me marier, auquel cas vous ou un de vos fils m'auriez suivi... mais ta sœur m'a trop convaincu.

Agnès secoua la tête et dit :

"En tout cas, Harry, si tu as pris cette résolution, elle ne valait pas grand-chose, car tu y as renoncé à la première occasion. J'ai été la première fille que tu as rencontrée, quand tu es arrivé en Angleterre; et je doute que tu aies vu un autre, avant que nous descendions pour rester à Netherly. Je n'y étais pas allé depuis deux jours avant que tu commences à me faire l'amour.

"La tentation excuserait n'importe quoi, ma chère," rit Harry. "En outre, voyez-vous, j'ai tout de suite compris qu'il était juste et juste pour Stanley que, s'il ne pouvait pas obtenir la pairie lui-même, il puisse un jour avoir la satisfaction d'être l'oncle d'un comte.

"Et donc tu es rentré pour de bon, mon vieux ?"

"Oui, et en ce moment, je me sens très perplexe quant à la manière de me rendre au travail, car Tom Pearson n'a rien arrangé, sauf en ce qui concerne le compte bancaire. Tout le reste, il m'a laissé. Je ne connais rien de Londres et je n'ai aucune idée. idée de la situation dans laquelle je devrais chercher des bureaux.

" Je vais vous faire subir tout cela, Stanley. Je n'en sais rien moi-même, comme vous pouvez le supposer ; mais si vous m'accompagnez chez mes notaires, demain, ils pourront vous le dire. Mais je sachez que Leadenhall Street est le centre du commerce indien, et c'est quelque part par là qu'il vous faudra vous arranger.

"Bien entendu, lorsque vous aurez pris place, vous devrez trouver des commis. Si vous publiez une annonce dans le journal, vous obtiendrez un nombre illimité de candidats; ou peut-être que mes hommes, grâce à leurs relations avec les commerçants, Je pourrai en entendre parler qui vous conviendra. Quoi qu'il en soit, je suis sûr que vous ne rencontrerez aucune difficulté.

Grâce aux présentations d'Harry, Stanley fut installé dans un bel ensemble de bureaux, avec trois employés, avec beaucoup plus de facilité qu'il ne l'avait prévu. Parfaitement versé dans les affaires, il ne tarda pas à se sentir chez lui dans sa nouvelle vie.

Trois ans après son retour, il épousa la plus jeune sœur de Harry. L'entreprise prospéra grandement et devint l'une des principales maisons du commerce oriental. À l'âge de soixante ans, Stanley se retire des affaires avec une grande fortune. Il pouvait le faire confortablement, puisque son fils aîné et un neveu étaient devenus associés actifs dans l'entreprise. Il vit toujours, à l'âge de quatre-vingt-six ans, dans une noble demeure près de Staines ; et conserve toutes les facultés, même à un âge avancé.